采购规制激励企业创新机理与应用

王明喜　苏聪丽　著

国家自然科学基金面上项目（71971062）

科学出版社

北京

内 容 简 介

以采购机制设计激励企业技术创新为撰写背景，设计激励产品技术创新的采购规则和规制措施，建立多单位或多种类创新产品采购的定价模型，探讨政府创新技术采购的最优激励合同设计，基于这些模型和理论的分析结果，提出如何通过政府采购规制工具，从需求侧驱动微观生产企业积极实施研发创新和投资。

本书所探讨的激励合同设计机制和理论，不但可以为政府采购的宏观决策提供理论支持，为相关学者提供激励合同设计思路，还可以为政府采购操作人员、职能管理部门和相关的企事业单位的工作人员提供一些理论基础知识。所以，本书的阅读对象包括：从事激励机制和合同设计研究的高校或研究机构的教师、高年级硕士研究生和博士研究生，从事政府采购的工作人员，相关的企事业单位的委托人和代理人等。

图书在版编目（CIP）数据

采购规制激励企业创新机理与应用 / 王明喜，苏聪丽著. —北京：科学出版社，2023.12

ISBN 978-7-03-071601-9

Ⅰ. ①采… Ⅱ. ①王… ②苏… Ⅲ. ①政府采购制度－作用－企业创新－研究－中国 Ⅳ. ①F279.23

中国版本图书馆 CIP 数据核字（2022）第 029929 号

责任编辑：陶 璇 / 责任校对：姜丽策
责任印制：张 伟 / 封面设计：有道设计

科学出版社出版
北京东黄城根北街 16 号
邮政编码：100717
http://www.sciencep.com

中煤（北京）印务有限公司印刷
科学出版社发行 各地新华书店经销

*

2023 年 12 月第 一 版 开本：720 × 1000 1/16
2024 年 8 月第二次印刷 印张：10
字数：203 000

定价：108.00 元

（如有印装质量问题，我社负责调换）

作 者 简 介

王明喜（1979—），男，对外经济贸易大学国际经济贸易学院教授，从事拍卖机制设计与应用、多属性决策方法与应用、低碳经济领域研究工作，2009 年至今在 *Economics Letters*、*The World Economy*、*Applied Economics*、*Energy Policy*、*Emerging Markets Finance and Trade*、*Journal of Systems Science and Systems Engineering*、*Journal of Systems Science & Complexity*、*International Journal of Global Energy Issues*、*Energies*、《管理世界》、《统计研究》、《中国工业经济》、《管理科学学报》、《系统工程理论与实践》、《中国管理科学》和《管理评论》等国内外期刊上发表学术论文 40 余篇，获得“2011 年全国优秀博士学位论文提名奖”，主持国家自然科学基金项目 3 项和北京市自然科学基金项目 1 项。

苏聪丽（1993—），女，山西财经大学财政与公共经济学院教师。从事政府采购合同激励机制设计、绿色物流路径优化和算法实施研究工作，作为主要参与人参加国家自然科学基金项目和北京市自然科学基金项目各 1 项，在 *Managerial and Decision Economics* 上发表学术论文 1 篇，多篇再审和工作论文。

序

随着当今社会步入知识经济时代，新一轮的科技和产业革命迸发出强大的创造力，互联网+、生物技术、智能制造的突飞猛进不仅改变了商业经营模式和经济发展格局，也重塑了人们的生活方式和价值观念。创新成为推动经济、社会发展的重要驱动力，也是世界各个国家综合国力竞争的关键力量。近年来，美国、日本、德国等发达国家纷纷推出国家创新战略，进一步加大科研投入和对技术创新的激励力度。据统计，发达国家的科技进步要素对经济增长的贡献率已经超过了资本和劳动要素，对经济增长起着决定性作用。相比之下，发展中国家的创新能力不够强，科技贡献率较低，因而对经济和社会发展的驱动力不足。以我国为例，虽然改革开放使得我国经济发展创造了举世瞩目的“中国奇迹”，但发展过程中不平衡、不协调、不可持续的问题依然突出，人口、资源和环境压力越来越大，因而，以简单规模扩张和要素投入为主的粗放型经济增长方式难以为继。尤其在经济发展新常态下，依靠资源和廉价劳动力投入来实现经济增长的老路已然行不通，只有开辟出以创新为驱动的新路，才能在一定的外部条件约束下，提高经济系统内在的资源整合效率和生产效率，为经济发展注入新的活力。

近年来，我国在支持和引导新知识、新技术、新产品创造方面不遗余力，不断增加财政支出，力图通过提高科技创新能力实现经济高质量发展。国家统计局、科学技术部和财政部联合发布的《2020 年全国科技经费投入统计公报》显示，2020 年，我国研究与试验发展经费投入总量已突破 2.4 万亿元，比上年增加 2249.5 亿元，增长幅度达 10.2%。研发投入占国内生产总值的比重为 2.40%，比上年提高 0.16%，提升幅度更是创近 11 年来的新高。

然而，在多单位产品的采购中，如何制定最优的价格激励合同？在多个目标任务的采购中，如何权衡多个目标任务之间的轻重关系？在长期合作的动态激励机制设计中，如何解决棘轮效应？在招标采购制度下，如何设计拍卖规则以选出技术水平最高的企业来承担技术创新项目？在双层委托代理关系下，如何在激励创新的同时防止监督机构与企业合谋，避免腐败的滋生？等等。这些问题不仅是政策制定者和企业管理层需要回答的重要问题，也是社会科学和自然科学领域的专家学者需要系统而深入研究的难题。特别地，近年来电动车爆炸、食品安全事故等产品质量问题，“高价药”“天价药”等事关国计民生的药价虚高问题，后疫情时代中小企业技术创新投资动力不足等问题成为很多专家学者关心的热点问题，也成为政府亟须解决的问题，本书也针对这些问题进行了探讨。

鉴于此，我们通过回顾和评述国内外与政府采购的激励合同设计相关的文献和模型，基于前人的研究，在 Laffont 和 Tirole（1986）开创的新规制经济学框架下，沿着政府采购激励模型的拓展脉络，以政府创新技术项目和产品采购为主线，对采购过程中的激励机制、合同设计、棘轮效应、拍卖规则、药价虚高防阻等问题进行探讨和分析，为我国创新技术采购的激励合同设计提供科学参考依据，为政府采购和激励机制设计领域的学者提供一些新的研究视角和思路，以期增加企业科技创新动力，提高我国科技创新水平，实现经济社会高质量发展。

王明喜

2022 年 10 月于对外经济贸易大学

目　录

第1章 绪　论

我们从规制与政府采购的基本概念出发，阐明二者之间的区别，简要回顾规制与政府采购产生及发展的历史进程，为后续章节提供一些必要的知识背景。然后，结合新规制经济学，介绍新规制经济学框架下政府采购的主要研究内容、常用的规制工具与激励机制，并说明各个激励机制的激励强度及适用范围。

1.1 规制与政府采购

政府规制[①]概念最早可以追溯到古罗马时代，指的是工商企业在政府制定的法律范畴之下提供产品和服务，并且为了实现社会的公平，政府可以为产品和服务制定“公平价格”（Hirsh，1999）。这一概念意味着政府拥有对微观经济主体进行强制干预的权力。

关于规制的含义，不同文献和经济学家有着不同的理解和解释。其中，《新帕尔格雷夫经济学大辞典》对规制一词给出了宏观和微观两个层面的解释：前者是指国家以宏观调控的方式对经济活动进行干预，如在凯恩斯主义的经济政策中，政府运用货币政策干预宏观经济的手段；后者则仅指政府对微观经济主体的经济控制或引导。

目前，大多学者还是倾向于将规制解释为政府对微观经济主体的干预，如Stigler（1971）、Joskow（1981）、Spulber（1989）等。其中，Spulber（1989）从批判和综合的视角，将行政决策和市场机制相结合，提出“规制是指由行政机构制定并实施的直接干预市场配置机制，或间接改变企业和消费者供需决策的一般规则或特殊行为”，并且“规制过程是由被规制市场中的消费者和企业、消费者偏好和企业技术、可利用的战略和规则来界定的一种博弈”。

虽然我国理论界对规制研究的起步较晚，但许多学者也尝试着对规制的含义进行解释。例如，王俊豪（2001）提出“政府管制是具有法律地位的、相对独立的政府管制者（机构），依照一定的法规对被管制者（主要是企业）所采取的一系列行政管理与监督行为”。李郁芳（2003）从实际运行的角度指出，规制是一种复

①（政府）规制来源于英文（government）regulation。在国内有多种译法，诸如规制、管制、调节及监管等，在政府文件中多译为监管，学术上则多用规制一词。

杂的现象和制度安排，指在各种力量达成协议的前提下，以法律形式影响政府职能的行政过程。

总之，在对规制的研究中，国内外的大多数学者已普遍达成共识：规制，即政府（或规制机构）利用国家强制权依法对微观经济主体进行直接的经济、社会控制或干预，其目标是克服市场失灵、实现社会福利的最大化（张红凤，2005a；马云泽，2008）。政府规制具有普适性和相对稳定性两大特点，主要包括价格规制、进入和退出规制、数量规制、质量规制、融资规制，以及信息规制等（张红凤等，2021）。

政府采购与政府规制有很多相似之处，均是政府为克服市场失灵、优化社会资源配置对微观经济主体进行干预的行为，但二者的含义和适用范围仍存在一定的区别。

具体来说，政府采购是指各级政府为了开展日常政务活动或为社会公众提供公共物品和服务，使用政府的财政资金，按照法定的方式和程序，为政府部门及其所属的公共部门购买货物、工程或服务的行为（王卫星等，2006）。

政府采购不仅是政府行政的一项重要内容，也是国家经济的一个重要的组成部分。其主要特点有：①资金来源于税收，以及政府部门及其所属事业单位依法收取的费用、依法履行职责获得的其他收入，属于财政资金，具有公共性；②采购主体为国家机关、事业单位和社会团体等依靠国家财政资金运作的公共单位；③政府采购为非商业性、非营利性的经济活动；④采购对象为依法制定的集中采购目录内的或采购限额标准以上的货物、工程或服务，具有广泛性和复杂性；⑤采购目标具有政策导向性，可以作为干预经济的手段；⑥政府采购流程包括采购需求（编报采购计划和预算）和组织形式（集中或分散采购）的确定，采购方式的选择，采购活动的组织，采购合同的签订、履约和验收，采购资金的支付，采购文件的保存，以及采购效果的评价等，其流程具有规范性和公开性（施锦明，2010；李喜洲和李琛，2019）。

通过比较政府采购和规制的定义及特点，我们可以发现二者的基本区别：在政府采购中，企业直接向政府提供货物、工程或服务；在规制中，一般是企业代表政府向消费者提供商品或服务。从委托-代理理论的角度看，政府和企业构成的这一委托代理问题，在政府采购与规制中的不同之处在于其买者和委托人是否合二为一。

这一基本区别也带来了政府采购和规制在以下三个方面的不同：首先，在政府采购中，政府向企业进行转移支付是必要的，否则企业的生产成本无从弥补，而在规制中转移支付则不是必要的，企业通过销售产品也可以回收成本，获得利润；其次，在采购中，当卖方意识到增加商品或服务的需求会增加企业的收益时，就会有减少需求的动机，这有可能削弱企业提高质量的销售激励。在规制中，消费者个人不会故意扭曲自己的需求水平来影响企业的收益，因而销售水平可以作为商品或服务的质量水平的有用信号，销量越高，在一定程度上可以说明商品或服务的质量水平越高。

1.2 政府采购与规制的发展简史

1.2.1 政府规制理论的发展

规制一词由来已久，它起源于与交换相关联的正式或非正式的规则（Ekelund，1998）。现代意义上的规制多指政府规制，这是由于西方国家在市场经济发展过程中频频出现失灵的状态，于是，通过政府这只“有形的手”来矫正市场失灵，解决由此带来的不公平问题或无效率现象的微观规制活动日趋重要（王爱军和孟潘，2014）。随着市场经济发展由古典自由竞争模式向现代混合治理模式的转变，政府对企业也历经了从规制到放松规制、再规制及放松与规制并存的演变过程。与此同时，政府规制理论研究也不断与时俱进，日臻完善，与丰富的规制实践相辅相成。

规制理论沿着公共利益目标从“经济人假设”到“道德人”与“经济人”相结合，再到规制与竞争相融合的研究脉络，在“市场失灵与政府的矫正措施、检验规制政策的效果、寻求规制政策的政治原因、规制中的激励问题”这四个主题转换的基础上，已经形成了公共利益规制理论、利益集团规制理论、激励性规制理论、规制框架下的竞争理论这四大理论和研究流派（张红凤，2005b，2005c）。

首先，随着自由竞争状态下市场失灵的频频发生，市场失灵与政府的矫正措施成为这一时期经济学家的研究主题，公共利益规制理论应运而生。马歇尔在《经济学原理》中发现的自然垄断、外部性等导致市场失灵的原因，是公共利益规制理论的起点。其基本假设是“政府是公共利益的代表”，即政府是一个完全理性的“道德人”，规制的目的是矫正市场失灵，提高资源配置效率，且政府规制活动成本可以忽略不计，能够有效地实现社会福利最大化。在“完全理性”、“道德人”和“规制有效”这三个假设之下，该理论不仅对政府规制的动因和市场失灵的本质进行了研究，在此基础之上，还提出了各种最优规制策略以调节市场失灵。如传统最优规制理论中杜比特-霍特林（Dupuit-Hotelling）模型的边际成本定价，拉姆齐-布瓦特模型的最优偏离边际成本定价及收益率规制等，均在对称信息下探讨了政府对自然垄断的最优规制。

但是，“完全理性”、“道德人”和“规制有效”的假设，使得公共利益规制理论存在着难以克服的瑕疵与缺陷，使其受到越来越多的学者的质疑，其中，Averch 和 Johnson（1962）引入了“有限理性”，并用次优理论从根本上批判了公共利益规制理论。此外，计量经济学的发展、数理模型和计算机在经济学上的应用，引起了检验规制政策及政府干预是否有效的研究热潮。在此过程中，公共利益规制理论更是遭到实证检验结果的批判。以上质疑促使规制经济学沿着两个方向向前发展：一是突破公共利益的范式，研究利益集团规制理论；二是研究非对称信息下的激励性规制理论。

利益集团规制理论是对政府“道德人”假设的根本否定，认为政府是“经济人”，且假设政府强制权是其基础资源，可以通过“设租”或“抽租”来与利益集团合谋以最大化各自的利益，形成规制供给与需求的一致，从而间接影响社会经济活动。该理论最早的雏形是规制俘虏理论，认为利益集团在公共决策中起着非常重要的作用。在此基础上，Stigler（1971）开创了规制经济理论，引入经济学的供求方法来分析规制这一政治行为，并将其内生化。Peltzman（1976）进一步扩展了 Stigler 的观点，构建了最优规制政策模型。Becker（1983，1985）也提出了政治均衡模型来分析各利益集团之间的竞争带来的社会效益。之后，Ellig（1991）针对规制经济理论只是将规制作为内生变量的缺陷，在 Becker 模型的基础上，引入了时间因子和对未来成本及收益现值的理性预期，将规制变迁内生化，构建了一个动态的政治均衡模型。总之，利益集团规制理论打破了公共利益规制理论的范式，将政府从“道德人”假设转向“经济人”假设，相应地，规制动机也从解决市场失灵转变成供求分析框架下最大化双方特殊利益的规制均衡，使得规制经济学更加趋近于现实。

其次，公共利益规制理论下完全信息的假设忽略了政府与企业在规制方案制定与实施过程中的信息不对称问题，这一缺陷使得自身发展面临危机，信息经济学及其框架下的委托-代理理论的发展为扩展此假设提供了新的研究工具，“规制中的激励问题”这一研究主题开始兴起。特别是到了 20 世纪 70 年代，欧美国家对自然垄断运营效率的不满引发了声势浩大的放松规制运动，使得以激励性规制理论为代表的新规制经济学迅速发展起来。在信息不对称的假设下，新规制经济学以刻画最优规制为目的，设计激励机制，包含公共利益范式下的激励性规制理论和利益集团范式下的激励性规制理论。

公共利益范式下的激励性规制理论，是在保持了政府是社会福利最大化者的假设下，引入委托-代理理论的框架，来分析非对称信息下的规制激励问题。Loeb 和 Magat（1979）是激励性理论的开创者，构建了激励相容的“说真话策略”L-M 模型，得出信息不对称条件下价格决定权分散化的结论。此后，Baron 和 Myerson（1982）及 Sappington 和 Sibley（1988）等构建了最优规制激励模型，Laffont 和 Tirole（1986，1987，1988）构建了委托代理框架下的静态最优激励合同、最优拍卖激励合同及激励性合同的动态学等理论模型。然而，这些模型均建立在信息结构外生的基础上，忽略了信息获取成本，于是 Iossa 和 Stroffolini（2002）建立了信息结构内生化模型，研究了信息获取的激励及其对福利效应的影响。随着公共利益范式下的激励性规制理论的不断发展，规制经济学得以逐渐融入主流经济学，并为规制实践提供了一系列应用场景。

利益集团范式下的激励性规制理论则是在坚持利益集团范式的基础上，将规制机构划分为规制机构和监督机构，构建了利益集团、规制机构和监督机构的三层委托-代理理论，在更复杂的框架下探讨规制激励模型。Laffont 和 Tirole（1991）最早对该理论进行了系统的研究，他们认为由于政府决策影响到了企业等利益集团的切身利益，当企业的收买获益大于收买成本时，其便拥有了与规制机构合谋的动机，因此，建立防止合谋与收买的激励机制是非常重要的。该理论的政策含义是：当规制环境是信息严重不对称或利益集团与规制机构合谋情况严重时，应选择低强度的激励方案来降低受规制企业的租金，以此提高整个社会资源的配置效率。

此外，规制框架下的竞争理论也同样起源于对传统规制理论的质疑，几乎与规制经济学同时兴起，主要包括特许经营权竞标理论、可竞争市场理论、标杆竞争理论、直接竞争理论等。这些理论虽然对规制理论的发展起到了非常重要的作用，但是却无法替代规制理论，竞争也无法替代规制，只能作为规制理论的一种补充。另外，随着环境污染状况的加剧，人们对提高生活质量、健康保障、就业环境等的要求日益迫切，各种社会性问题的解决不仅受到社会各界的关注，也成为驱动政府规制变革的新力量。于是在经济性规制大规模放松的背景下，社会性规制在公共利益驱动下重新崛起。

综观规制理论的发展变迁，不同的经济发展阶段，研究重点也不尽相同，实践和理论上层出不穷的问题和挑战也促使规制经济学不断发展完善，并逐渐贴近现实经济环境。但是，对于我国来说，政府规制是一个舶入概念，对其研究起步较晚。直到20世纪80年代末，随着潘振民根据 Stigler 的论文集 *The Citizen and the State*、*The Organization of Industry* 选译了《产业组织和政府管制》一书，国内学者才纷纷介入这一研究领域，并取得了一系列成果。如王俊豪（2001）在《政府管制经济学导论》中分析道，规制理论中的规制均衡理论并不适合我国的特殊情况，且政府规制作为一种特殊的公共品，其成本对政府规制需求的调节作用较弱，因而其市场的供需均衡不同于一般的产品市场，而是通过政府单方面调节规制供给实现的。刘小兵（2004）通过对比分析了市场和政府规制解决市场缺陷的可能性和约束条件，在此基础上界定了是否需要及在多大程度上需要政府规制。薛才玲和黄岱（2012）在政府规制理论研究的基础上，探讨了信息不对称结构下的政府管制，从政府管制的视角研究了供应链联盟成员之间的非对称风险、逆向选择和道德风险等问题，并进一步分析了供应链联盟政府管制失败的原因。由于政府规制是我国在完善社会主义市场经济过程中的一项非常重要的政府职能，王岭（2016）从城镇水务管制、网络产业监管、公共事业中的公私合营和社会规制理论等方面进行了较为全面的总结和分析。韩俊华（2011）则运用计量的方法，构建了数据包络分析（data envelopment analysis，DEA）规制成本模型和收益模型，通过实证分析和检验得出了政府规制成本和收益的最优帕累托边界。

随着改革进一步深化，政府规制的实践不断发展演变，规制经济学的研究也在不同阶段面临着新的问题和挑战。其中，金融、环境与食品安全是目前我国规制经济学研究的三大代表性领域。金融市场一直以来都是规制经济学研究的一个重点，尤其是在2008年，美国次贷危机引发了全球性的金融危机，金融监管也面临着前所未有的挑战，于是，大量的学者便开始围绕这一主题进行研究，并普遍认为美国金融监管失灵的原因在于过度自由化。在此基础上，部分学者进一步总结了次贷危机对中国金融规制的影响和启示（郁方，2009；刘春航，2012）。之后，随着互联网金融的兴起，“影子银行”“P2P（peer to peer）网络信贷”等不断涌现，随之而来的是网贷平台频繁跑路等现象。于是，加强互联网金融监管和规制成为重中之重，许多学者开始讨论金融创新和金融监管之间的关系（吕守军和徐海霞，2017；张斌，2017）。

2007年中国共产党第十七次全国代表大会第一次明确提出了建设生态文明的目标，环境问题被提升到了一个新的高度。2010年后，低碳经济便开始进入环境规制研究的视角。学者纷纷意识到环境规制对低碳经济发展的重要作用。其中，谭娟和陈晓春（2011）认为产业结构对低碳经济发展至关重要，低碳产业结构的构建离不开环境规制的有效介入。随着全社会对环境问题的进一步关注，2015年，十八届五中全会创造性地提出了绿色发展理念，并把它作为指导未来我国经济社会发展的五大理念之一。此后，“绿色技术创新”“绿色生产率”“绿色全要素生产率”等成为新的研究重点（王艳和于立宏，2021；卞晨等，2021；谢乔昕，2021）。

此外，进入21世纪，劣质奶粉事件、苏丹红事件、三聚氰胺事件等大型食品安全事故发生，食品安全问题开始引起社会广泛讨论，也引发了学界对食品安全监管的反思。学者的研究主要集中于两个方面：一是对他国食品安全监管体系的借鉴研究（郑建明，2016；贺彩虹和卢萱，2021）；二是对我国食品安全监管存在的问题及对策研究（宋亚辉，2018）。

总体而言，国内规制经济学研究进步较快，理论与实证分析不断丰富，对社会性规制的研究已经进入了活跃期，对经济性规制的研究也进入了一个创新期，金融、环境和食品安全这些主题也将是未来一段时间研究的前沿问题。但目前国内规制经济学的研究还存在一些问题和不足，其最大的弱项在于理论构建不足，大多处于对国外规制经济学理论的消化吸收阶段。国外的规制经济学研究，从实证理论的规范分析、规制俘虏理论、规制的经济理论，到将机制设计、博弈论等分析工具应用到规制研究中，开创了新规制经济学。国内在这方面的理论创新严重缺乏，且我国学者在引入规制这一概念和相关理论时，很容易陷入拿来主义，用适合国外的理论经验来分析指导现实的中国政府规制实践，与中国政府规制改革实践不能很好契合。另外，在实证分析方面，也普遍存在理论基础薄弱的问题，除此之外，实证方法不规范、数据不完善、结论与实际情况出入较大等问题导致我们对规制理论的研究范围还比较小，仍存在不少盲区，这些领域尚待规制理论研究的涉足和深入。

1.2.2 政府采购制度的产生与发展

政府采购古已有之，已知最早的一张政府采购单是在公元前 2400～公元前 280 年的叙利亚，统治者出示了一块红色陶制木板，上面写着“用 600 升谷子换取 50 瓶润滑油”。雅典在公元前 3 世纪前后也出现了政府采购的记录，如凯撒军团的采购订单等。这类的政府采购多是用于满足统治者奢靡的生活或军事扩张的野心，即使有一些公共工程，也多是为了巩固其政治统治。

现代意义上的政府采购制度则起源于 18 世纪末 19 世纪初的欧洲，距今有 200 多年的历史。当时，英国政府于 1782 年设立了国家文具公用局，专门负责政府部门办公用品的采购工作，对各部门所需物资进行采买。除此之外，美国也是较早开始政府采购的国家，并且是世界上最早对政府采购立法的国家。从 1761 年美国颁布第一部《联邦采购法》开始，美国政府就相继以立法的形式不断地规范政府采购，先后颁布了《合同竞争法》、《购买美国产品法》、《服务合同法案》及《贸易协定法案》等一系列法律法规，建立起一个由法律法规、组织体系、采购程序和申述制度等方面构成的较为完善的政府采购体系。

尽管西方国家的采购制度起源于自由市场经济时期，但由于它们信奉“看不见的手”原理，“市场是万能的”，政府只是充当“守夜人”的角色，政府直接承担的公共工程和物资采购十分有限，因而，政府采购在相当长的一段时间内并未得到实质性的发展。直到 1929～1933 年的资本主义经济大萧条这一历史契机的到来，主张政府干预经济运行的凯恩斯主义盛行，资本主义国家政府的职能才得以扩大，政府采购制度也随之大范围地发展起来。

进入 20 世纪中期后，政府采购被越来越多的国家认可和采用。随着国际贸易的不断发展，政府采购潜在的巨大市场在国际贸易领域也备受关注。于是，关税及贸易总协定成员方在 1976 年的东京回合谈判会上专门组织谈论了政府采购的问题，并于 1979 年在日内瓦的东京多边贸易谈判会上签订了《政府采购守则》。

虽然当时加入的只是少数发达国家，所涉及的贸易市场份额也比较小，但是它标志着政府采购成为国际惯例，并开始朝着国际化的方向发展。

随着政府采购制度国际化程度的不断加深，越来越多的国家希望参与进来。于是，在乌拉圭回合谈判中形成了《政府采购协议》，该协议于 1996 年 1 月 1 日正式生效。许多发达国家都签署了该协议，至此，政府采购制度的国际化已经达到相当深的程度。随着发展中国家的不断加入，政府采购对世界经济的影响范围也进一步扩大。

目前，新一轮的政府采购规则修订一如既往地重视规范性建设，同时也更加注重灵活性。2011～2016 年被称为四大国际政府采购规则的《政府采购协议》、《公共采购示范法》、欧盟"公共采购指令"体系和世界银行"采购规则"先后进行了修订，强调可持续发展的采购理念，强化建立创新伙伴关系、促进自主创新、利用合同分包等促进中小企业发展、规范政府制度设计打击腐败等理念。此外，对政府采购的各种规范也已经开始延伸到采购程序的各个环节，政府采购的管理也进一步朝着系统化、科学化的方向发展。

1.2.3　我国政府采购制度的发展

我国政府采购起步于 20 世纪 90 年代，1995 年，财政部开始将政府采购制度改革作为一项重大课题进行研究。1996 年 10 月，财政部编写了第一份政府采购简报，同年，上海和深圳作为试点率先进行了政府采购制度改革。随后，政府采购制度改革在全国各地蓬勃发展。到 1998 年，中央和地方的财政部门基本上均已设立了专门负责管理政府采购的机构。1999 年，财政部颁布了我国第一部关于政府采购管理的全国性的部门规范性文件《政府采购管理暂行办法》，在全国推广实施政府采购制度。

随后，财政部还颁布了《政府采购招标投标管理暂行办法》《政府采购合同监督暂行办法》《政府采购运行规程暂行办法》等一系列规章制度，对政府采购的范围、模式、预算编制、招标投标程序、合同签订、资金拨付和监督管理等问题做出了明确的规定。各地区也以此为依据，进一步制定了具体的、符合本地实际情况的规范性文件。至 2000 年 6 月，全国绝大多数的地区都颁布了地方性政府采购管理办法，政府采购制度框架初步形成。2003 年 1 月 1 日，《中华人民共和国政府采购法》的施行，标志着我国政府采购基本形成了一套完整规范的法规体系。政府采购制度改革试点工作基本结束，进入全面推行阶段，并步入了新的法治化建设时期。到 2015 年，随着《中华人民共和国政府采购法实施条例》的施行，政府采购从单纯的财政支出手段升级为国家管理政府支出的一项基础性制度，并发挥着不可替代的政策性调节作用，成为推动社会经济高质量发展最为重要的政策工具之一。

此后，针对不同特定政策要求，我国相继出台了一系列相关的采购规定。例如，为鼓励自主创新，财政部在2007年发布了《自主创新产品政府采购合同管理办法》和《自主创新产品政府首购和订购管理办法》；为促进节能减排，财政部环保总局在2006年发布了《财政部环保总局关于环境标志产品政府采购实施的意见》，到2018年，财政部及生态环境部调整公布了第二十二期“环境标志产品政府采购清单”，财政部及国家发展改革委调整公布了第二十四期“节能产品政府采购清单”，并且财政部及住房和城乡建设部于2020年10月发布了《关于政府采购支持绿色建材促进建筑品质提升试点工作的通知》；为促进中小企业发展，2011年12月，财政部、工业和信息化部印发了《政府采购促进中小企业发展暂行办法》；为深入开展消费扶贫，助力打赢脱贫攻坚战，2019年8月财政部、国务院扶贫办、供销合作总社印发了《政府采购贫困地区农副产品实施方案》，2021年5月财政部发布了《关于组织地方预算单位做好2021年政府采购脱贫地区农副产品工作的通知》；为进一步规范政府采购信息发布行为，2019年12月财政部还发布了《政府采购信息发布管理办法》；等等。

此外，为了推进政府采购的国际化，我国于2007年底启动了加入世界贸易组织《政府采购协定》的谈判。2019年10月21日，我国向世界贸易组织提交了加入《政府采购协定》的第七份出价清单，不仅首次列入了军事设备，使得出价范围进一步扩大，同时也增列了服务项目，调整了例外情形。这份出价清单提高了我国政府采购的开放程度，也大大加快了我国进入《政府采购协定》的进程。

从1996年试点改革至今，我国政府采购经过二十几年的发展，成效显著。从《中华人民共和国政府采购法》正式实施至2018年这15年间，中央国家机关政府采购中心累计完成采购额2090亿元，为政府采购创新发展做出了积极贡献。仅仅2018年，全国政府采购规模已超过3.5万亿元，环比增长11.7%，政府采购金额占全国财政支出的比重为10.5%，占国内生产总值的比重为4%。2019年全国政府采购规模为3.3万亿元，占全国财政支出和国内生产总值的比重分别为10.0%和3.3%。虽然受经济发展新常态、减税降费等因素影响，政府采购支出安排减少，与往年相比，采购规模和占比下降，但是政府采购仍然在节约财政资金、优化国内产业结构、保护环境、扶持欠发达地区、培育中小企业等方面发挥着积极的宏观调控作用。值得关注的是，2019年我国政府采购政策功能持续显现：全国强制和优先采购节能、节水产品633.7亿元，占同类产品采购规模的90%；全国优先采购环保产品718.7亿元，占同类产品采购规模的88%；全国政府采购授予中小微企业合同金额为24 519.1亿元，占全国政府采购规模的74.1%①。

①《2019年全国政府采购规模为33 067亿元》，https://baijiahao.baidu.com/s?id = 1676079393376397318&ufr = spider&for = pc，2023-06-28。

总之，在我国经济由高速增长阶段转向高质量发展的新阶段，政府采购作为财政制度的重要组成部分，不仅仅是单纯的采购，更是与财税、金融手段并列的政策调控工具，发挥着保护民族产业、促进中小企业发展、支持绿色发展和技术创新的政策功能。通过政府需求可以形成规模巨大的购买力来影响市场交易行为，如根据采购合同对品目、数量、质量等的具体要求，为创新技术应用和绿色环保产品的发展提供政策性指导、初始用户及交易场所等，从而实现活跃市场和政策调控的双重作用（李喜洲和李琛，2019）。

1.3　规制工具与激励方案

基于 1.1 节和 1.2 节所述政府采购制度的特点及其发展历程可知，政府采购作为一种公共采购管理制度不仅指具体的采购过程，还包括了采购政策、采购程序和采购管理。于政府采购而言，签订采购合同是实施政府采购制度最为主要的一种方式，政府采购规定的几种采购方式，如公开招标、询价、竞争性谈判及协议供货等，基本上都会采取签订采购合同的方式来完成。由于涉及公共利益，如果政府与供应商签订的采购合同在设计、执行等环节出现问题，将会产生严重的不良影响和后果。由此可见，在政府采购过程中合同设计占有非常重要的地位。

同时，政府和企业在采购过程中，面临着非对称的信息结构，使得政府在采购合同设计上存在一定的信息约束，即道德风险和逆向选择。其中，道德风险是规制者或政府采购方观察不到的、源于企业内部的、可以影响产品成本或质量的内生变量，如企业经理人的努力程度、工作时长、工作效率，以及在合同期间购买的目前不需要但有利于之后盈利的设备等。逆向选择的产生则是由于企业相对于规制者或政府采购方而言，往往掌握更多的外生变量的信息，或者说企业比政府更容易以较低的成本获得外生变量的信息，如产品的成本和需求信息等。

信息不对称导致的道德风险和逆向选择问题，使得政府在规制、采购过程中的激励问题尤为重要。新规制经济学在委托代理分析框架下，将激励机制引入规制理论，研究了政府采购激励性合同设计问题。因此，我们有必要将视角转向新规制经济学来阐述政府采购与规制的主要研究内容，以及常用的规制工具与激励机制。

1.3.1　新规制经济学的政府采购与规制

首先，在传统的规制经济学中，对垄断企业的规制主要有拉姆齐定价法和收益率规制两种方法。其中拉姆齐定价法是指，规制者基于社会福利最优化的条件，要求企业生产符合该条件的产品，并允许企业以收费的方式回收生产成本，但是，其产品的定价必须符合拉姆齐定价公式。收益率规制是指，规制者允许企业的产品定价高于边际成本，但是要求其收益率不能高于规制者规定的收益率上限。这两种传统的规制方法由于未考虑信息不对称因素，在现实应用中需要规制者了解和掌握大量的企业信息，增加了规制制定的难度。

相较于传统的规制经济学，新规制经济学主要是引入了激励机制设计来克服传统规制存在的问题和缺陷，通过设计激励机制，对采购方或规制者的目标、企业的目标、信息结构、工具，以及面临的约束条件进行了较为全面的描述。研究内容主要包括信息不对称导致的道德风险和逆向选择问题，委托代理引起的目标偏离问题，以及采购合同设计不完善带来的激励约束不相容的问题，等等。

其中，Laffont 和 Tirole（1986）从新规制经济学视角较为系统地研究了政府采购的代表性成果，他们通过构建激励机制模型，研究了当道德风险和逆向选择出现时，政府采购的激励方案，构建了规制研究的基本分析框架。此后，Laffont 和 Tirole（1986）在基本规制模型的基础上，将单个企业的、静态的、不可分割的产品生产的规制，逐步扩展到多个企业的、动态的、多产品生产的规制，拓展了新规制经济学的应用领域。此外，许多学者探讨了政府采购的机制设计如何满足政府采购目标的问题：Bajari 和 Tadelis（2001）及 Bajari 等（2009）主要研究了采购合同签订之后，技术变动或其他原因导致的技术要求变动引起的采购成本增加问题；Boone 和 Schottmuller（2016）基于 Laffont 和 Tirole（1987）的模型，放宽了“更有效的类型在任何数量或质量水平上都会产生更便宜的价格”的经典假设，建立了体现企业专业化的最优激励模型。

近年来，国内相关学者也从不同视角出发，对激励合同设计进行了丰富的研究，如刘惠萍和张世英（2005）基于声誉理论分析了经理人的动态激励模型；刘克宁（2017）通过构建生产方和研发方之间契约条款的激励机制，促使研发方在低碳环保创新产品设计中提高零部件的绿色度；曹滨和高杰（2018）研究了工艺设计质量信息不对称下质量激励合同设计问题；杨天天（2020）针对政府采购中由信息不对称导致的财政资金使用率低的问题，设计了一种改进成本加成合同的合约菜单，激励不同成本的企业真实披露其成本信息。

1.3.2 政府转移支付的采购激励

在新规制经济学研究框架下，政府采购的激励方案，有时允许政府对企业进行转移支付。政府采购合同假定政府可以观测到企业发生的实际成本 C，并要求政府采购方和企业共同承担所发生的实际成本 C。假设企业承担的成本比例为 b，则政府采购方承担的成本比例为 $1-b$，除此之外，采购方还需向企业支

付一笔与实际绩效无关的固定费用 a。由此可知，政府向承包企业支付的总转移支付为

$$T = a + (1-b)C = a - bC + C \tag{1.1}$$

其中，总转移支付 T 由两部分构成，一部分为政府补偿企业发生的实际成本 C，另一部分为政府对企业的净转移支付 t：

$$t = a - bC \tag{1.2}$$

根据企业承担的成本比例 b（即激励方案强度参数）的大小，政府采购激励方案大致可以分为以下三种情形。

情形一：成本固定费用合同或成本加成合同（b=0）。在该合同下，政府向企业支付其发生的实际成本 C 和一个与实际绩效无关的固定费用 a(即净转移支付)。由于企业不用承担它的任何成本，因此，该合同是一种效果较差的激励合同。

情形二：固定价格合同（b=1）。在该合同下，政府实际上并没有补偿企业发生的实际成本，仅仅支付了一笔固定费用 a（即净转移支付）。该合同使得企业自行承担生产成本，成为其成本节约的剩余索取者，因而是一个效果最佳的激励合同。

情形三：激励性合同（0＜b＜1）。企业承担的成本比例 b（即净转移支付的斜率）介于 0 和 1 之间的这类线性合同被称为激励性合同。在该合同下，政府和企业按照事前约定的比例分担发生的实际成本。

1.3.3 无政府转移支付的规制激励

事实上，除了采购（政府是唯一买者）外，政府还可以通过规制公共事业单位或企业，如设置价格上限、产量上限等，调节其向消费者提供商品或服务的行为，从而达到最优的社会福利水平，此时，并没有政府转移支付发生。像电信、能源和铁路等很多公共事业单位可以通过向消费者收费完全或部分补偿其成本，在这类产业中，价格规制最常用的几种方式是：服务成本规制①、激励性规制②及价格上限规制等。

其中，服务成本规制本质上等价于平均成本定价，即通过总收入等于总成本来确定价格。通常受规制企业的价格规制是分两个阶段确定的：第一个阶段，政府考察受规制企业在一段时期内（通常为 1 年）的历史成本，排除某些不合理和审慎的支出后，通过通货膨胀率和未来外生的其他冲击调整该历史成本，确定受规制企业的一个成本水平；然后，政府通过估计前期投资的折旧来确定受规制企

①服务成本规制在教科书上更为一般的说法是收益率规制，这里用服务成本规制，因为每一项规制制度都不仅确定了一个收益率，更体现了其对服务成本的规制，因而用起来更加形象、贴切。

②即利润分享或者成本共担，为方便与政府采购中的激励性合同做对比，这里用激励性规制。

业目前的资本存量，选择一个合理的资本收益率，估计其现存资本的收益；最后，政府确定的成本水平加上现存资本的收益便构成了受规制企业要求的收入。第二个阶段是政府选择一定的价格水平，使得受规制企业在该价格下得到的收入与要求的收入相等。价格一旦确定了就是固定的，直到下一次规制检查才会按照某些调整条款加以调整。

价格上限规制是独立于历史数据的，规制者为所有产品或其中一篮子产品确定一个价格上限，企业可以在此价格之下自由定价。在规制时期内，规制者根据指数化条款对此价格上限加以调整，如我国的药品集中招标采购管理制度。但是，这种规制要求规制者充分掌握成本和需求的相关信息，因为过高的价格上限对企业来说相当于不受规制，过低的价格上限又会使企业利润过低，缺乏竞争力，而准确合理的价格水平又难以确定。

虽然价格上限规制与服务成本规制都是在一段时期内固定企业价格水平，但是，二者还有很大的不同，体现在以下四个方面：首先，价格上限规制具有前瞻性，设定的价格上限不是由历史成本或收益率决定的，而服务成本规制则是基于历史成本的，具有回溯性；其次，价格上限规制的激励强度相对于服务成本规制较高，是固定价格合同在规制方面的等价形式；再次，价格在价格上限规制中具有向下调整的灵活性，而在服务成本规制中是刚性的；最后，规制检查之间的间隔在价格上限规制中被假设是外生给定的（一般为 4～5 年），而在服务成本规制中则是内生的，受规制的企业和规制机构都可以发起规制检查。

激励性规制是介于服务成本规制和价格上限规制之间的一种激励方案。例如，当企业的收益率超过目标收益率时，规制者将价格部分向下调整，使得企业可以实现其部分利润，这种规制即为激励性规制。

1.3.4　激励方案强度比较

我们已经沿着两个方向对激励方案进行了简单介绍：一是是否允许政府转移支付存在，也就是说，企业是否可以得到公共资金，从而不用通过向消费者收费来回收成本；二是激励方案的强度，也就是企业从政府获得的转移支付与该企业的价格、成本及绩效之间的关系，具体总结见表 1.1。

表 1.1　常用激励方案及强度比较

激励强度	允许转移支付	不允许转移支付
强	固定价格合同	价格上限规制
中	激励性合同	激励性规制
低	成本加成合同	服务成本规制

一般而言，在公共项目采购中，政府对企业进行转移支付，如购买武器。因为政府是唯一的买者，企业无法向私人消费者收费来补偿其生产成本。另外，当受规制企业是国有企业时，通常也会有部分转移支付，例如，中国高铁、中国邮政等的部分成本由政府进行拨款补贴，部分成本由私人用户补偿。

对于政府采购合同，通常假定政府可以观测到企业发生的实际成本，并要求政府采购方和企业共同承担所发生的实际成本，除此之外，政府采购方还需向企业支付一笔与实际绩效无关的固定费用。常用的政府采购激励方案有成本加成合同、固定价格合同及激励性合同。其中，在成本加成合同下，企业不承担它的任何成本，政府对全部成本进行补偿并支付一笔固定费用，因而成本加成合同的激励强度是非常低的。在固定价格合同下，政府只用支付给企业一笔固定费用，企业自行承担生产成本，激励程度较高。处于两个极端中间的是激励性合同，政府和企业共同承担企业发生的实际成本。

对于政府规制合同，政府最常用的是价格规制，包括服务成本规制（收益率规制）、价格上限规制以及激励性规制（利润共享或成本共担）。其中，价格上限规制是固定价格合同在规制方面的等价形式，激励强度最高，激励性规制次之，服务成本规制的激励强度是最低的。

总之，激励强度较高的方案更适用于不确定性较大的时期或项目，如政府采购初期或高新技术项目，而激励强度较低的方案则更常用于对常规商品或服务的采购。

1.4　本章小结

本章主要在介绍政府采购与政府规制的基本概念的基础上，对二者进行比较分析，阐明了二者之间最为本质的区别：在政府采购中，政府是唯一的买者，企业直接向政府提供货物、工程或服务；而在规制中，众多的私人消费者是买者，政府通过进入和退出规制、价格规制、数量规制、融资规制、信息规制及质量规制等方式对受规制的企业进行调控，使得企业代表政府向消费者提供商品或服务。由此可知，政府采购项目通常伴随着政府的转移支付，而政府对私人企业的规制则一般不允许政府进行转移支付，这也使得二者在新规制经济学框架下有着不同的激励方案。

此外，我们还对规制理论和政府采购的发展进程做了简单介绍，阐述了政府采购的起源、发展和国际化，并对我国政府采购制度改革的历史进程和取得的成果做了简单回顾，同时也说明了我国政府采购的政策功能，以及与国际政府采购接轨的努力。

第 2 章　单一产品采购的创新激励模型与实施

基于 Laffont 和 Tirole（1986）建立的基本规制模型，我们考虑这样一个规制情形：规制目标项目是单一的、不可分割的、标准化的项目（即可以忽略产品定价问题）；对单一企业进行规制，即单个企业有足够的技术完成规定的项目；规制者的目标是社会福利最大化。在此框架下，将完全信息下的最优模型扩展到信息不对称情形下，对比分析两种不同情形下所得到的最优研发创新水平。最后，以政府创新技术采购为例介绍了该基本规制模型的一些扩展和应用。

2.1　完全信息下的合同激励模型

政府采购方采用成本观测法规制企业，即采购方可以观察到企业的事后成本，运用成本补偿规则进行政府采购或对企业进行规制。其中，成本补偿规则是指企业和政府采购方之间商讨成本加成的比例。

假设政府仅采购一个公共项目，且单个企业完全可以提供该项目的生产和服务。为了激励企业的生产积极性，采购方不仅需要补偿企业的生产成本，还需要向企业支付一笔净转移支付 t。

假设企业的成本函数为

$$C = \beta - e \tag{2.1}$$

其中，β 表示初始技术水平，也是企业对初始成本的估计，是其私人信息；e 表示企业为降低成本而进行研发活动所达到的研发创新水平，为此付出的成本记为 $\psi(e)$，其满足微观经济学中生产边际成本递增的基本假设，即 $\psi'(e) > 0$，$\psi''(e) > 0$，且满足 $\psi(0) = 0$，$\lim\limits_{e \to \beta} \psi(e) \to +\infty$。令 U 表示企业的净利润，则

$$U = t + C - C - \psi(e) = t - \psi(e) \tag{2.2}$$

个体理性约束条件或参与约束条件，是说企业接受政府采购方的规制合同，参与生产活动所得的净利润至少要和不参与进来时所得的净利润一样大，或者说该净利润应大于等于企业的保留净利润（这里标准化为 0）。

因而，一个理性企业的参与约束条件为

$$t - \psi(e) \geqslant 0 \tag{2.3}$$

假设该公共项目可以为消费者带来的效用为 S，令 λ 表示公共货币支出所引

发的影子成本（每征收扭曲性的一单位的税收，给纳税人或消费者带来的成本为λ单位）。则消费者或纳税人的净剩余为

$$S-(1+\lambda)(t+C) \tag{2.4}$$

如此，对于政府而言，事后社会福利水平为消费者的净剩余加上企业的净利润，即

$$S-(1+\lambda)(t+C)+t-\psi(e) \tag{2.5}$$

将$C=\beta-e$和$U=t-\psi(e)$代入式（2.5）可得事后社会福利的等价表达式：

$$S-(1+\lambda)(\beta-e+\psi(e))-\lambda U \tag{2.6}$$

式（2.6）表明社会福利是由该项目带来的消费者净剩余减去可观察到的完成该项目的总成本$C+\psi(e)$及其影子成本，再减去企业净利润的影子成本。

当政府采购方给出企业一次性要价时，在完全信息的情况下，即采购方知道初始技术水平β，且可以观察到研发创新水平e，则政府采购方的最优化问题为

$$\begin{gathered}\max_{\{U,e\}}[S-(1+\lambda)(\beta-e+\psi(e))-\lambda U] \\ \text{s.t.}\, U \geqslant 0\end{gathered} \tag{2.7}$$

在式（2.3）的参与约束条件下，仅当$U=0$时，式（2.7）中的目标函数才可能最大化，又因$\psi''(e)>0$，所以该目标函数为关于e的严格凹函数。于是，最优化问题，即式（2.7）的最优解e^*满足的一阶必要条件为

$$\psi'(e)=1 \text{ 或 } e=e^* \tag{2.8}$$

$$U=0 \text{ 或 } t=\psi(e^*) \tag{2.9}$$

式（2.8）说明最优研发创新水平的边际成本$\psi'(e)$等于其边际收益，即边际成本节约为1。式（2.9）说明，由于公共资金影子成本的存在，在了解企业的初始技术水平信息并可以观测到成本时，政府采购方不会留给企业任何租金，企业的个人理性约束是紧的。

理论上，采购方和企业之间有很多形式的合同可以实现式（2.8）和式（2.9）定义的最优规制结果。其中，一种比较简单直接的形式是，政府采购方直接给企业$\psi(e^*)$的转移支付，并要求企业达到的研发创新水平为e^*，若企业的实际研发创新水平低于e^*，则需向采购方支付一笔巨额的罚金。还有一种可供选择的形式是，政府采购方向企业提供一个固定价格合同：

$$t=a-(C-C^*) \tag{2.10}$$

其中，$a=\psi(e^*)$，$C^*=\beta-e^*$。既然企业是其成本节约的获益者，其自会选择e^*的研发创新水平使得净利润最大化。由此可见，固定价格合同在完全信息下可以充分激励企业努力研发、降低成本，并且，采购方还可以通过调整固定支付a的大小来抽取企业的租金。

2.2　非对称离散信息下的合同激励模型

本节将 2.1 节中完全信息的假定拓展到非对称信息，在此情形下，政府采购方作为规制者虽然可以观察到事后发生的成本，但是并不了解企业的初始技术水平 β 属于哪种类型，从而无法对企业的研发创新水平进行监督。

假设企业的初始技术水平 β 属于集合 $\{\underline{\beta},\overline{\beta}\}$，且 $\overline{\beta}>\underline{\beta}$，即企业的初始技术水平只有 $\overline{\beta}$ 和 $\underline{\beta}$ 这两种类型。采购方基于观察到的事后成本 C 向企业支付净转移支付 t，采购合同为每一种技术类型的企业都规定了一组转移支付-成本对，初始技术水平较高的 $\underline{\beta}$ 型企业，合同为 $\{t(\underline{\beta}),C(\underline{\beta})\}$，简记为 $\{\underline{t},\underline{C}\}$，反之，初始技术水平较低的 $\overline{\beta}$ 型企业，合同为 $\{t(\overline{\beta}),C(\overline{\beta})\}$，简记为 $\{\overline{t},\overline{C}\}$。

由式（2.5）和式（2.6）可知，当企业的初始技术水平为 β 时，社会福利函数 $W(\beta)$ 也可以表示为以下形式：

$$
\begin{aligned}
W(\beta)&=S-(1+\lambda)(t(\beta)+C(\beta))+t(\beta)-\psi(\beta-C(\beta))\\
&=S-(1+\lambda)(C(\beta)+\psi(\beta-C(\beta))-\lambda U(\beta)
\end{aligned}
\tag{2.11}
$$

设采购方关于 β 取值的先验概率分布 $\upsilon=\Pr(\beta=\underline{\beta})$，则在企业技术类型服从两点分布的情形下，社会期望福利 $W=\upsilon W(\underline{\beta})+(1-\upsilon)W(\overline{\beta})$，即

$$
\begin{aligned}
W=&\upsilon[S-(1+\lambda)(\underline{C}+\psi(\underline{\beta}-\underline{C}))-\lambda\underline{U}]\\
&+(1-\upsilon)[S-(1+\lambda)(\overline{C}+\psi(\overline{\beta}-\overline{C}))-\lambda\overline{U}]
\end{aligned}
\tag{2.12}
$$

则政府采购方的最优化问题为在激励相容约束条件和个体理性约束条件下，选择使得社会期望福利最大的合同。

其中，机制设计理论中的激励相容指的是一种机制设计，使得追求个人利益最大化的理性经济人的最优行为也符合集体利益最大化的目标。本书中的激励相容是指，政府采购方作为规制者，提供给受规制企业的合同可以诱导企业说真话，报告其真实的初始技术水平，从而使得企业的最优行为不会偏离规制者要求的实现社会福利最大化的目标。具体来说，在只存在高低两种技术类型的情形下，激励相容约束条件是指，在转移支付-成本对的合同菜单中，企业选择与其技术类型对应的合同所得的净利润要比选择另一种技术类型对应的合同所得的净利润要高，由此可知，激励相容约束条件为

$$\underline{U}=\underline{t}-\psi(\underline{\beta}-\underline{C})\geqslant\overline{t}-\psi(\underline{\beta}-\overline{C})\tag{2.13}$$

$$\overline{U}=\overline{t}-\psi(\overline{\beta}-\overline{C})\geqslant\underline{t}-\psi(\overline{\beta}-\underline{C})\tag{2.14}$$

将式（2.13）和式（2.14）相加可得

$$\psi(\underline{\beta}-\overline{C})+\psi(\overline{\beta}-\underline{C})-\psi(\underline{\beta}-\underline{C})-\psi(\overline{\beta}-\overline{C})\geqslant 0\tag{2.15}$$

等价地：

$$\int_{\underline{C}}^{\overline{C}}\int_{\underline{\beta}}^{\overline{\beta}}\psi''(\beta-C)\mathrm{d}\beta\mathrm{d}C \geqslant 0 \tag{2.16}$$

也可以利用$\psi''>0$和$\overline{\beta}>\underline{\beta}$将式（2.16）化简为

$$\overline{C}\geqslant\underline{C} \tag{2.17}$$

即事后成本C关于β是非递减的。由式（2.17）亦可以推出式（2.13）和式（2.14）所表达的激励相容约束条件，二者互为充要条件。

为了方便求解，我们先暂时忽略式（2.14）（后面可以证明最优解满足此条件），并将式（2.13）中的高技术型企业的激励相容约束条件做出如下变形：

$$\underline{U}\geqslant\overline{t}-\psi(\underline{\beta}-\overline{C})=\overline{t}-\psi(\overline{\beta}-\overline{C})+\psi(\overline{\beta}-\overline{C})-\psi[\overline{\beta}-\overline{C}-(\overline{\beta}-\underline{\beta})] \tag{2.18}$$

令$\Delta\beta\equiv\overline{\beta}-\underline{\beta}$，并定义函数$\Phi(e)\equiv\psi(e)-\psi(e-\Delta\beta)$，则式（2.18）可以表示成如下形式：

$$\underline{U}\geqslant\overline{U}+\Phi(\overline{e})=\overline{U}+\Phi(\overline{\beta}-\overline{C}) \tag{2.19}$$

由于$\psi'>0$，$\psi''>0$，所以$\Phi(e)$为正，且是递增的，即$\Phi'(e)>0$。若进一步假设$\psi'''\geqslant 0$，则$\Phi(e)$为凸函数。式（2.19）将高技术型企业的租金水平与低技术型企业的租金水平联系起来，并且说明了高技术型企业按照其真实类型选择研发创新水平伴随的成本与伪装成低技术型企业选择研发创新水平伴随的成本之差决定了高低技术型企业的租金水平之差。

高低技术型企业的个体理性约束条件分别为

$$\underline{U}\geqslant 0 \tag{2.20}$$

$$\overline{U}\geqslant 0 \tag{2.21}$$

由式（2.19）及$\Phi(e)\geqslant 0$可知，当式（2.21）成立时，式（2.20）一定成立，因而在解最优化问题时，个体理性约束条件只用式（2.21）即可。

由于公共资金影子成本的存在，对政府采购方来说，留给企业租金的成本是非常高的，因而式（2.21）和式（2.19）中的约束都是紧的，因而化简后的激励相容约束条件和参与约束条件为

$$\underline{U}=\Phi(\overline{\beta}-\overline{C}) \tag{2.22}$$

$$\overline{U}=0 \tag{2.23}$$

综上，政府采购方作为规制者的最优化问题为

$$\max_{\{\underline{C},\overline{C},\underline{U},\overline{U}\}}\upsilon[S-(1+\lambda)(\underline{C}+\psi(\underline{\beta}-\underline{C}))-\lambda\underline{U}]+(1-\upsilon)[S-(1+\lambda)(\overline{C}+\psi(\overline{\beta}-\overline{C}))-\lambda\overline{U}]$$

$$\text{s.t.}\quad \underline{U}=\underline{t}-\psi(\underline{\beta}-\underline{C})\geqslant\overline{t}-\psi(\underline{\beta}-\overline{C})$$

$$\overline{U}=\overline{t}-\psi(\overline{\beta}-\overline{C})\geqslant \underline{t}-\psi(\overline{\beta}-\underline{C})$$

$$\underline{U}\geqslant 0$$

$$\overline{U}\geqslant 0$$

经化简转化后为

$$\max_{\{\underline{C},\overline{C},\underline{U},\overline{U}\}} \upsilon[S-(1+\lambda)(\underline{C}+\psi(\underline{\beta}-\underline{C}))-\lambda\underline{U}]+(1-\upsilon)[S-(1+\lambda)(\overline{C}+\psi(\overline{\beta}-\overline{C}))-\lambda\overline{U}]$$

$$\text{s.t. } \underline{U}=\Phi(\overline{\beta}-\overline{C})$$

$$\overline{U}=0$$

该带参与约束条件的最优化问题的一阶必要条件为

$$\psi'(\underline{\beta}-\underline{C})=1 \text{ 或 } \underline{e}=e^* \tag{2.24}$$

$$\psi'(\overline{\beta}-\overline{C})=1-\frac{\lambda}{1+\lambda}\cdot\frac{\upsilon}{1-\upsilon}\Phi'(\overline{\beta}-\overline{C}) \tag{2.25}$$

因 $\Phi'(e)>0$，故式（2.24）和式（2.25）隐含着 $\overline{C}>\underline{C}$，由此可知暂时忽略式（2.14）中低技术型企业的激励相容约束条件后得到的结果也是满足该条件的。此外，由 $\psi''>0$ 可知函数 $\psi'(e)$ 单调递增，则由式（2.24）和式（2.25）可以推出 $\overline{e}<\underline{e}=e^*$。

至此，我们得到了由式（2.24）和式（2.25）刻画的最优规制合同的特征：对高技术型企业来说，存在有效率的研发创新水平，即在该规制合同下，高技术型企业选择的研发创新水平与完全信息下社会福利最大化要求的最优水平一致，而且，由于高技术型企业总可以以较低的成本模仿低技术型企业，采购方不得不让出一部分租金使其存在正的租金水平；对于低技术型企业，其租金水平为 0，且由于高技术型企业的租金水平 $\Phi(\overline{e})$ 是低技术型企业所要求的研发创新水平的增函数，为了降低高技术型企业的租金水平，采购方会要求低技术型企业降低其研发创新水平。

2.3　非对称连续信息下的合同激励模型

本节将企业的初始技术类型由离散分布进一步扩展为连续分布，假定政府采购方仅知道 β 服从 $[\underline{\beta},\overline{\beta}]$ 上的分布，概率分布函数为 $F(\beta)$，其概率密度函数为 $f(\beta)$，且 $f(\beta)>0$，则政府采购方对应的社会期望福利为

$$\int_{\underline{\beta}}^{\overline{\beta}}[S-(1+\lambda)(\beta-e(\beta)+\psi(\beta-e(\beta)))-\lambda U(\beta)]\,\mathrm{d}F(\beta) \tag{2.26}$$

政府采购方的最优化问题依然是在激励相容和个体理性约束条件下，选择使得社会期望福利最大的合同。

如令 $\hat{\beta}$ 表示企业宣布的初始技术水平，则观察到的企业实际发生的成本为 $C(\hat{\beta})$，基于该成本，企业得到的净转移支付为 $t(\hat{\beta})$，因而其净利润便取决于实际技术参数 β 及其宣布的初始技术水平 $\hat{\beta}$：

$$U(\beta,\hat{\beta})=t(\hat{\beta})-\psi(\beta-C(\hat{\beta})) \tag{2.27}$$

则由直接显示原理[①]可知，诱导企业说真话意味着当企业宣布其真实的初始技术水平获得的净利润比说谎所得要大时，即对于 $[\underline{\beta},\overline{\beta}]$ 内的任意两个数 β 和 β' 来说，有

$$t(\beta)-\psi(\beta-C(\beta))\geqslant t(\beta')-\psi(\beta-C(\beta')) \tag{2.28}$$

$$t(\beta')-\psi(\beta'-C(\beta'))\geqslant t(\beta)-\psi(\beta'-C(\beta)) \tag{2.29}$$

换言之，激励相容的说真话策略要求 $\hat{\beta}=\beta$ 时，$U(\beta,\hat{\beta})$ 最大：

$$\max_{\hat{\beta}} U(\beta,\hat{\beta})=t(\hat{\beta})-\psi(\beta-C(\hat{\beta})) \tag{2.30}$$

一阶必要条件要求 $\dfrac{\partial U(\beta,\hat{\beta})}{\partial\hat{\beta}}=\dot{t}(\hat{\beta})+\psi'(\beta-C(\hat{\beta}))\dot{C}(\hat{\beta})\Big|_{\hat{\beta}=\beta}=0$，即

$$\dot{t}(\beta)+\psi'(\beta-C(\beta))\dot{C}(\beta)=0 \tag{2.31}$$

用 $U(\beta)$ 表示 β 型企业说真话的净利润水平，则有

$$U(\beta)=t(\beta)-\psi(\beta-C(\beta)) \tag{2.32}$$

式（2.31）表达的激励相容的一阶必要条件可以改写为

$$\begin{aligned}\dot{U}(\beta)&=t'(\beta)-\psi'(\beta-C(\beta))(1-C'(\beta))\\&=t'(\beta)+\psi'(\beta-C(\beta))C'(\beta)-\psi'(\beta-C(\beta))\\&=-\psi'(\beta-C(\beta))\\&=-\psi'(e(\beta))\end{aligned} \tag{2.33}$$

此外，激励相容的二阶充分条件可由式（2.28）与式（2.29）相加证明。二式相加可得

$$\psi(\beta'-C(\beta))-\psi(\beta-C(\beta))\geqslant\psi(\beta'-C(\beta'))-\psi(\beta-C(\beta')) \tag{2.34}$$

改写为积分形式有

$$\int_{\beta}^{\beta'}\int_{C(\beta)}^{C(\beta')}\psi''(x-y)\mathrm{d}x\mathrm{d}y\geqslant 0 \tag{2.35}$$

由式（2.35）可知，当 $\beta'>\beta$ 时，$C(\beta')\geqslant C(\beta)$ 一定成立，则 $C(\beta)=\beta-e(\beta)$ 是 β 的非减函数，即

$$\dot{C}(\beta)\geqslant 0 \tag{2.36}$$

或表示为

$$\dot{e}(\beta)\leqslant 1 \tag{2.37}$$

企业的参与约束条件，或者个体理性约束条件为：对于任意的 β，

①任何激励机制都等价于一个诱导企业宣布其真实的初始技术水平的直接显示机制。

$$U(\beta) \geqslant 0 \tag{2.38}$$

由式（2.33）可知，$\dot{U}(\beta) = -\psi'(\beta - C(\beta)) \leqslant 0$，$U(\beta)$ 是非增函数，因而当 $U(\bar{\beta}) \geqslant 0$ 成立时，$U(\beta) \geqslant 0$ 在 $[\underline{\beta}, \bar{\beta}]$ 内总是成立的。同样，由于给企业留租金存在高昂的社会成本，采购方可以令初始技术水平最低的企业的租金为 0，则个体理性约束条件可以表示为

$$U(\bar{\beta}) = 0 \tag{2.39}$$

综上，我们可以得到政府采购方的最优化问题：

$$\max_{\{e,U\}} \int_{\underline{\beta}}^{\bar{\beta}} [S - (1+\lambda)(\beta - e(\beta) + \psi(e(\beta))) - \lambda U(\beta)] \mathrm{d}F(\beta) \tag{2.40}$$

$$\text{s.t.}\, \dot{U}(\beta) = -\psi'(e(\beta))$$

$$\dot{e}(\beta) \leqslant 1$$

$$U(\bar{\beta}) = 0$$

同样，暂时忽略式（2.37）中的激励相容的充分条件，简化的政府采购方的最优化问题为

$$\max_{\{e,U\}} \int_{\underline{\beta}}^{\bar{\beta}} [S - (1+\lambda)(\beta - e(\beta) + \psi(e(\beta))) - \lambda U(\beta)] f(\beta) \mathrm{d}\beta \tag{2.41}$$

$$\text{s.t.}\, \dot{U}(\beta) = -\psi'(e(\beta))$$

$$U(\bar{\beta}) = 0$$

此时的最优化问题可以被看成一个最优控制问题。其中，U 为状态变量；e 为控制变量①。则构建的哈密顿函数为

$$H = [S - (1+\lambda)(\beta - e(\beta) + \psi(e(\beta))) - \lambda U(\beta)] f(\beta) - \mu(\beta)\psi'(e(\beta)) \tag{2.42}$$

这里的 $\mu(\beta)$ 指的是乘子参数。根据最优控制理论的优化原理有

$$\mu'(\beta) = -\frac{\partial H}{\partial U} = \lambda f(\beta) \tag{2.43}$$

$$\frac{\partial H}{\partial e} = (1+\lambda) f(\beta)(1 - \psi'(e(\beta))) - \mu(\beta)\psi''(e(\beta)) = 0 \tag{2.44}$$

将式（2.43）积分可得

$$\mu(\beta) = \int_{\underline{\beta}}^{\beta} \lambda f(\beta) \mathrm{d}\theta = \lambda F(\beta) \tag{2.45}$$

由于边界条件 $\beta = \underline{\beta}$ 是不受约束的，该处的横截性条件为

$$\mu(\underline{\beta}) = 0 \tag{2.46}$$

①这里用 e 作为控制变量，与之前用 C 作为控制变量是等价的，由 $C(\beta) = \beta - e(\beta)$ 做线性变换得到。

将式（2.45）代入式（2.44）中整理可得

$$\psi'(e(\beta)) = 1 - \frac{\lambda}{1+\lambda} \cdot \frac{F(\beta)}{f(\beta)} \psi''(e(\beta)) \tag{2.47}$$

综上可得，最优化问题存在内点解的必要条件是

$$U(\overline{\beta}) = 0$$

$$\dot{U}(\beta) = -\psi'(\beta - C(\beta)) = -\psi'(e(\beta))$$

$$\psi'(e(\beta)) = 1 - \frac{\lambda}{1+\lambda} \cdot \frac{F(\beta)}{f(\beta)} \psi''(e(\beta))$$

下面的问题是验证存在的内点解是否符合二阶充分条件 $\dot{e}(\beta) \leqslant 1$，若符合，则简化后的优化问题等价于原来的优化问题。为此，将式（2.47）关于 β 求导并整理可得

$$\dot{e}(\beta) = -\frac{[\lambda/(1+\lambda)]\psi''(e(\beta))[\mathrm{d}(F(\beta)/f(\beta))/\mathrm{d}\beta]}{\psi''(e(\beta)+[\lambda/(1+\lambda)](F(\beta)/f(\beta))\psi'''(e(\beta))} \tag{2.48}$$

由式（2.48）可知 $\dot{e}(\beta)$ 的符号取决于 $\mathrm{d}(F(\beta)/f(\beta))/\mathrm{d}\beta$ 的符号，为此，我们假定该分布符合单调风险率（monotone hazard rate）或对数凹性：

$$\mathrm{d}(F(\beta)/f(\beta))/\mathrm{d}\beta \geqslant 0 \tag{2.49}$$

或

$$\mathrm{d}(f(\beta)/F(\beta))/\mathrm{d}\beta \leqslant 0 \tag{2.50}$$

常见的均匀分布、正态分布、指数分布及对数正态分布等都是满足该条件的。此外，该条件也具有其经济上的含义：令 $\overline{\beta}$ 表示基本技术，$\overline{\beta} - \beta$ 则为该技术的改进幅度，其发生的概率为 $F(\beta)$。大于 $\overline{\beta} - \beta$、小于 $\overline{\beta} - \beta + \mathrm{d}\beta$ 的技术改进发生的概率为 $f(\beta)\mathrm{d}\beta$，则 $f(\beta)/F(\beta)$ 表示在技术已经取得 $\overline{\beta} - \beta$ 幅度的改进条件下，没有进一步改进的条件概率，由此可知，该假定说明企业的初始技术水平越高（β 值越低），该条件概率越大，即当企业的技术水平比较高的时候，再进一步进行技术改进的困难会较大，这也符合经济中收益率递减的规律。

在单调风险率的假设之下，由式（2.48）可知，若 $\dot{e}(\beta) \leqslant 0$，则二阶充分条件 $\dot{e}(\beta) \leqslant 1$ 自然成立。由此可知，简化后的优化问题等价于原来的优化问题。至此，我们可以得到由式（2.33）、式（2.39）和式（2.47）刻画出的最优激励合同的特征。与完全信息下的情况相比，非对称信息使得委托人必须让出一些租金给初始技术水平较高的企业，为了尽可能地降低让渡给这些企业的租金水平，资源配置就会受到扭曲，社会福利也会相应地受到损失，尽管上述激励机制可以减轻信息的不对称程度，也最大程度地减少了社会福利损失，但是仍然偏离完全信息下社会福利最大化的最优配置。

2.4　最优激励合同的实施

假设$e^*(\beta)$为式（2.47）的最优解，则由式（2.33）中的激励相容约束条件的积分可知，企业事后发生的实际成本和得到的租金分别为

$$C^*(\beta)=\beta-e^*(\beta) \tag{2.51}$$

$$U^*(\beta)=\int_{\beta}^{\bar{\beta}}\psi'(e^*(\xi))\mathrm{d}\xi \tag{2.52}$$

此时，企业得到的净转移支付为

$$t^*=\psi(e^*(\beta))+U^*(\beta) \tag{2.53}$$

由式（2.53）可知，最优的净转移支付是技术参数的函数。由于对采购方来说，企业的初始技术水平是其私人信息，不可观测，而企业的事后成本则是可以观测的，因而，基于事后可观测成本C计算最优净转移支付比较可行，为此我们需要利用反函数将净转移支付替换为事后可观测成本的函数。

由于在单调风险率的假定下，$\dot{e}^*(\beta)<1$成立，即$\dot{C}^*(\beta)>0$成立，$C^*(\beta)$是关于β严格递增的，因而可以通过求反函数得出$\beta=\beta^*(C)$，将其代入式（2.53）即可得到基于事后可观测成本的最优净转移支付函数，用$T^*(C)$表示：

$$T^*(C)=\psi(e^*(\beta^*(C)))+U^*(\beta^*(C)) \tag{2.54}$$

下面，我们对该函数的单调性和凹凸性进行分析：

$$\frac{\mathrm{d}T^*}{\mathrm{d}C}=\frac{\mathrm{d}t^*}{\mathrm{d}\beta}\bullet\frac{\mathrm{d}\beta}{\mathrm{d}C^*}=-\psi'(\beta^*(C)-C)<0 \tag{2.55}$$

$$\frac{\mathrm{d}^2T^*}{\mathrm{d}C^2}=-\psi''(\beta^*(C)-C)\left(\frac{\mathrm{d}\beta}{\mathrm{d}C^*}-1\right)=-\psi''(e^*(\beta))\frac{\dot{e}^*(\beta)}{\dot{C}^*(\beta)}\geqslant 0 \tag{2.56}$$

由此可知，$T^*(C)$是一个单调递减的凸函数，可以用其切线族来近似替代，从而将非线性合同转换成线性合同，更容易实施。这些切线即代表基于事后可观测成本的线性合同菜单：

$$t(\hat{\beta},C)=t^*(\hat{\beta})-\psi'(e^*(\hat{\beta}))(C-C^*(\hat{\beta})) \tag{2.57}$$

最优激励机制通过该线性合同菜单的实施情况如图 2.1 所示。

图 2.1 中的粗线表示$T^*(C)$函数，虚线表示企业的等利润线。如图 2.1 所示，无论企业面临的是$T^*(C)$的约束，还是其切线的约束，其都会选择同样的转移支付-成本对。

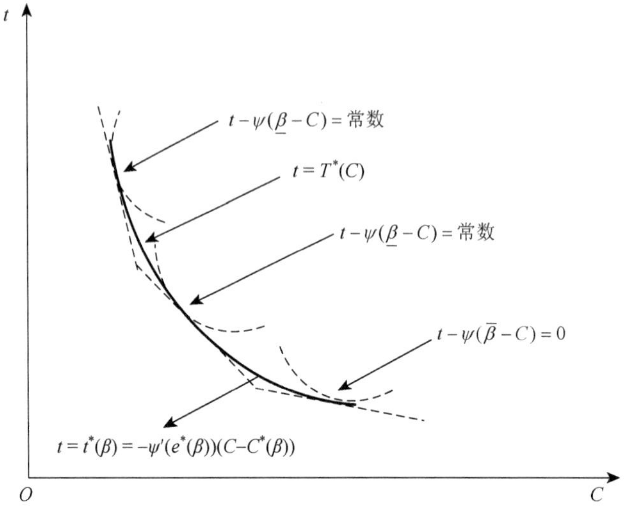

图 2.1　线性合同菜单实施的最优激励机制

在式（2.57）中，$\{t^{*}(\hat{\beta}),C^{*}(\hat{\beta})\}$ 是基于企业宣告的初始技术水平，政府采购方经过激励机制设计后确定的最优转移支付-成本对，该式表明，采购方实际的转移支付为最优的转移支付加上或减去一部分的成本节约或成本超支作为奖励或惩罚。例如，企业选择的研发创新水平较高，使得最终的实际成本 C 降低到合同要求的 $C^{*}(\hat{\beta})$ 以下，则采购方会在原定的 $t^{*}(\hat{\beta})$ 之上，再给出 $-\psi'(e^{*}(\hat{\beta}))(C-C^{*}(\hat{\beta}))$ 部分作为奖励。

最后，我们还需要验证一下式（2.57）中的线性合同菜单是否可以诱导企业说真话 $(\hat{\beta}=\beta)$，并激励其发挥社会福利最大化所要求的研发创新水平 $(e(\beta)=e^{*}(\beta))$。当线性合同菜单给定后，企业需要选择宣告的初始技术水平 $\hat{\beta}$ 和研发创新水平 e 来最大化其净利润 U（$U=t(\hat{\beta},C)-\psi(e)$），即

$$\max_{\{\hat{\beta},e\}}\{t^{*}(\hat{\beta})-\psi'(e^{*}(\hat{\beta}))[\beta-e-(\hat{\beta}-e^{*}(\beta)]\}-\psi(e) \tag{2.58}$$

该最优化问题的一阶必要条件为

$$\frac{\partial U}{\partial\hat{\beta}}=-\psi'(e^{*}(\hat{\beta}))(1-\dot{e}^{*}(\hat{\beta}))-\psi'(e^{*}(\hat{\beta}))(\dot{e}^{*}(\hat{\beta})-1)$$
$$-\psi''(e^{*}(\hat{\beta}))(\beta-e-\hat{\beta}+e^{*}(\beta))\dot{e}^{*}(\hat{\beta})=0 \tag{2.59}$$
$$\frac{\partial U}{\partial e}=\psi'(e^{*}(\hat{\beta}))-\psi'(e)=0 \tag{2.60}$$

联立式（2.59）和式（2.60），解得 $\hat{\beta}=\beta$ 和 $e(\beta)=e^{*}(\beta)$，这表明该线性合同菜单可以诱导企业宣告其真实的初始技术水平，并激励企业选择最优的研发创新水平。

另外，我们还可以通过改写线性合同菜单，将激励机制转变为更容易实施的成本分担机制——政府采购方确定给企业的固定支付 a，以及企业需要承担的成本比例 b，则净转移支付可以写成

$$t = a - bC \tag{2.61}$$

根据前文得到的最优激励机制的结果，式（2.61）中的参数符合以下特征：

$$a(\beta) = t^*(\beta) + \psi'(e^*(\beta))C^*(\beta) \tag{2.62}$$

$$b(\beta) = \psi'(e^*(\beta)) \tag{2.63}$$

由式（2.62）和式（2.63）可以推导固定支付 a 与成本分担比例 b 之间的关系：

$$\frac{\mathrm{d}a}{\mathrm{d}b} = C > 0 \tag{2.64}$$

$$\frac{\mathrm{d}^2 a}{\mathrm{d}b^2} = \frac{\mathrm{d}(\mathrm{d}a/\mathrm{d}b)/\mathrm{d}\beta}{\mathrm{d}b/\mathrm{d}\beta} = \frac{1-\dot{e}}{\psi''\dot{e}} < 0 \tag{2.65}$$

固定支付是合同斜率的单调递增的凹函数，且斜率每增加一个单位，就需要额外补偿一单位成本。如图 2.2 所示，由于 $b(\underline{\beta}) = \psi'(e^*(\underline{\beta})) = 1$，则初始技术水平最高的企业面临的是固定价格合同，是成本节约的剩余索取者，因而激励强度最高；初始技术水平最低的企业选择的是成本加成合同，企业的成本分担比例 $b(\overline{\beta}) = 0$，企业的效用与成本大小无关，因而激励强度最低；其他类型的企业接受的合同则是介于二者之间的激励性合同。

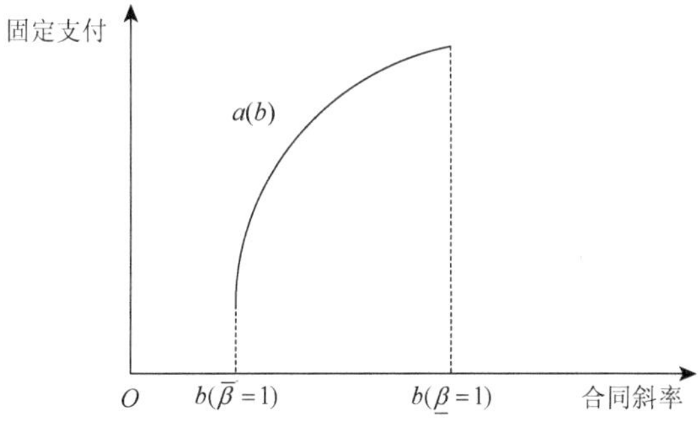

图 2.2　最优合同特征

此外，由于上述线性合同的固定支付 $a(\beta)$ 和成本分担比例 $b(\beta)$ 是基于不可观测的技术参数，为了方便实施最优合同，我们还可以对以上线性合同做进一步的转换。如政府采购方可以要求企业对该项目做出一个预估成本 C^a，并基于事后发生的实际成本 C 与预估成本的差额设计线性合同菜单，使得合同斜率（成本超支部分的承担比例）为 $\tilde{b}(C^a)$，给企业的固定支付为 $\tilde{a}(C^a)$，则式（2.61）的线性合同可以改写为

$$t(C^a, C) = \tilde{a}(C^a) - \tilde{b}(C^a)(C - C^a) \tag{2.66}$$

由最优激励机制结果及式（2.61）可知，合同斜率（激励强度）和固定支付分别为

$$b(\beta) = \tilde{b}(C^*(\beta)) \tag{2.67}$$

$$a(\beta) = \tilde{a}(C^*(\beta)) + \tilde{b}(C^*(\beta))C^*(\beta) \tag{2.68}$$

综上，我们得到了激励相容条件下的最优成本补偿规则，但同时也可以看到该成本补偿规则对信息的要求较高，原因在于政府采购方可能不会确切地知道企业研发创新伴随的成本$\psi(e)$，而且最优激励方案取决于主观概率分布$F(\beta)$。

2.5　政府创新技术采购中的激励合同设计

近年来，我国经济发展进入新常态，面临增速放缓、结构调整和动力转换等问题。作为促进经济高质量发展的新动力，科技创新引起了学术界和政府部门的广泛关注。但是由于创新活动产生的正外部性使得市场失灵，同时供给侧创新激励政策的实施效果欠佳，于是，相关学者在创新激励政策上，尝试关注需求侧倒逼生产企业创新的效果及其影响机制问题（Shin et al.，2019；Timmermans and Zabala-Iturriagagoitia，2013）。政策制定者也开始从需求端出发来刺激私人领域的技术创新。在具体实施过程中，政府将采购作为需求侧创新激励政策的一个重要实施工具，发挥政府采购对微观生产企业的创新激励作用。

同样，不对称的信息结构，导致政府采购活动中有时出现较为严重的逆向选择和道德风险问题，不利于发挥政府采购对企业创新的拉动作用。由信息不对称情形下的经典采购激励模型可知，在此情形下，最优激励合同总是需要一些成本分摊，支付是成本的凸函数，且可由线性激励合同的形式来实现。政府采购方不仅需要给予企业一个固定支付，而且还要分担其成本。这种共同分担成本的线性激励合同作为一种有效的利益协调方式在供应链管理和政府采购中得到了较为广泛的应用。如 Chao 等（2009）通过研究发现，当制造商和供应商共同分担产品召回成本时，菜单合同不仅可以显著降低由信息不对称带给制造商的成本，还可以提高产品质量。Chu 和 Sappington（2009）对 Laffont 和 Tirole（1986）的模型进行了直接扩展，考虑了当供应商的初始成本和研发创新水平不可观测时，政府如何规制最优支付结构。彭鸿广和骆建文（2015）在 Chu 和 Sappington（2009）的模型的基础上，引入了研发成本的不确定性及供应商的风险规避，得出政府创新技术采购中的最优激励合同设计。

本节基于彭鸿广和骆建文（2015）的模型，考虑了技术创新对研发创新的边际效用的影响，研究政府创新技术采购中成本分担激励合同的设计问题。其中，

供应链由政府采购方和一个企业构成，政府向该企业采购单一数量且不可分割的产品。

假设企业对生产该产品的初始成本的无偏估计为β，即当企业的研发创新水平e为零时企业的生产成本或初始技术水平参数，则企业的事后成本函数为$C=\beta-e+\theta$。其中θ为随机变量，既包含企业对初始成本的估计偏差，也包含产品生产过程中的不确定因素，且有$\theta \sim N(0,\sigma^2)$，则企业事后成本的不确定性由$\sigma^2$衡量。企业的研发创新水平$e$的成本为$\psi(e)=\frac{1}{2}\beta e^2$。

当承包企业将自身的初始技术水平参数β报告给采购方时，采购方支付给企业的报酬分为两部分：一部分是补偿成本C，另一部分是净转移支付t（$t=a+b(\beta-C)$），其中，b为企业的成本分担比例，采购方承担的比例为$1-b$，a为固定支付。

企业是风险规避型的，其利润函数形式为指数形式$U(\pi)=-\mathrm{e}^{-r\pi}$（张维迎，1996），其中，$\pi$为企业的实际收益，$r$为绝对风险厌恶系数，在实际收益基础上减去风险升水可得该收益的确定性等价为$U=\pi-\frac{1}{2}r(b\sigma)^2$。

将企业成本节约的研发创新水平带来的社会福利简化为$S=\beta-C$，该式表示企业研发创新的成本每降低一单位，社会福利会增加一单位。

我们采用斯塔克尔伯格博弈问题的两阶段逆向递推法，分别分析对称信息和非对称信息下，采购方的最优激励合同的设计。

首先，在信息对称的情况下，β是可观测的。在博弈的第二阶段，承包企业的实际收益为

$$\pi=a+b(\beta-C)-\frac{1}{2}\beta e^2=a+b(e-\theta)-\frac{1}{2}\beta e^2 \tag{2.69}$$

其期望收益为

$$E(\pi)=a+be-\frac{1}{2}\beta e^2 \tag{2.70}$$

于是，企业的目标为选择最优的研发创新水平来最大化其确定性等价收入：

$$\max_{e} U=a+be-\frac{1}{2}\beta e^2-\frac{1}{2}rb^2\sigma^2 \tag{2.71}$$

由一阶必要条件$\frac{\partial U}{\partial e}=b-\beta e=0$可知，最优的研发创新水平满足：

$$e^*=\frac{b}{\beta} \tag{2.72}$$

则企业的最优研发创新水平取决于自身的初始技术水平及采购方给出的成本分担比例，其中成本分担比例越大，企业的研发创新水平越高。在博弈的第一阶段，

当采购方确定成本分担比例后，便可以得出企业的研发创新水平 $e^*=\dfrac{b}{\beta}$ 及其成本 $\dfrac{1}{2}\cdot\dfrac{b^2}{\beta}$，于是，企业期望得到的利润水平为 $U^*=a+\dfrac{1}{2}\cdot\dfrac{b^2}{\beta}-\dfrac{1}{2}rb^2\sigma^2$。

在博弈的第一阶段，采购方的期望收益为

$$E(\pi_G)=(\beta-C)-C-[a+b(\beta-C)]=(2-b)e-\beta-a \tag{2.73}$$

对应的最优化问题为

$$\max_{a,b}[(2-b)e-\beta-a]$$

$$\text{s.t.}\, U^*=a+\frac{1}{2}\cdot\frac{b^2}{\beta}-\frac{1}{2}rb^2\sigma^2=0$$

$$e^*=\frac{b}{\beta}$$

将约束条件代入目标函数可将最优化问题转化为

$$\max_{b}(2-b)\frac{b}{\beta}-\beta-\left(\frac{1}{2}rb^2\sigma^2-\frac{1}{2}\cdot\frac{b^2}{\beta}\right)$$

则由一阶必要条件 $\dfrac{2}{\beta}-\left(r\sigma^2+\dfrac{1}{\beta}\right)b=0$ 可知，采购方选择的最优成本分担比例为

$$b^*=\frac{2}{r\beta\sigma^2+1} \tag{2.74}$$

将 b^* 代入参与约束条件可得

$$a^*=\frac{1}{2}rb^2\sigma^2-\frac{1}{2}\cdot\frac{b^2}{\beta}=\left(r\sigma^2-\frac{1}{\beta}\right)\frac{2}{(r\beta\sigma^2+1)^2} \tag{2.75}$$

综上，采购方的最优激励合同参数 b^* 和 a^* 由式（2.74）和式（2.75）确定。由 $\dfrac{\partial b^*}{\partial\sigma^2}<0$ 可知，研发成本不确定性越大，企业愿意承担的成本比例越小，同时，政府采购方愿意承担的比例越大；由 $\dfrac{\partial b^*}{\partial r}<0$ 可知，企业的风险规避程度越大，其愿意承担的研发成本比例越小。

其次，在非对称信息下，初始技术水平 β 是企业的私人信息，是不可观测的，采购方仅能了解该参数的分布信息，即服从 $[\underline{\beta},\overline{\beta}]$ 上的分布函数 $F(\beta)$，其概率密度函数为 $f(\beta)$。假设企业的真实技术水平为 β，但其向采购方宣告自己的技术水平为 $\hat{\beta}$，则理性的承包企业会选择最优的研发创新水平 $e^*=\dfrac{b}{\beta}$ 来最大化自己的确定性等价收入，关于其宣告的技术水平 $\hat{\beta}$ 的确定性等价收入为

$$U^*(\hat{\beta}\mid\beta)=a(\hat{\beta})+\frac{1}{2}\cdot\frac{(b(\hat{\beta}))^2}{\beta}-\frac{1}{2}r(b(\hat{\beta}))^2\sigma^2 \tag{2.76}$$

由直接显示原理可知：

$$\begin{aligned}U^*(\beta\mid\beta)&\geqslant U^*(\hat{\beta}\mid\beta)\\U^*(\hat{\beta}\mid\hat{\beta})&\geqslant U^*(\beta\mid\hat{\beta})\end{aligned} \tag{2.77}$$

激励相容约束条件满足：

$$\frac{\partial U^*(\hat{\beta}\mid\beta)}{\partial\hat{\beta}}\Big|_{\hat{\beta}=\beta}=\dot{a}(\hat{\beta})+b(\hat{\beta})\dot{b}(\hat{\beta})\left(\frac{1}{\beta}-r\sigma^2\right)=0 \tag{2.78}$$

即 $\dot{a}(\hat{\beta})=-b(\hat{\beta})\dot{b}(\hat{\beta})\left(\frac{1}{\beta}-r\sigma^2\right)$。

采购方的最优化问题为

$$\max_{a,b}\int_{\underline{\beta}}^{\bar{\beta}}\left[(2-b(\beta))\frac{b(\beta)}{\beta}-\beta-a(\beta)\right]\mathrm{d}F(\beta) \tag{2.79}$$

$$\text{s.t.}\,U^*(\beta)=a(\beta)+\frac{1}{2}\frac{(b(\beta))^2}{\beta}-\frac{1}{2}r(b(\beta))^2\sigma^2\geqslant 0 \tag{2.80}$$

$$\dot{a}(\hat{\beta})+b(\hat{\beta})\dot{b}(\hat{\beta})\left(\frac{1}{\beta}-r\sigma^2\right)=0 \tag{2.81}$$

其中，式（2.80）为参与约束条件，式（2.81）为激励相容约束条件，由二式可知：

$$\dot{U}^*(\beta)=\dot{a}(\beta)+b(\hat{\beta})\dot{b}(\hat{\beta})\left(\frac{1}{\beta}-r\sigma^2\right)+\frac{1}{2}(b(\beta))^2\left(-\frac{1}{\beta^2}\right)=-\frac{1}{2}\cdot\frac{(b(\beta))^2}{\beta^2} \tag{2.82}$$

由边界条件 $U^*(\bar{\beta})=0$ 可知：

$$U^*(\beta)=\int_{\beta}^{\bar{\beta}}\frac{1}{2}\cdot\frac{(b(\xi))^2}{\xi^2}\mathrm{d}\xi \tag{2.83}$$

将式（2.83）代入式（2.80）可得

$$a(\beta)=\int_{\beta}^{\bar{\beta}}\frac{1}{2}\cdot\frac{(b(\xi))^2}{\xi^2}\mathrm{d}\xi-\frac{1}{2}(b(\beta))^2\left(\frac{1}{\beta}-r\sigma^2\right) \tag{2.84}$$

经分部积分法转化，可得企业的最优确定性等价收入期望为

$$\int_{\underline{\beta}}^{\bar{\beta}}\left[\int_{\beta}^{\bar{\beta}}\frac{1}{2}\cdot\frac{(b(\xi))^2}{\xi^2}\mathrm{d}\xi\right]\mathrm{d}F(\beta)=\int_{\underline{\beta}}^{\bar{\beta}}\left[\frac{F(\beta)(b(\beta))^2}{2f(\beta)\beta^2}\right]\mathrm{d}F(\beta) \tag{2.85}$$

由此，可将上述带有约束条件的最优化问题转化为无约束规划问题：

$$\max_{b}\int_{\underline{\beta}}^{\bar{\beta}}\left\{(2-b(\beta))\frac{b(\beta)}{\beta}-\beta-\left[\int_{\beta}^{\bar{\beta}}\frac{1}{2}\cdot\frac{(b(\xi))^2}{\xi^2}\mathrm{d}\xi-\frac{1}{2}(b(\beta))^2\left(\frac{1}{\beta}-r\sigma^2\right)\right]\right\}\mathrm{d}F(\beta)$$

（2.86）

将式（2.85）代入式（2.86）整理可知，采购方的最优化问题为

$$\max_{b}\int_{\underline{\beta}}^{\bar{\beta}}\left[\frac{2}{\beta}b-\frac{1}{2}b^2\left(\frac{1}{\beta}+r\sigma^2+\frac{1}{\beta^2}\cdot\frac{F(\beta)}{f(\beta)}\right)-\beta\right]\mathrm{d}F(\beta) \tag{2.87}$$

则由一阶必要条件 $\frac{2}{\beta}-\left(\frac{1}{\beta}+r\sigma^2+\frac{1}{\beta^2}\cdot\frac{F(\beta)}{f(\beta)}\right)b=0$ 可得，采购方选择的最优成本分担系数为

$$b^*(\beta)=\frac{2}{1+r\sigma^2\beta+\frac{1}{\beta}\cdot\frac{F(\beta)}{f(\beta)}} \tag{2.88}$$

最优固定支付则为

$$a^*(\beta)=\int_{\beta}^{\bar{\beta}}\frac{1}{2}\cdot\frac{b^*(\xi)^2}{\xi^2}\mathrm{d}\xi-\frac{1}{2}(b^*(\beta))^2\left(\frac{1}{\beta}-r\sigma^2\right) \tag{2.89}$$

综上可知，采购方的最优激励合同参数 $b^*(\beta)$ 和 $a^*(\beta)$ 由式（2.88）和式（2.89）确定。可得出类似于对称信息下的结论：由 $\frac{\partial b^*}{\partial\sigma^2}<0$ 可知，研发成本不确定性越大，企业愿意承担的成本比例越小，政府采购方愿意承担的比例越大；由 $\frac{\partial b^*}{\partial r}<0$ 可知，企业的风险规避程度越大，其愿意承担的研发成本的比例越小。

最后，通过比较对称信息和非对称信息下的最优激励合同参数，可以发现信息不对称情况下企业的成本分担比例小于对称信息下的成本分担比例，从而使得在不确定性相同时，非对称信息下企业的研发创新水平较对称信息下的更低。

2.6 本章小结

本章首先阐述了 Laffont 和 Tirole（1986）提出的基本规制模型。然后针对单一企业承包单一的且不可分割的公共项目的激励问题，从信息结构的角度进行了扩展。假设采购方只可以观测到企业的成本信息，无法观测到其初始技术水平、研发创新水平和扰动项等企业的私人信息，我们对离散的两点分布和连续分布的

技术类型，均进行了全面的技术分析，并与对称信息下的结论进行了对比，得出最优激励机制可以由一个最优转移支付函数实现，它与事后成本呈线性关系：由采购方提供一笔固定支付，然后补偿一定比例的成本。最后，我们还分析了政府创新技术采购中的激励机制，得出线性激励合同下的政府对企业的最优支付结构，对经典采购激励模型在政府创新技术采购中的应用做了初步的探索。

第 3 章　多单位产品采购的创新激励与定价

第 2 章分析的采购对象为单一不可分割的项目，本章将从两个角度对采购对象进行扩展。一是将单一的项目扩展为多个单位的项目，分析最优产量及其价格模型；二是将产品类型扩展为多个种类，探讨多种类产品的采购规制问题。由于技术创新是一个复杂的、漫长的过程，其中包含很多环节，充满风险和挑战，因而政府在采购创新技术项目时，受规制企业通常会面临多个目标任务。基于此，我们在 3.4 节，将政府创新技术采购合同扩展为多维研发创新情形，并对多个目标任务之间的相互影响加以探究。

3.1　单一产品采购的创新激励与定价

沿着第 2 章中的基本假设和分析思路，本节将采购的对象由单一项目扩展为多个项目，记 q 为企业产品的产量，分别介绍对称信息、非对称离散信息、非对称连续信息结构下，政府采购的最优成本补偿规则和定价机制。

3.1.1　对称信息结构

在固定成本标准化为 0 的情况下，企业的总成本函数为

$$C=(\beta-e)q \tag{3.1}$$

对应的边际成本函数为

$$c=\beta-e \tag{3.2}$$

假设企业生产 q 单位的产品带来的社会剩余为 $V(q)$，满足 $V(0)=0$、$V'(q)>0$ 和 $V''(q)<0$，则社会福利函数为

$$W=V(q)-(1+\lambda)(C+t)+U=V(q)-(1+\lambda)(C+\psi(e))-\lambda U \tag{3.3}$$

在对称信息结构下，采购方知道企业的初始技术水平 β，且可以观察到其研发创新水平 e，则政府采购方的最优化问题为

$$\max_{\{U,e,q\}}\{V(q)-(1+\lambda)[(\beta-e)q+\psi(e)]-\lambda U\}$$

$$\text{s.t.}\ U\geqslant 0$$

注意到目标函数关于U严格递减，并分别对e和q求一阶偏导数，可得一阶必要条件：

$$U = 0 \tag{3.4}$$

$$\psi'(e) = q \tag{3.5}$$

$$V'(q) = (1+\lambda)(\beta - e) \tag{3.6}$$

首先，由式（3.4）可知，在对称信息结构下，采购方可以观测到企业的初始技术水平和研发创新水平，在最优激励机制下，不会给企业留有租金，以降低其成本，即最优的企业租金水平U^*为 0，这与第 2 章所得的最优企业租金水平相同；其次，由式（3.5）可知，最优的研发创新水平e^*满足边际成本等于边际收益的条件，该式是第 2 章完全信息下所得的最优研发创新水平表达式的拓展；最后，由式（3.6）可知，最优产量q^*满足的条件为产出的社会边际效用等于其社会边际成本，在第 2 章模型的基础上引入了最优产量和定价行为。

此外，在公共物品的情形下，由于企业的产出无法卖出，没有收入，所以社会剩余函数$V(q)$即为第 2 章中的消费者剩余函数$S(q)$；在私人物品的情形下，当反需求函数为$p = P(q) = S'(q)$，需求函数为$q = D(p)$时，企业会有$R(q) = qP(q)$的收入来补偿其生产成本，从而会降低税收扭曲，此收入也可视为政府的收入。则社会剩余为消费者净剩余加上政府的收入，即$V(q) = (S(q) - R(q)) + (1+\lambda)\ R(q) = S(q) + \lambda qP(q)$。

将式（3.6）应用于公共物品的情况下，则边际消费者剩余为

$$S'(q) = (1+\lambda)(\beta - e) = (1+\lambda)c \tag{3.7}$$

在私人物品的情形下，则由式（3.6）可得

$$V'(q) = S'(q) + \lambda P(q) + \lambda qP'(q) = P(q) + \lambda P(q) + \lambda qP'(q) = (1+\lambda)c$$

即$P(q) + \lambda P(q) + \lambda qP'(q) = (1+\lambda)c$，整理可得最优定价满足的勒纳指数为

$$L \equiv \frac{p-c}{p} = \frac{\lambda}{1+\lambda}\left(-\frac{q/p}{\mathrm{d}q/\mathrm{d}p}\right) = \frac{\lambda}{1+\lambda} \cdot \frac{1}{\eta} \tag{3.8}$$

其中，η表示q关于p的弹性。当$\lambda = 0$时，$p = 0$；当$\lambda \to +\infty$时，$p = \dfrac{c}{1-1/\eta}$，即企业的最优定价介于竞争企业和垄断企业之间。

3.1.2　非对称离散信息结构

假设企业只有两种可能的初始技术类型，即高技术型$\underline{\beta}$和低技术型$\overline{\beta}$，其概率分布为$\{\upsilon, 1-\upsilon\}$。令$\{(\underline{t}, \underline{q}, \underline{C}, \underline{c}, \underline{U}), (\overline{t}, \overline{q}, \overline{C}, \overline{c}, \overline{U})\}$表示这两种类型的企业的转移支付、产量、成本、边际成本和净利润。与第 2 章不同的是，总成本函数此时变为$C = (\beta - e)q$，边际成本函数为$c = \beta - e$。

类似于 2.2 节的分析，企业的个体理性约束条件为$\overline{U}=\bar{t}-\psi(\overline{\beta}-\overline{C})=0$，激励相容约束条件为$\underline{U}=\overline{U}+\Phi(\bar{e})=\overline{U}+\Phi(\overline{\beta}-\overline{C})$，将两个约束条件代入预期的社会福利函数，可得采购方的最优化问题：

$$\max_{\{\underline{e},\bar{e},\underline{q},\bar{q}\}} W=\upsilon\{V(\underline{q})-(1+\lambda)[(\underline{\beta}-\underline{e})\underline{q}+\psi(\underline{e})]-\lambda\Phi(\bar{e})\}+(1-\upsilon)\{V(\bar{q})-(1+\lambda)[(\overline{\beta}-\bar{e})\bar{q}+\psi(\bar{e})]\}$$

其一阶必要条件为

$$V'(\underline{q})=(1+\lambda)(\underline{\beta}-\underline{e}) \tag{3.9}$$

$$\psi'(\underline{e})=\underline{q} \tag{3.10}$$

$$V'(\bar{q})=(1+\lambda)(\overline{\beta}-\bar{e}) \tag{3.11}$$

$$\psi'(\bar{e})=\bar{q}-\frac{\lambda}{1+\lambda}\cdot\frac{\upsilon}{1-\upsilon}\Phi'(\bar{e}) \tag{3.12}$$

式（3.9）和式（3.11）分别决定了高技术型和低技术型企业关于边际成本的最优定价，与完全信息情况下的最优定价式（3.6）是一致的，这意味着，激励机制没有扭曲价格，由成本补偿规则就可以实现对企业降低成本进行研发的激励。

对比式（3.9）、式（3.10）、式（3.11）和由完全信息情形下的模型所得的式（3.5）、式（3.6）可知，高技术型企业的最优产量选择和最优研发创新水平选择与完全信息的情形相同，但是不同的是高技术型企业在非对称离散信息的情形下可以得到信息租金$\Phi(\bar{e})$。低技术型企业虽然没有得到信息租金，但是其研发创新水平和产量也是比较低的。

综上可得以下命题。

命题 3.1　在非对称离散信息结构下，最优激励机制的配置具有如下特征：由边际成本决定的定价行为不受信息不对称的影响，但是成本补偿规则受信息不对称的影响，初始技术水平较低的企业的生产成本相对于完全信息情形下较高，而产量较低。

3.1.3　非对称连续信息结构

假设企业初始技术水平β服从$[\underline{\beta},\overline{\beta}]$上的概率分布$F(\beta)$，其概率密度函数为$f(\beta)$，且满足单调风险率的假定。

类似于 2.3 节的分析，激励相容约束条件为$\dot{U}(\beta)=-\psi'(\beta-C(\beta))=-\psi'(e(\beta))$，企业的参与约束条件为$U(\overline{\beta})=0$，采购方的最优化问题为

$$\max_{\{e,U,q\}}\int_{\underline{\beta}}^{\overline{\beta}}\{V(q)-(1+\lambda)[(\beta-e)q+\psi(e)]-\lambda U\}f(\beta)\mathrm{d}\beta \tag{3.13}$$

$$\text{s.t.}\ \dot{U}(\beta) = -\psi'(e(\beta)) \tag{3.14}$$

$$\dot{e}(\beta) \leqslant 1 \tag{3.15}$$

$$U(\bar{\beta}) = 0 \tag{3.16}$$

分别对 U 、q 及 e 求偏导，该最优化问题的一阶必要条件为

$$\dot{U}(\beta) = -\psi'(e(\beta))$$

$$U(\bar{\beta}) = 0$$

$$V'(q) = (1+\lambda)(\beta - e(\beta)) \tag{3.17}$$

$$\psi'(e(\beta)) = q(\beta) - \frac{\lambda}{1+\lambda} \cdot \frac{F(\beta)}{f(\beta)} \psi''(e(\beta)) \tag{3.18}$$

由此可知，在 q=1 的情况下，该模型所得的结论可退化为 2.3 节对应的结论。为了限制高技术型企业的租金水平，β 型企业的研发创新水平有一个向下的扭曲，从而使得其成本相对完全信息情况下的平均成本较高，其产量也较低。由式(3.17)可知，最优定价与离散信息情况下的结果一致，非对称信息不影响最优产量的选择，最优配置的特征仍然成立。

由 2.4 节的证明可知，最优激励机制可由一个线性合同菜单来实施，采购方给出的最优净转移支付为

$$t(\beta, c) = a(\beta) - b(\beta)c \tag{3.19}$$

由于企业的净利润只取决于边际成本 c ，所以，只需基于边际成本，而不是总成本对企业进行成本补偿。

此外，我们也可以用平均成本 C/q 替换式（3.19）中的边际成本 c ，得到

$$\tilde{t}(\beta, c) = a(\beta) - \tilde{b}(\beta)C \tag{3.20}$$

其中，$\tilde{b}(\beta) = b(\beta)/q(\beta)$ 。但是，这种基于平均成本对企业进行补偿的情况，需确保企业选择的最优产量 q 与其选择的最优激励合同 $\{a(\beta), \tilde{b}(\beta)\}$ 相对应。

3.2　政府创新技术采购中的激励合同设计与定价

参考 2.5 节的线性激励合同的应用模型，本节考虑一个以线性价格卖出的私人产品规制的例子，沿用 3.1 节的模型框架，政府作为规制者获得销售收入并补偿企业的生产成本，且政府采购方与企业都是风险中性的。基本假设有：企业的生产总成本为 $C = (\beta - e)q + \theta$，且有 $\theta \sim N(0, \sigma^2)$，则边际成本的期望为 $c = \beta - e$；研发创新的成本为 $\psi(e) = \frac{1}{2}\beta e^2$；规制者基于边际成本支付给企业的净转移支付为 $t = [a + b(\beta - c)]q$ ，总转移支付等于 $T = [a + b(\beta - c)]q + cq$ ；该产品的反需求函

数为 $P(q)=x-yq$，带来的消费者剩余为 $S(q)=xq-\frac{1}{2}yq^2$，则产品所带来的社会剩余为 $V(q)=S(q)+\lambda qP(q)=xq-\frac{1}{2}yq^2+\lambda q(x-yq)$。

这里，我们分析对称信息的基准情形，对企业来说，其期望的净利润为

$$E(U)=[a+b(\beta-c)]q-\frac{1}{2}\beta e^2=(a+be)q-\frac{1}{2}\beta e^2$$

为了最大化期望利润，企业最优化问题为

$$\max_{e} E(U)=[a+b(\beta-c)]q-\frac{1}{2}\beta e^2=(a+be)q-\frac{1}{2}\beta e^2$$

因 $E(U)$ 是 e 的严格凹函数，由一阶必要条件 $\frac{\partial E(U)}{\partial e}=bq-\beta e=0$ 可知，最优研发创新水平为

$$e^*=\frac{bq}{\beta} \tag{3.21}$$

于是，企业期望的最优净利润为

$$E(U^*)=aq+\frac{1}{2}\cdot\frac{b^2q^2}{\beta} \tag{3.22}$$

对于采购方来说，其规划目标是基于企业的参与约束和激励相容约束，选择最优的激励合同和产量，最大化社会期望福利：

$$\max_{a,b,q} E(W)=xq-\frac{1}{2}yq^2+\lambda q(x-yq)-(1+\lambda)\{[a+b(\beta-c)]q+cq\}+aq+\frac{1}{2}\cdot\frac{b^2q^2}{\beta}$$

$$\text{s.t. } E(U^*)=aq+\frac{1}{2}\cdot\frac{b^2q^2}{\beta}=0$$

$$e^*=\frac{bq}{\beta}$$

由参与约束条件可知 $a=-\frac{1}{2}\cdot\frac{b^2q}{\beta}$，将此式代入上式，采购方的最优化问题可转化为如下无约束最优化问题：

$$\max_{q,b} E(W)=xq-\frac{1}{2}yq^2+\lambda q(x-yq)-(1+\lambda)\left\{\left[-\frac{1}{2}\cdot\frac{b^2q}{\beta}+b(\beta-c)\right]q+cq\right\}$$

解得

$$q^*=\frac{(1+\lambda)(\beta-x)}{-(1+2\lambda)y+(1+\lambda)b^*(2-b^*)/\beta}=\frac{(1+\lambda)(\beta-x)}{-(1+2\lambda)y+(1+\lambda)/\beta} \tag{3.23}$$

$$b^*=1 \tag{3.24}$$

$$a^* = -\frac{1}{2\beta} \cdot \frac{(1+\lambda)(\beta - x)}{-(1+2\lambda)y + (1+\lambda)/\beta} \tag{3.25}$$

由此可知，在对称信息的情形下，最优的激励合同是固定价格合同，可以充分激励企业进行研发创新，生产 q^* 产量的产品，从而可以得到该产品的最优定价 $p^* = x - yq^*$，使得社会福利水平最大化。

同样，在非对称信息情形下，企业的技术类型服从 $[\underline{\beta}, \bar{\beta}]$ 上的连续分布，其分布函数为 $F(\beta)$，概率密度函数为 $f(\beta)$。理性企业会选择 $e^* = \dfrac{bq}{\beta}$ 的研发创新水平来最大化其期望利润。由于高技术型企业会有假冒低技术型企业提高期望利润的动机，激励相容约束条件使得企业宣告自己的真实技术类型时的期望利润最大化：

$$\frac{\partial E(U(\tilde{\beta} \mid \beta))}{\partial \tilde{\beta}}\Big|_{\tilde{\beta}=\beta} = \dot{a}(\beta) + b\dot{b}(\beta)q^2 \frac{1}{\beta} = 0 \tag{3.26}$$

且由 $\dot{e}(\beta) \leqslant 0$ 可知，二阶充分条件成立。企业的参与约束条件为

$$E(U^*) = aq + \frac{1}{2} \cdot \frac{b^2 q^2}{\beta} \geqslant 0 \tag{3.27}$$

则采购方的最优化问题为

$$\max_{a,b,q} \int_{\underline{\beta}}^{\bar{\beta}} \left(xq - \frac{1}{2} yq^2 + \lambda q(x - yq) - (1+\lambda)\{[a + b(\beta - c)]q + cq\} + E(U^*) \right) \mathrm{d}F(\beta)$$

$$\text{s.t.}\ \dot{a}(\beta) + b\dot{b}(\beta)q^2 \frac{1}{\beta} = 0$$

$$E(U^*) = aq + \frac{1}{2} \cdot \frac{b^2 q^2}{\beta} \geqslant 0$$

$$e^* = \frac{bq}{\beta}$$

解得

$$b^* = \frac{1}{1 + \dfrac{\lambda}{(1+\lambda)\beta} \cdot \dfrac{F(\beta)}{f(\beta)}} \tag{3.28}$$

$$q^* = \frac{(1+\lambda)(\beta - x)}{-(1+2\lambda)y + (1+\lambda)b^*(2 - b^*)/\beta} \tag{3.29}$$

$$a^* = \left\{ \int_{\beta}^{\bar{\beta}} \left[\frac{1}{2}(b^*(\xi))^2 (q^*(\xi))^2 \frac{1}{\xi^2} \right] \mathrm{d}\xi - \frac{1}{2}(b^*(\beta))^2 (q^*(\beta))^2 \frac{1}{\beta} \right\} / q^*(\beta) \tag{3.30}$$

由此可得采购方的最优激励合同参数与最优定价规则，相比于对称信息的情形，最优定价规则没有改变，但是由于信息不对称，企业的最优成本承担比例 b^* 降低，相应的固定支付也会增加，进一步印证了 Laffont 和 Tirole（1986）的模型的结论。

3.3 多产品采购的创新激励与定价

由于大部分的企业都会生产和供应多种产品，政府项目的承包商一般也是同时开展多个公共或者私人产品的生产项目，为此，我们引入了采购方对一个多产品企业规制的创新激励模型，在该模型中，我们对 3.1 节中非对称连续信息结构下的模型加以扩展，讨论定价与创新激励的问题，得出最优的定价规则和成本补偿规则，在 3.4 节将继续探讨企业完成由多个任务构成的项目的多维研发创新激励问题。

记一个生产多产品的企业的总成本函数为

$$C = C(\beta, e, \boldsymbol{q}) \tag{3.31}$$

其中，表示初始技术水平的 β 和研发创新水平 e 都是一维的，且有 $C_\beta > 0$，$C_e < 0$，$\boldsymbol{q} \equiv (q_1, \cdots, q_k, \cdots, q_n)$ 是企业的产出向量，总成本关于每种产品的产出是递增的，即 $C_{q_k} > 0$。若令 $E(\beta, C, \boldsymbol{q})$ 表示技术类型为 β 的企业以成本 C 生产 $\boldsymbol{q}$ 的产出所需要付出的研发创新水平，且有 $E_\beta > 0$，$E_C < 0$，$E_{q_k} > 0$，则企业的总成本函数可以改写为

$$C \equiv C(\beta, E(\beta, C, \boldsymbol{q}), \boldsymbol{q}) \tag{3.32}$$

其他假设与 3.1 节相同，社会福利函数如下：

$$W = V(\boldsymbol{q}) - (1+\lambda)(\psi(e) + C(\beta, e, \boldsymbol{q})) - \lambda U \tag{3.33}$$

当信息不对称时，规制者可以观测到企业的总成本 C 和产量 $\boldsymbol{q}$（或者价格向量 $\boldsymbol{p} \equiv (p_1, \cdots, p_k, \cdots, p_n)$），而对研发创新水平 e 无法观测，技术类型 β 服从 $[\underline{\beta}, \overline{\beta}]$ 上的概率分布 $F(\beta)$，其概率密度函数为 $f(\beta)$，且满足单调风险率的假定。

参照 2.3 节中的推导分析，采购方的最优化问题是选择企业的最优的研发创新水平、产出水平和净利润水平，即 $\{e(\beta), \boldsymbol{q}(\beta), U(\beta)\}$，在激励相容约束和个体理性约束下最大化社会预期福利函数。

企业的激励相容约束条件为 $\dot{U}(\beta) = -\psi'(e)E_\beta(\beta, C(\beta, e, \boldsymbol{q}), \boldsymbol{q})$，企业的参与约束条件可以转化为 $U(\overline{\beta}) = 0$，则采购方的最优化问题为

$$\max_{\{e(\beta), \boldsymbol{q}(\beta), U(\beta)\}} \int_{\underline{\beta}}^{\overline{\beta}} [V(\boldsymbol{q}) - (1+\lambda)(\psi(e) + C(\beta, e, \boldsymbol{q})) - \lambda U] \mathrm{d}F(\beta)$$

$$\text{s.t.}\ \dot{U}(\beta) = -\psi'(e)E_\beta(\beta, C(\beta, e, \boldsymbol{q}), \boldsymbol{q})$$

$$\mathrm{d}C/\mathrm{d}\beta \geqslant 0，\quad \mathrm{d}q_k/\mathrm{d}\beta \leqslant 0$$

$$U(\bar{\beta}) = 0$$

将 $\boldsymbol{q}$ 和 $e(\beta)$ 作为控制变量，$U(\beta)$ 作为状态变量，建立哈密顿函数，则研发创新水平 e 和产量 q_k 满足的一阶必要条件为

$$\psi'(e) = -C_e - \frac{\lambda}{1+\lambda} \cdot \frac{F(\beta)}{f(\beta)}(\psi''(e)E_\beta + \psi'(e)E_{\beta C}C_e) \tag{3.34}$$

$$V_{q_k} = (1+\lambda)C_{q_k} + \lambda \frac{F(\beta)}{f(\beta)}\psi'(e)\frac{\mathrm{d}E_\beta}{\mathrm{d}q_k} \tag{3.35}$$

由此可以解得最优研发创新水平 e^* 和最优的第 k 种产品的产量 q_k^* 或其最优定价。其中，对于最优研发创新水平的选择，在对称信息的情形下为 $\psi'(e) = -C_e$，即边际成本等于边际收益，但在式（3.34）中，等号右边多出一项，这是由于在非对称信息的情形下，规制者想抽取企业的信息租金而产生的。由式（3.34）可知，规制者的最优成本补偿水平介于成本加成合同 $\psi'(e) = 0$ 和固定价格合同 $\psi'(e) = -C_e$ 之间。

与 3.1 节进行对比分析可知，多产品企业在对称信息的情形下也有 $V_{q_k} = (1+\lambda)C_{q_k}$，即生产的边际社会剩余等于生产的边际社会成本。对比式（3.35）可知，在非对称信息的情形下，存在着一定的与企业租金抽取相关的激励矫正，使得定价-激励两分法不再成立。

另外，式（3.34）和式（3.35）的最优激励机制也可以由一个线性合同菜单来实施。但是，严格的线性需要很强的假定，在这里，我们给出在多产品激励机制模型下，使得线性成本补偿规则最优的充分条件。

命题 3.2　假设：

（1）$C(\beta, e, \boldsymbol{q}) = G(\beta - e)H(\boldsymbol{q})$，$G' > 0$，$G'' > 0$，且 G 函数的曲率不是很大，有

$$\max_\beta \left(\frac{G''}{G'}\right) \leqslant \min_\beta \left(\frac{\mathrm{d}(F/f)/\mathrm{d}\beta}{F/f}\right)$$

（2）$\psi''' \geqslant 0$。

（3）对于所有的 β，

$$\frac{\mathrm{d}G(\beta - e(\beta))}{\mathrm{d}\beta} \geqslant 0，\quad \frac{\mathrm{d}q_k(\beta)}{\mathrm{d}\beta} \leqslant 0$$

这里的 $\{e(\beta), \boldsymbol{q}\}$ 是由式（3.34）和式（3.35）所得的最优解，则最优激励机制可以通过线性合同菜单来实施，线性成本补偿规则是最优的。

证明：令 $\bar{C} \equiv C/H(\boldsymbol{q})$，$I \equiv G^{-1}$，则有 $\beta - e = I(\bar{C})$ 及 $I' = 1/G' > 0$ 和

$I''=-G''/G'^3<0$。由于净转移支付函数对 C 的线性，等价于对 $\bar{C}$ 的线性，净转移支付函数可以表示为 $t(\bar{C})$，企业选择最优的 $\bar{C}$ 最大化其效用：

$$\max_{\bar{C}} t(\bar{C})-\psi(\beta-I(\bar{C})) \tag{3.36}$$

其一阶必要条件为 $\dfrac{\mathrm{d}t}{\mathrm{d}\bar{C}}=-\psi' I'$，二阶最优条件为 $I'\dfrac{\mathrm{d}\bar{C}}{\mathrm{d}\beta}\geqslant 0$，所以假设（3）保证了企业的二阶最优条件得到满足，而且也是比较合理的，β 越高，表示企业的初始技术水平越低，其成本也越高，产量越低。

当且仅当净转移支付函数 $t(\bar{C})$ 是凸函数时，我们才可以使用其切线来近似替代，线性成本补偿规则才是最优的。下面我们需要验证函数 $t(\bar{C})$ 是否为凸函数：

$$\frac{\mathrm{d}^2 t}{\mathrm{d}\bar{C}^2}=-\psi''\left(\frac{\mathrm{d}\beta}{\mathrm{d}\bar{C}}-I'\right)I'-\psi' I'' \tag{3.37}$$

由定义 $\bar{C}=G(\beta-e)$ 和 $I'=1/G'$ 可知：

$$\frac{\mathrm{d}\beta}{\mathrm{d}\bar{C}}-I'=\frac{\dot{e}}{(1-\dot{e})G'} \tag{3.38}$$

将模型所得的式（3.34）关于 β 求微分可得

$$\dot{e}=\frac{HG''-[\lambda/(1+\lambda)][\mathrm{d}(F/f)/\mathrm{d}\beta]\psi''+\left(\sum H_k\dot{q}_k\right)G'}{\psi''+HG''+[\lambda/(1+\lambda)](F/f)\psi'''} \tag{3.39}$$

其中，$\psi'''\geqslant 0$，即假设（2）是技术性的，保证了最优规制方案不是随机的。

由于目前条件式（3.39）中 $\dot{e}$ 的符号无法判定，分以下两种情况进行讨论。

当 $\dot{e}\leqslant 0$ 时，可得 $\dfrac{\mathrm{d}^2 t}{\mathrm{d}\bar{C}^2}\geqslant 0$，净转移支付函数 $t(\bar{C})$ 为凸函数，命题得证。

当 $\dot{e}>0$ 时，有

$$\frac{\dot{e}}{1-\dot{e}}\leqslant\frac{HG''-[\lambda/(1+\lambda)][\mathrm{d}(F/f)/\mathrm{d}\beta]\psi''+\left(\sum H_k\dot{q}_k\right)G'}{\psi''} \tag{3.40}$$

代入 $t(\bar{C})$ 的二阶导，且由单调风险率的假定，即 $\mathrm{d}(F/f)/\mathrm{d}\beta\geqslant 0$，可得

$$\frac{\mathrm{d}^2 t}{\mathrm{d}\bar{C}^2}\geqslant\frac{\psi' G''}{G'^3}-\frac{HG''-[\lambda/(1+\lambda)][\mathrm{d}(F/f)/\mathrm{d}\beta]\psi''}{G'^2} \tag{3.41}$$

将由式（3.34）得出的 ψ' 的表达式代入式（3.41），化简可得

$$\frac{\mathrm{d}^2 t}{\mathrm{d}\bar{C}^2}\geqslant\frac{\lambda}{1+\lambda}\left(\frac{\psi''}{G'^3}\right)\left(G'\frac{\mathrm{d}(F/f)}{\mathrm{d}\beta}-G''\frac{F}{f}\right) \tag{3.42}$$

当命题 3.2 中的假设（1）成立时，我们可以得出

$$\frac{\mathrm{d}^2 t}{\mathrm{d}\bar{C}^2} \geqslant 0 \tag{3.43}$$

则净转移支付函数 $t(\bar{C})$ 为凸函数，命题得证。证毕。

综上，我们可以得出结论，当命题 3.2 中的假设成立时，成本补偿规制可以由线性合同菜单实施，每一个激励合同的斜率都由企业的一阶条件给出：

$$\frac{\mathrm{d}t}{\mathrm{d}\bar{C}} + \psi'(\beta - I(\bar{C}))I'(\bar{C}) = 0 \tag{3.44}$$

因而，在一定条件下，多产品企业的最优激励机制可以由关于成本的线性合同菜单实施。

3.4 政府创新技术采购中的多任务激励机制

本节我们针对政府创新技术采购中要求企业完成多个目标任务的情况加以建模分析。在 Holmstrom 和 Milgrom（1987）的多任务委托代理模型框架下，基于 2.5 节中的模型，我们进一步引入多维研发创新水平的研究。与本书研究相关的还有 Fitoussi 和 Gurbaxani（2012）、任怀飞和张旭梅（2012）及代建生（2016）。

考虑政府在创新技术采购中的激励问题，博弈由政府采购方和一个企业构成，政府在该项创新技术采购中要求企业完成多个目标任务。为简化记号，我们假设有两项任务需要完成，企业的研发创新水平分别为 e_1 和 e_2，记为 $\boldsymbol{e} = (e_1, e_2)^{\mathrm{T}}$。企业的事后成本为 $\boldsymbol{C} = \beta\boldsymbol{I} - \boldsymbol{e} + \boldsymbol{\theta}$，其中，$\boldsymbol{C} = (C_1, C_2)^{\mathrm{T}}$，$\boldsymbol{I} = (1,1)^{\mathrm{T}}$，且 $\boldsymbol{\theta} = (\theta_1, \theta_2)^{\mathrm{T}}$ 是二维随机列向量，其协方差矩阵为 $\boldsymbol{\Phi} = \begin{pmatrix} \mathrm{Var}(\theta_1) & \mathrm{Cov}(\theta_1,\theta_2) \\ \mathrm{Cov}(\theta_1,\theta_2) & \mathrm{Var}(\theta_2) \end{pmatrix}$。政府采购方可以通过观测事后成本来测度研发创新任务的完成程度，即 $e_1 = \beta - C_1 + \theta_1$，$e_2 = \beta - C_2 + \theta_2$，并据此提供净转移支付，即 $t = a + \boldsymbol{b}^{\mathrm{T}}(\beta\boldsymbol{I} - \boldsymbol{C})$，其中，激励系数向量为 $\boldsymbol{b} = (b_1, b_2)^{\mathrm{T}}$。

企业研发创新的成本函数为 $\psi(\boldsymbol{e}) = \frac{1}{2}\boldsymbol{e}^{\mathrm{T}}\boldsymbol{M}\boldsymbol{e}$，其中，$\boldsymbol{M} = \begin{pmatrix} m_1 & d \\ d & m_2 \end{pmatrix}$ 为投入矩阵，m_i 为任务 i 的成本系数，d 为任务之间的关联系数，且有 $m_1 > 0$，$m_2 > 0$ 和 $m_1 m_2 > d^2$。特别地，当 $d > 0$ 时，两项任务之间是相互替代的关系，即对某一项任务投入的增加，会使得另一项任务的实施难度加大；当 $d = 0$ 时，这两项任务是相互独立的；当 $d < 0$ 时，则两项任务之间具有互补关系，增加对某一项任务的投入，可以降低另一项任务的完成难度，使其边际投入递减。

企业的收益为

$$\begin{aligned}\pi = t - \psi(\boldsymbol{e}) &= a + \boldsymbol{b}^{\mathrm{T}}(\beta \boldsymbol{I} - \boldsymbol{C}) - \psi(\boldsymbol{e}) \\ &= a + \boldsymbol{b}^{\mathrm{T}}(\boldsymbol{e} + \boldsymbol{\theta}) - \psi(\boldsymbol{e})\end{aligned} \tag{3.45}$$

假设企业是风险规避型的，并采用均方分析技术来刻画，则企业的收益的期望和方差分别为

$$E(\pi) = a + \boldsymbol{b}^{\mathrm{T}}\boldsymbol{e} - \frac{1}{2}\boldsymbol{e}^{\mathrm{T}}\boldsymbol{M}\boldsymbol{e} \tag{3.46}$$

$$\mathrm{Var}(\pi) = \boldsymbol{b}^{\mathrm{T}}\boldsymbol{\Phi}\boldsymbol{b} \tag{3.47}$$

企业的净利润函数可表示为

$$\begin{aligned}U &= E(\pi) - \rho\mathrm{Var}(\pi) \\ &= a + \boldsymbol{b}^{\mathrm{T}}\boldsymbol{e} - \frac{1}{2}\boldsymbol{e}^{\mathrm{T}}\boldsymbol{M}\boldsymbol{e} - r\boldsymbol{b}^{\mathrm{T}}\boldsymbol{\Phi}\boldsymbol{b}\end{aligned} \tag{3.48}$$

其中，r 表示企业的风险厌恶系数。

此外，我们还假设政府是风险中性的，该采购项目给政府带来的收益 S 为 $\boldsymbol{p}^{\mathrm{T}}(\beta\boldsymbol{I} - \boldsymbol{C})$，即 $\boldsymbol{p}^{\mathrm{T}}(\boldsymbol{e} + \boldsymbol{\theta})$，其中，$\boldsymbol{p} = (p_1, p_2)^{\mathrm{T}}$ 为两项任务的收益系数。则政府的收益的期望函数为

$$E(\pi_G) = \boldsymbol{p}^{\mathrm{T}}\boldsymbol{e} - t = \boldsymbol{p}^{\mathrm{T}}\boldsymbol{e} - a - \boldsymbol{b}^{\mathrm{T}}\boldsymbol{e} \tag{3.49}$$

下面，我们以完全信息的情形为例，分析多任务激励模型中任务之间的关联性对激励强度的影响。由于政府采购方可以观测到企业的初始技术水平 β，则政府的最优化问题为

$$\max_{(a, b_1, b_2)} E(\pi_G) = \boldsymbol{p}^{\mathrm{T}}\boldsymbol{e} - a - \boldsymbol{b}^{\mathrm{T}}\boldsymbol{e} \tag{3.50}$$

$$\text{s.t. } \boldsymbol{e} \in \arg\max U(\boldsymbol{e}) \tag{3.51}$$

$$U(\boldsymbol{e}) \geqslant 0 \tag{3.52}$$

由式（3.51）可知，企业选择的最优研发创新水平满足的一阶必要条件为

$$\boldsymbol{b} - \boldsymbol{M}\boldsymbol{e} = \boldsymbol{0} \tag{3.53}$$

且 U 关于 $\boldsymbol{e}$ 的二阶充分条件即黑塞矩阵 $-\boldsymbol{M}$，是严格负定的，因而使得企业净利润最大化的唯一最优解存在，为

$$\boldsymbol{e}^{*} = \boldsymbol{M}^{-1}\boldsymbol{b} \tag{3.54}$$

此外，我们知道个体理性约束必然是起作用的，即

$$U(\boldsymbol{e}) = 0 \tag{3.55}$$

将式（3.53）和式（3.54）代入政府采购方的目标函数，即式（3.50），则可以将政府采购方的最优化问题等价转化为如下无约束优化问题：

$$\begin{aligned}\max_{(a,b_1,b_2)} E(\pi_G) &= \boldsymbol{p}^{\mathrm{T}}\boldsymbol{e}^* - \frac{1}{2}\boldsymbol{e}^{*\mathrm{T}}\boldsymbol{M}\boldsymbol{e}^* - r\boldsymbol{b}^{\mathrm{T}}\boldsymbol{\Phi}\boldsymbol{b} \\ &= \boldsymbol{p}^{\mathrm{T}}\boldsymbol{M}^{-1}\boldsymbol{b} - \frac{1}{2}(\boldsymbol{M}^{-1}\boldsymbol{b})^{\mathrm{T}}\boldsymbol{b} - r\boldsymbol{b}^{\mathrm{T}}\boldsymbol{\Phi}\boldsymbol{b}\end{aligned} \tag{3.56}$$

其一阶必要条件为

$$\boldsymbol{M}^{-1}\boldsymbol{p} - \boldsymbol{M}^{-1}\boldsymbol{b} - 2r\boldsymbol{\Phi}\boldsymbol{b} = \boldsymbol{0} \tag{3.57}$$

其二阶充分条件，即 $E(\pi_G)$ 关于 $\boldsymbol{b}$ 求导的黑塞矩阵为

$$\boldsymbol{H} = -\boldsymbol{M}^{-1} - 2r\boldsymbol{\Phi} \tag{3.58}$$

其中，$\boldsymbol{M}$ 和 $\boldsymbol{\Phi}$ 均为严格正定矩阵，则黑塞矩阵是严格负定矩阵，因而该最优化问题存在唯一的最优解。由式（3.57）解得，该最优解为

$$\boldsymbol{b}^* = (\boldsymbol{I} + 2r\boldsymbol{M}\boldsymbol{\Phi}^{-1})\boldsymbol{p} \tag{3.59}$$

由式（3.59）可知，要使激励系数 b_i 为正，则两项任务之间的关联系数 d 满足以下条件：

$$d < \bar{d} \tag{3.60}$$

其中，

$$\bar{d} = \min\left\{\frac{p_i}{p_j}\left(m_j + \frac{1}{2r\mathrm{Var}(\theta_j)}\right), \frac{p_j}{p_i}\left(m_i + \frac{1}{2r\mathrm{Var}(\theta_i)}\right)\right\} \tag{3.61}$$

特别地，当 $d > \frac{p_i}{p_j}\left(m_j + \frac{1}{2r\mathrm{Var}(\theta_j)}\right)$ 时，对应的任务 i 的激励系数 $b_i = 0$，则此时的多任务激励模型将退化为单任务激励模型。

为了进一步简化分析，我们假设 $\mathrm{Cov}(\theta_i,\theta_j) = 0$，则我们有

$$b_i = \frac{p_i(1 + 2m_j r\mathrm{Var}(\theta_j)) - 2p_j dr\mathrm{Var}(\theta_j)}{(1 + 2m_i r\mathrm{Var}(\theta_i))(1 + 2m_j r\mathrm{Var}(\theta_j)) - 4d^2r^2\mathrm{Var}(\theta_i)\mathrm{Var}(\theta_j)} \tag{3.62}$$

由此可推出如下命题。

命题 3.3　若与任务 i 相关的收益系数 p_i 上升，成本系数 m_i 下降，则政府对该项任务的最优激励系数 b_i 相应上升。

命题 3.4　当任务之间无关联时，某一项任务的相关参数的变化对另一项任务的激励系数不会产生影响；当任务之间具有替代关系和互补关系时，某一项任务的相关参数的变化对另一项任务的激励系数的影响在这两种情形下刚好相反。

具体的影响效应如表 3.1 所示。

表 3.1　参数变化对激励系数 b_i 的影响效应

任务关联性	收益系数		成本系数		绩效方差	
	p_i	p_j	m_i	m_j	$\mathrm{Var}(\theta_i)$	$\mathrm{Var}(\theta_j)$
$d=0$	↑	—	↓	—	↓	—
$d<0$	↑	↑	↓	↓	↓	↑
$d>0$	↑	↓	↓	↑	↓	↓

注：其中，记号“↑”“↓”“—”分别表示当参数上升时，激励系数上升、下降或不变

由此可得，在多个目标任务的政府创新技术采购中，当某一项任务的相关参数发生变化时，政府采购方除了要对该项任务的激励强度进行相应的调整之外，还必须根据任务之间的相关性来调整对另一项任务的激励强度。此外，通过进一步的研究，我们还可以得出以下命题。

命题 3.5　若 $|d|$ 表示任务之间关联程度的大小，则任务间的关联程度越高，某一项任务的相关参数对另一项任务的激励强度的影响效应就越显著。

如果任务之间是互补关系，则当某项任务 j 的收益系数上升时，另一项任务 i 的激励强度会上升，且各任务之间互补的程度越大，这种交互影响就越显著；反之，如果任务之间是替代关系，则当任务 j 的收益系数上升时，任务 i 的激励强度会下降，同样的，任务之间的替代程度越高，这种交互影响越显著。

3.5　本章小结

本章拓展了第 2 章中单一项目采购或采购产品单位为 1 的情形，主要对可变数量、多种类产品及多个目标任务下单个企业的创新激励和定价问题进行分析，将定价问题引入激励模型。首先分析了单一产品采购的创新激励和定价模型，得出企业的最优定价规则，结果显示信息不对称不会影响企业的最优定价行为，但是影响创新激励的成本补偿规则。其次，我们对多产品采购的创新激励与定价问题也进行了分析，发现定价抽租的可能性导致了激励矫正。此外，我们还证明了一般模型下最优成本补偿规则成立的充分条件，以及线性合同在政府创新技术采购中的拓展应用，并在此基础上，研究了多维任务型企业的最优规制问题及各目标任务之间的交互影响。

第 4 章　政府采购的动态激励模型与棘轮效应

在政府采购的项目中，尤其是带有技术创新的大型工程类项目，往往具有复杂性和长期性，需要承包企业分多个阶段完成，相应地，与政府签订的相关合同也是多期的，因而，运用多阶段跨期约束来激励企业的动态机制也吸引了大量学者的关注。最早对跨期激励进行研究的是 Holmstrom 和 Milgrom（1987），他们提出了跨期激励模型的一般形式，并且指出线性补偿形式最适合跨期激励问题。Meyer 和 Vickers（1997）则运用跨期激励对经理人激励问题进行了探讨，在风险规避代理人、无折现假设下建立了一个两期模型，分析了相对业绩信息对显性激励、隐性激励及总福利的正向或负向影响。Tadelis（2002）在此基础上，建立了一个既有代理人道德风险又含逆向选择问题的一般均衡动态模型，考察了企业声誉市场对代理人的长期激励效果。在动态激励的研究中，相当一部分学者不仅探讨了跨阶段合作下的激励性质，还将其与静态激励的情形进行了比较分析，如 Liu 等（2007）、Bernstein 和 Federgruen（2007），以及 Frascatore 和 Mahmoodi（2008）等分别基于不同收益模型和信息结构的假设，对供应链单阶段静态激励问题和跨阶段动态激励问题进行了对比分析。此外，针对委托代理关系下的动态激励机制存在的棘轮效应，国内外学者对其影响及应对措施进行了广泛的研究（Charness et al.，2011；乔文珊，2018）。这里，棘轮效应（ratcheting effect）是指如果企业在前一期的生产成本较低，采购方就会利用该信息推断企业的初始技术水平较高，从而在下一期会提供要求更高的激励合同，这会使企业在第一期表现出的真实的初始技术水平损害后期的租金水平。棘轮效应的存在使得代理人的业绩变好，委托人对代理人的未来业绩的要求就会变高，当代理人意识到自身努力会引起标准的提高时，就会选择降低其努力水平（张维迎，1996）。王新等（2012）的研究也发现，当委托人承诺只予奖励而不予惩罚时，委托人和代理人之间的冲突与信息租金的交互作用能够提升成本控制绩效。

为了进一步研究政府采购方和承包企业的多期动态互动，本章将第 2 章的静态激励模型扩展到多期的动态情形加以分析。

在理想状态下的政府采购或规制活动中，采购方承诺不会利用其观察到的企业绩效信息，采购双方可以签订长期合同，每一期都采用最优的静态合同，这样采购方的承诺便剔除了模型中的动态激励问题和棘轮效应（Laffont and Tirole，1993）。然而，在实践中，由于承诺的有限性，以及合同的不完备性，企业无法对未来的生产和技术进行详尽描述，采购关系都由一系列的短期合同维持，采购方无法对下一期合同进行承诺，导致了棘轮效应的发生，使棘轮效应成为政府采购、规制及公私合作（public-private partnership，PPP）项目中动态激励的常见问题之一。

基于此，本章首先介绍承诺关系下的多期动态激励模型；然后以两期为例，分析无承诺关系下的多期动态激励模型。由于棘轮效应的存在，高技术型企业可能会伪装成低技术型企业，使得采购方激励企业显示其真实初始技术水平的成本非常高，区分企业技术类型非常困难，导致大量企业在不同初始技术水平下依然选择同一个成本水平合同的混同现象，甚至在连续技术水平的非对称信息情形下，棘轮效应使政府采购方区分企业技术类型变得不可能。因此，针对政府创新技术采购活动，我们在 4.3 节构建了一个简单的模型来说明动态激励合同中的棘轮效应，为读者提供一个更为直观的方式来理解棘轮效应发挥作用的激励机制。

4.1　承诺关系下的多期动态激励模型

假设企业在时期 $\tau=1,\cdots,T$ 期间连续完成一系列相同的项目，在第 τ 期的成本函数为

$$C_\tau=\beta-e_\tau \tag{4.1}$$

其中，企业的初始技术水平 β 不随时期变化。令 t_τ 表示第 τ 期企业得到的净转移支付，δ 表示贴现因子，则企业的跨期净利润和社会的跨期福利分别为

$$U=\sum_{\tau=1}^{T}\delta^{\tau-1}(t_\tau-\psi(e_\tau)) \tag{4.2}$$

$$W=S(1+\delta+\cdots+\delta^{T-1})-(1+\lambda)\left[\sum_{\tau=1}^{T}\delta^{\tau-1}(C_\tau+t_\tau)\right]+U \tag{4.3}$$

令 $\{C_\tau(\beta)=\beta-e_\tau(\beta),t_\tau(\beta)\}_{\tau=1,\cdots,T}$ 表示跨期的合同配置，则该配置需满足以下个体理性约束条件和激励相容约束条件：

$$\sum_{\tau=1}^{T}\delta^{\tau-1}(t_\tau(\beta)-\psi(e_\tau(\beta)))\geqslant 0 \tag{4.4}$$

$$\sum_{\tau=1}^{T}\delta^{\tau-1}(t_\tau(\beta)-\psi(e_\tau(\beta)))\geqslant\sum_{\tau=1}^{T}\delta^{\tau-1}\{t_\tau(\tilde{\beta})-\psi[e_\tau(\tilde{\beta})+(\beta-\tilde{\beta})]\} \tag{4.5}$$

意味着当租金小于零时企业可以拒绝生产，且初始技术水平较高的企业可以模仿初始技术水平较低的企业，但是宣告真实的初始技术水平所得的租金水平高于谎报所得的租金水平。

命题 4.1　采购方在具有承诺关系的多期动态激励模型中，在每一期获得的收益不高于其在单期静态激励模型中所得的收益。

证明：现假设采购方在该多期动态激励模型中每期获得的收益比在单期静态激励模型中的收益多。由第 2 章可知最优的静态合同配置为$\{C_\tau(\beta)=\beta-e_\tau(\beta),\ t_\tau(\beta)\}$，则有

$$E_\beta\left\{S(1+\delta+\cdots+\delta^{T-1})-(1+\lambda)\left[\sum_{\tau=1}^{T}\delta^{\tau-1}(C_\tau(\beta)+t_\tau(\beta))\right]+\sum_{\tau=1}^{T}\delta^{\tau-1}(t_\tau(\beta)-\psi(e_\tau(\beta)))\right\}$$

$$>E_\beta\left\{(1+\delta+\cdots+\delta^{T-1})\left[S-(1+\lambda)(C^*(\beta)+t^*(\beta))\right]+\sum_{\tau=1}^{T}\delta^{\tau-1}(t^*(\beta)-\psi(e^*(\beta)))\right\}$$

采购方让企业宣告其初始技术水平$\hat{\beta}$，则目标成本为$C_1(\hat{\beta})$、净转移支付为$t_1(\hat{\beta})$的概率为$1/(1+\delta+\cdots+\delta^{T-1})$，目标成本为$C_T(\hat{\beta})$、净转移支付为$t_T(\hat{\beta})$的概率为$\delta^{T-1}/(1+\delta+\cdots+\delta^{T-1})$，这种分配机制符合上述的个体理性约束条件和激励相容约束条件，且产生的预期福利比$\{C^*(\cdot),t^*(\cdot)\}$合同配置中的要高，但是，这与$\{C^*(\cdot),t^*(\cdot)\}$在静态环境里的最优性相矛盾。由此可知，采购方在这种多期的动态激励模型中的每一期获得的收益并不会比在单期静态激励模型中的收益高。证毕。

因此，采购方最优的做法是承诺不去了解或利用前期获得的企业私人信息，每一期都提供最优的静态合同，该模型的动态化只是表面的虚假动态学，采购方通过重复T次最优的静态合同便可达到最优配置。

4.2　无承诺关系下的多期动态激励模型

本节中，我们假设采购方只可以在第一期承诺一个单期的机制，不能承诺下一期是否违约，为简化分析，本节研究的是 2.1 节模型的一个两期版本，在第二期采购方将根据第一期观察到的企业成本信息，调整第二期的激励合同。

4.2.1　基准模型

考虑静态激励模型的两期重复，$\tau=1,2$，在第τ期企业的生产成本和利润水平分别为

$$C_\tau=\beta-e_\tau \tag{4.6}$$

$$U_\tau=t_\tau-\psi(e_\tau) \tag{4.7}$$

则第τ期的社会福利为

$$W_\tau=S-(1+\lambda)(C_\tau+t_\tau)+U_\tau \tag{4.8}$$

由 4.1 节的分析可知，具有承诺关系的最优机制等同于最优静态机制，在完全信息下的解为$t_\tau=\psi(e_\tau)$，且$e_\tau=e^*$。在本节中，采购方不能承诺第二期的合同，而是根据第一期的激励方案和企业的实际成本来推断企业的技术类型，更新其先验的技术类型概率分布，形成后验的概率分布，进而选择第二期的最优激励方案。在有两种初始技术类型的情形下，令ν_1和ν_2分别表示$\beta=\underline{\beta}$的先验分布和后验分布；在初始技术类型连续分布的情形下，令$F_1(\beta)$和$F_2(\beta)$表示先验和后验的累积概率分布函数。我们可以将采购方与企业之间的博弈均衡转化为一个完美贝叶斯均衡，具体如下。

采购方的策略是第一期的激励方案$\{C_1,t_1(C_1)\}$和第二期的激励方案$\{C_2,t_2(C_2;t_1(\cdot),C_1)\}$，若企业在$\tau$期接受本期的激励方案，则用$\chi_\tau=1$表示，若退出，则用$\chi_\tau=0$表示。企业选择是否接受合同和最优研发创新水平，所以它在第一期的策略为$\{\chi_1(\beta,t_1(\cdot)),e_1(\beta,t_1(\cdot))\}$，在第二期的策略为$\{\chi_2(\beta,t_1(\cdot),t_2(\cdot),C_1),e_2(\beta,t_1(\cdot),t_2(\cdot),C_1)\}$，这些策略形成完美贝叶斯均衡的充要条件如下。

（1）给定$t_2(\cdot)$，$\{\chi_2(\cdot),e_2(\cdot)\}$对企业来说是最优的。

（2）给定采购方的后验概率分布，$t_2(\cdot)$对其来说是最优的选择。

（3）给定$t_1(\cdot)$，且企业知道采购方第二期的激励方案也取决于C_1，$\{\chi_1(\cdot),e_1(\cdot)\}$对企业来说是最优的。

（4）给定后续策略，$t_1(\cdot)$对采购方来说也是最优的。

（5）运用贝叶斯法则可以从先验概率分布推算出后验概率分布。

当我们研究第一期的激励合同$t_1(\cdot)$时，将满足条件（1）、（2）、（3）和（5）的概率分布更新规则的一组策略均衡（除$t_1(\cdot)$外）称为后续均衡。

4.2.2　棘轮效应与混同均衡

考虑企业的初始技术水平类型为连续分布的情形，即$\beta\in[\underline{\beta},\bar{\beta}]$，采购方对技术类型的先验概率分布为$F_1(\beta)$，其密度函数为$f_1(\beta)$。由 2.3 节的分析可知在单调风险率的假设下，最优的静态机制均衡是完全可分离的，即不同技术类型的企业选择其对应的不同目标成本的合同，采购方的激励合同可以使得企业显示其真实的技术参数，换言之，函数$\beta\to C_1(\beta)=\beta-e_1(\beta)$是一一对应的，从而使得企业的技术类型可区分。

但是动态机制下的情况与静态机制下的情况存在很大的差异，其主要结论如下。

命题 4.2　对任何第一期的激励方案$t_1(\cdot)$来说，都存在着非完全分离的后续均衡。

证明：我们研究的是第一期的情况，为简化符号，在证明中省略了表明第一期的符号。首先，我们对两种类型的情况进行举例说明，假设有：$\beta<\beta'$，β型

企业以成本 C 生产，会得到 t 的转移支付；β' 型企业以成本 C' 生产，获得 t' 的转移支付。如果第一期的激励合同可以得到分离均衡，则选择合同 $\{C,t\}$ 的企业的初始技术水平的类型为 β，而选择 $\{C',t'\}$ 合同的企业的初始技术水平的类型为 β'，且在第二期，采购方知道了企业的初始技术水平，将会抽取企业的全部租金。现假设 β' 型企业在第一期偏离其最优成本目标，选择按照成本 C 生产，则在第二期采购方认为企业是 β 型，会提供将初始技术水平更高的 β 型企业的租金全部抽取的激励方案，β' 型企业在该合同下的租金水平会低于 0，从而退出。反之，若在第一期是 β 型企业模仿技术水平较低的 β' 型企业，则企业会获得严格为正的租金水平，记为 $U(\beta\mid\beta')$。两种技术类型的企业的最优化要求：

$$t-\psi(\beta-C)\geqslant t'-\psi(\beta-C')+\delta U(\beta\mid\beta') \tag{4.9}$$

$$t'-\psi(\beta'-C')\geqslant t-\psi(\beta'-C) \tag{4.10}$$

将式（4.9）和式（4.10）相加可得

$$(\psi(\beta-C')+\psi(\beta'-C))-(\psi(\beta-C)+\psi(\beta'-C'))\geqslant 0 \tag{4.11}$$

由 ψ 的凸性和式（4.11）可知 $C'<C$。证毕。

其次，我们考虑连续类型的情况。假设 $\{C(\beta),t(\beta)\}$ 为第一期的合同配置，则由 2.1 节可知 C 是关于 β 的增函数，t 是关于 β 的减函数，且几乎处处可微。现在我们考虑在 β 点处的情况，如果 β 型企业偏离前期最优选择，模仿 $\beta-\mathrm{d}\beta$ 型企业进行生产，则在第二期，采购方认为企业的初始技术水平比较高，会提供激励更高的合同，从而抽取企业的全部租金。若第一期的合同可以得出分离均衡，需有

$$t(\beta)-\psi(\beta-C(\beta))\geqslant t(\beta-\mathrm{d}\beta)-\psi(\beta-C(\beta-\mathrm{d}\beta))+0 \tag{4.12}$$

当 $\mathrm{d}\beta$ 趋于 0 时，求极限可得

$$\mathrm{d}t(\beta)/\mathrm{d}\beta+\psi'(\beta-C(\beta))\mathrm{d}C(\beta)/\mathrm{d}\beta\geqslant 0 \tag{4.13}$$

反之，当 β 型企业模仿初始技术水平比较低的 $\beta+\mathrm{d}\beta$ 型企业时，企业的研发创新努力水平降低了 $\mathrm{d}\beta$，且经过第一期的激励合同，采购方认为其掌握了企业的初始技术水平信息，研发创新的边际成本等于 1，则实际在第二期，β 型企业可以获得的租金为 $U(\beta\mid\beta+\mathrm{d}\beta)=\mathrm{d}\beta$。同样地，若第一期的合同可以得出分离均衡，需有

$$t(\beta)-\psi(\beta-C(\beta))\geqslant t(\beta+\mathrm{d}\beta)-\psi(\beta-C(\beta+\mathrm{d}\beta))+\delta\mathrm{d}\beta \tag{4.14}$$

当 $\mathrm{d}\beta$ 趋于 0 时，求极限可得

$$\mathrm{d}t(\beta)/\mathrm{d}\beta+\psi'(\beta+C(\beta))\mathrm{d}C(\beta)/\mathrm{d}\beta+\delta\leqslant 0 \tag{4.15}$$

这与式（4.13）相矛盾，说明不存在产生分离的非退化的$[\underline{\beta},\bar{\beta}]$的子区间，即当企业的初始技术类型服从$[\underline{\beta},\bar{\beta}]$上的连续分布时，分离均衡不存在，直接显示原理不适用于没有承诺的重复关系。

虽然在静态机制下完全分离是可行的，但这在动态机制下不再可行。由于棘轮效应的存在，企业如果在第一期完全显示了自己的初始技术水平信息，则在第二期，其租金会被采购方完全抽走，其得不到任何租金，所以企业会隐藏自己的真实初始技术水平信息，最大化第一期的租金水平。具体来说，假设技术类型为β的企业在第一期宣告其初始技术水平为$\beta+\mathrm{d}\beta$，其中，$\mathrm{d}\beta>0$，并模仿该类企业进行生产，虽然会损失部分利润，但是在二期，采购方认为该企业的技术水平为$\beta+\mathrm{d}\beta$，使得企业获得租金，从而企业愿意与技术水平为$\beta+\mathrm{d}\beta$的企业混同。

总之，在多期合同的动态激励模型中，棘轮效应的存在使得采购方激励企业显示其真实技术类型的成本非常高，区分企业类型非常困难，导致普遍的混同现象发生，给政府在采购中激励企业进行有效的研发创新带来很多的问题。

4.3　政府创新技术采购中的棘轮效应

政府创新技术采购中的动态激励机制一直以来备受关注，其中，郑琼洁（2015）基于企业技术创新过程，对政府的激励政策进行分类，并采用静态与动态博弈相结合的方法，研究了政府激励政策对企业技术创新的激励机制。同时，棘轮效应作为无跨期承诺下动态激励机制中最为重要的问题之一，对激励方案的选择起着非常重要的作用（崔健波和罗正英，2020）。

基于 4.2 节和王雪青等（2020）对 PPP 项目动态激励机制中棘轮效应的探讨，本节以政府创新技术采购中的动态激励合同的棘轮效应为例，对棘轮效应发挥作用的机制进行分析。沿用 2.5 节中线性激励合同的基本框架，将其扩展到两期合作的动态激励模型，并将其结果与单期静态激励模型的结果进行比较。为了便于分析，本节假设政府对企业的初始技术水平参数具有完全信息，并着眼于政府创新技术采购中的道德风险，即研发创新水平的激励问题，考虑两期的动态激励模型中的棘轮效应对企业研发创新水平、企业效益和政府效用水平的影响。

考虑政府向单个企业进行一项技术创新项目的采购，但无法观察到企业的私人研发创新水平 e，而只能根据观测到的企业降低成本的绩效 P 来提供激励合同。

假设该政府采购项目只有两个阶段，企业在每个阶段提供的绩效水平如下：

$$P_\tau = \beta + e_\tau + \varepsilon_\tau \tag{4.16}$$

其中，P_τ、e_τ 和 ε_τ 分别表示第 τ 期的降低成本的绩效、研发创新水平和外生的随机变量，$\varepsilon \sim N(0,\sigma^2)$。同时，企业研发创新的成本函数为 $\psi(e_\tau) = \frac{1}{2}\beta e_\tau^2$，且满足 $\psi'(e_\tau) > 0$，$\psi''(e_\tau) > 0$。

政府向企业提供的激励合同由三部分构成：固定支付 a；激励系数，即企业在降低成本绩效中所获收益的占比 b；奖惩机制 $k(P-P^*)$，其中，k 表示奖惩系数，P^* 表示绩效标准。则政府的净转移支付为

$$t = a + bP + k(P-P^*) \tag{4.17}$$

假设采购方的收益为 $\pi_G = (1+v)P$，其中，v 表示技术创新带来的正溢出效应的系数。则对于风险中性的政府而言，期望收益为

$$\begin{aligned} E(\pi_G) &= (1+v)(\beta+e) - \{a + b(\beta+e) + k[(\beta+e) - P^*]\} \\ &= (1+v-b-k)(\beta+e) - kP^* - a \end{aligned} \tag{4.18}$$

对于 $r>0$ 的企业来说，其期望收益的确定性等价为

$$\begin{aligned} \pi &= a + bP + k(P-P^*) - \frac{1}{2}\beta e^2 - \frac{1}{2}rb^2\sigma^2 \\ &= a + (b+k)(\beta+e) - kP^* - \frac{1}{2}\beta e^2 - \frac{1}{2}rb^2\sigma^2 \end{aligned} \tag{4.19}$$

在该模型框架下，我们首先考虑单期静态激励模型，政府的最优化问题如下：

$$\max_e E(\pi_G) = (1+v-b-k)(\beta+e) - kP^* - a \tag{4.20}$$

$$\text{s.t. } \pi \geqslant 0 \tag{4.21}$$

$$\max_e \pi = a + (b+k)(\beta+e) - kP^* - \frac{1}{2}\beta e^2 - \frac{1}{2}rb^2\sigma^2 \tag{4.22}$$

则最优的研发创新水平为

$$e^* = \frac{b+k}{\beta} \tag{4.23}$$

在该创新水平下，企业的确定性等价收益和政府的预期收益可分别表示为

$$\pi^* = a - kP^* - \frac{1}{2}rb^2\sigma^2 + \beta(b+k) + \frac{(b+k)^2}{2\beta} \tag{4.24}$$

$$\pi_G^* = (1+v-b-k)\left(\beta + \frac{b+k}{\beta}\right) - kP^* - a \tag{4.25}$$

接下来，我们考虑两阶段的动态激励模型。假设奖惩系数 k 不变，绩效修正系数为 λ，用以调整两阶段之间的绩效标准，即项目开始前，政府对该类创新项

目进行调研确定第一阶段的绩效标准，第二阶段的绩效标准则是在第一阶段结束后根据其实际绩效结果来确定的：

$$P_2^* = P_1^* + \lambda(P_1 - P_1^*) \tag{4.26}$$

因政府和企业考虑的是两阶段总收益的现值，假设贴现因子为$\delta(\delta \in [0,1])$，则政府的最优化问题为

$$\max_{e_1,e_2} E(\pi_G) = E(\pi_{G1}) + \delta E(\pi_{G2}) \tag{4.27}$$

$$\text{s.t.}\ E(\pi_1) + \delta E(\pi_2) \geqslant 0 \tag{4.28}$$

$$\max_{e_1,e_2}(E(\pi_1) + \delta E(\pi_2)) \tag{4.29}$$

则在第一阶段，企业选择的最优的研发创新水平为

$$e_1^* = \frac{b + k - \delta k \lambda}{\beta} \tag{4.30}$$

在第二阶段，企业选择的最优的研发创新水平为

$$e_2^* = \frac{b + k}{\beta} \tag{4.31}$$

由此，我们可以将企业和政府在两阶段中收益的现值分别表示为

$$\pi_1^* + \delta\pi_2^* = (1+\delta)\left(a - \frac{1}{2} r b^2 \sigma^2\right) - k(P_1^* + \delta P_2^*) + (b+k)(P_1 + \delta P_2) \tag{4.32}$$

$$\pi_{G1}^* + \delta\pi_{G2}^* = (1 + v - b - k)(P_1 + \delta P_2) + k(P_1^* + \delta P_2^*) \tag{4.33}$$

比较两阶段的动态激励模型与单期静态激励模型，我们可以发现：首先，对于企业研发创新水平的选择，通过比较可知$e_1^* < e_2^* = e^*$，这说明在第二阶段，即激励合同的最后一期，企业研发创新的边际收益与边际成本相等，达到社会最优研发创新水平的要求。在第一阶段，由于棘轮效应的存在，企业需要在第一阶段经济收益提高和第二阶段经济收益降低之间加以衡量，考虑在第一阶段提高研发创新水平在增加第一阶段收益的同时，也会改变政府对第二阶段绩效的期望，降低第二阶段的收益，因而，企业将选择降低第一阶段的研发创新水平。

其次，两种模型下企业确定性等价收益的变化，可以表示为

$$\begin{aligned}\Delta\pi &= \pi_1^* + \delta\pi_2^* - (1+\delta)\pi^* \\ &= \delta k \lambda\left[P_1^* - \beta + \frac{2(b+k) + \delta k \lambda}{2\beta}\right]\end{aligned} \tag{4.34}$$

由于$\Delta\pi > 0$，企业收益有一个正向变化。此外，式（4.35）刻画了棘轮效应下政府收益的变化：

$$\begin{aligned}\Delta\pi_G &= \pi_{G1}^* + \delta\pi_{G2}^* - (1+\delta)\pi_G^* \\ &= \delta k\lambda\left(P_1 - P_1^* - \frac{1+v-b-k}{\beta}\right)\end{aligned} \tag{4.35}$$

由此可见，只有当 $\Delta P_1 > \dfrac{1+v-b-k}{\beta}$（$\Delta P_1 = P_1 - P_1^*$）时，即当企业第一阶段的降低成本的实际绩效高于绩效标准的部分大于 $\dfrac{1+v-b-k}{\beta}$ 时，政府在调整绩效标准后的收益才会增加。

总之，在棘轮效应下企业选择降低第一阶段的研发创新水平以增加其总的收益，获取更多的租金，导致政府的激励期望难以实现。为减轻棘轮效应在多期动态激励中的影响，一般考虑引入声誉激励，构建由经济收益带来的显性激励和由声誉等带来的隐性激励相结合的激励机制。因此，在第 8 章的质量激励问题中，我们将声誉因素引入激励模型。

4.4　本 章 小 结

本章将研究框架扩展到多期的动态激励模型，分析了采购过程中，政府与企业长期合作、多期互动的情形下的激励合同设计，以及棘轮效应对激励机制的影响。由于棘轮效应的存在，高技术型企业更倾向于伪装成低技术型企业，导致混同现象发生，使得政府在激励合同设计中，区分不同技术类型企业的难度加大，激励预期难以达到。为此，我们首先分析了在长期合同中，承诺关系对动态激励问题和棘轮效应的剔除作用，从而使得在理想状态下，每一期都采用最优的静态合同即为长期的最优结果。其次，针对现实激励合同设计中更多的是无承诺关系的情形，以两阶段为例分析了动态激励模型中棘轮效应带来的多种技术类型企业的混同现象。为了进一步说明棘轮效应是如何影响企业在第一阶段对研发创新水平的选择，我们以线性激励合同为例，应用具体函数形式，对单期静态激励模型下企业对最优研发创新水平的选择，以及两阶段的动态激励模型下政府绩效标准调整的结果进行比较分析，从而更为直观地解释了棘轮效应的影响。

第5章　多个企业下的政府采购拍卖激励模型

我们在第2章至第4章已分析了采购中政府对单个企业的激励机制问题，而通常在实际的政府采购中，符合条件的潜在承包企业会有很多。例如，政府部门选择一个特许经营商负责办公大楼的计算机维修。那么如何从众多的企业中选择合约对象呢？本章，我们将创新激励模型扩展到多个企业的情形，并引入拍卖理论解决承包商的选择问题。

拍卖是最为流行的一个价格形成机制，Vickrey（1961）就全面介绍和分析了单物品的四种标准拍卖形式：第一价格密封拍卖、第二价格密封拍卖、英式拍卖和荷式拍卖，并在独立私人估价假设下得出收益等价定理，即拍卖规则并不影响拍卖者获得的预期总收益。之后，Riley 和 Samuelson（1981）用求解纳什均衡的方法对收益等价定理进行了数学证明。同时，Myerson（1981）则在直接显示机制的基础上求解最优拍卖机制，通过证明对任何拍卖机制都存在着等价并且可实施的直接显示机制，使得买卖双方获得的期望收益与在原拍卖机制下相同，从而可以将最优拍卖机制的设计问题转化为在参与约束和激励相容约束条件下使拍卖者期望收益最大化的问题。

在此基础上，针对政府采购中的拍卖激励合同设计中面临的逆向选择和道德风险问题，Laffont 和 Tirole（1987）分析了政府如何通过拍卖选择一个企业来完成一项不可分的采购项目的问题，构建了拍卖激励合同设计的经典模型框架。这里，与一般拍卖不同的是，政府除了考虑企业说真话的激励相容机制外，还要考虑拍卖之后如何激励中标企业按照合同规定的研发创新水平完成该项目。此后，众多学者在此基础上从多个角度对政府采购中的拍卖激励机制进行了研究。在实际拍卖中，某些价格以外的因素可能对拍卖结果具有重大影响，使得多维投标拍卖的研究逐渐流行，其中 Che（1993）在 Laffont 和 Tirole（1987）的基础上构建了价格和质量的二维评分拍卖模型。Wang（2013）则提出了或有支付拍卖机制（contingent payment auction mechanism，CPAM）来分析多维采购拍卖中的最优采购策略。彭鸿广（2014）探究了政府创新技术采购中的多属性拍卖机制，并将其效果与研发竞赛的激励效果进行了比较分析。此外，殷红和王先甲（2008）从量化角度，通过建立采购机制模型并进行求解，对政府的最优采购招标机制的设计问题进行了研究。徐琪和张慧贤（2019）运用逆向拍卖理论，研究了研发众包竞赛中的最优投标策略和激励机制，并得到了投标策略中存在唯一对称的贝叶斯纳什均衡的结论。卢新元等（2020）则基于全支付拍卖模型对众包激励策略进行了优化分析。

本章在第 2 章模型的基础上，假设有 m 个企业可以完成某项对社会有较大价值的项目，在完全信息下，政府采购部门可以选择出一个初始技术水平最高的企业，并对其最优的研发创新水平进行合同化。进而将研究扩展到非对称信息的情形，论述在两个企业、两个初始技术水平参数的情形下，政府的最优贝叶斯拍卖。接着，分析 m 个企业的初始技术水平参数服从连续分布时的最优贝叶斯拍卖，并对占优策略的实施问题及线性合同的最优性进行了探讨。最后，讨论政府创新技术采购中的最优招标策略和激励机制设计问题。

5.1　对称信息下的采购拍卖激励模型

考虑有 m 个企业均可以完成政府部门的采购项目。其中，企业 i 的成本函数为

$$C^i=\beta^i-e^i \tag{5.1}$$

其中，β^i 为企业 i 的初始技术水平参数，e^i 为企业 i 的研发创新水平。企业 i 的净利润函数为

$$U^i=t^i-\psi(e^i) \tag{5.2}$$

其中，t^i 为企业 i 获得的净转移支付，$\psi(e^i)$ 为企业 i 研发创新的成本函数，类似于第 2 章，假设 $\psi'>0$，$\psi''>0$，$\psi'''\geqslant 0$，$\psi(0)=0$。在完全信息下，政府选择初始技术水平最高的企业 i，支付 t^i 并补偿该企业的生产成本后，社会福利函数为

$$S-(1+\lambda)(t^i+C^i)+t^i-\psi(e^i)=S-(1+\lambda)(C^i+\psi(e^i))-\lambda U^i \tag{5.3}$$

则政府采购方的最优化问题为

$$\max_{\{U^i,\, e^i\}}[S-(1+\lambda)(\beta^i-e^i+\psi(e^i))-\lambda U^i] \tag{5.4}$$

$$\text{s.t.}\, U^i\geqslant 0 \tag{5.5}$$

对应的一阶必要条件为

$$\psi'(e^i)=1 \text{或} e^i=e^* \tag{5.6}$$

$$U^i=0 \text{或} t^i=\psi(e^*) \tag{5.7}$$

由此可见，在对称信息下，政府采购方将直接选择初始技术水平参数（β 值）最小的企业，其最优的规制结果与第 2 章中的单个企业的情形一致。因此，我们将重点分析非对称信息下，企业无法甄别单个企业的初始技术水平参数的情形。

5.2 两种类型下的最优贝叶斯拍卖

假设政府采购方既观察不到企业的初始技术水平又观察不到企业的研发创新水平，只能观测到企业的事后成本。我们考虑对一个简单情形——两个企业、两种技术类型的离散分布情形进行建模分析。

假设存在两个满足条件的企业，均有高初始技术水平 $\underline{\beta}$ 和低初始技术水平 $\overline{\beta}$ 这两种类型，υ 表示企业 i 为 $\underline{\beta}$ 型的概率，且初始技术水平参数是独立同分布的。$x^i(\beta^1,\beta^2)$ 表示当在给定的拍卖中企业 1（企业 2）的类型为 β^1（β^2）时，企业 i（i=1, 2）被选中实施该项目的概率，则对于任意的 (β^1,β^2)，

$$x^1(\beta^1,\beta^2)+x^2(\beta^1,\beta^2)\leqslant 1 \tag{5.8}$$

对于任意的 (β^1,β^2)，

$$x^i(\beta^1,\beta^2)\geqslant 0 \tag{5.9}$$

为了便于分析，我们还假设在完全信息下，实施政府采购的这一项目总是有利的：

$$S-(1+\lambda)(\overline{\beta}-e^*+\psi(e^*))>0 \tag{5.10}$$

且初始技术水平最高的企业才能被选中：

$$x^1(\underline{\beta},\overline{\beta})=x^2(\overline{\beta},\underline{\beta})=1 \tag{5.11}$$

$$x^1(\underline{\beta},\underline{\beta})+x^2(\underline{\beta},\underline{\beta})=1 \tag{5.12}$$

$$x^1(\overline{\beta},\overline{\beta})+x^2(\overline{\beta},\overline{\beta})=1 \tag{5.13}$$

根据直接显示原理，在非对称信息下，直接显示机制不仅是激励相容的，还能诱导企业说真话的函数集合为 $x^i(\tilde{\boldsymbol{\beta}})$、$C^i(\tilde{\boldsymbol{\beta}})$ 和 $t^i(\tilde{\boldsymbol{\beta}})$。其中 $\tilde{\boldsymbol{\beta}}$ 表示企业宣布的初始技术水平向量，$x^i(\tilde{\boldsymbol{\beta}})$ 表示企业 i 被选中的概率，$C^i(\tilde{\boldsymbol{\beta}})$ 表示如果企业 i 被选中的话，则必须为完成该项目所付出的成本，$t^i(\tilde{\boldsymbol{\beta}})$ 则表示企业 i 获得的净转移支付（不失一般性地，我们假定这一机制在净转移支付和成本目标上是确定性的）。

当企业 1 预计企业 2 会说真话时，若企业 1 也说真话，即 $\tilde{\beta}^1=\beta^1$，可以使其预期收益最大化，则说真话为贝叶斯纳什均衡。即企业 1 的激励相容约束条件为

$$\begin{aligned}\beta^1\in\arg\max_{\tilde{\beta}^1}[&\upsilon(t^1(\tilde{\beta}^1,\underline{\beta})-x^1(\tilde{\beta}^1,\underline{\beta})\psi(\beta^1-C^1(\tilde{\beta}^1,\underline{\beta})))\\&+(1-\upsilon)(t^1(\tilde{\beta}^1,\overline{\beta})-x^1(\tilde{\beta}^1,\overline{\beta})\psi(\beta^1-C^1(\tilde{\beta}^1,\overline{\beta})))]\end{aligned}$$

或者，

$$\beta^1\in\arg\max_{\tilde{\beta}^1}[E_{\beta^2}(t^1(\tilde{\beta}^1,\beta^2)-x^1(\tilde{\beta}^1,\beta^2)\psi(\beta^1-C^1(\tilde{\beta}^1,\beta^2)))]$$

该激励相容约束条件在两种技术类型的情形下，也可以表示为

$$\begin{aligned}&E_{\beta^2}(t^1(\underline{\beta},\beta^2)-x^1(\underline{\beta},\beta^2)\psi(\underline{\beta}-C^1(\underline{\beta},\beta^2)))\\ \geqslant\ &E_{\beta^2}(t^1(\overline{\beta},\beta^2)-x^1(\overline{\beta},\beta^2)\psi(\underline{\beta}-C^1(\overline{\beta},\beta^2)))\end{aligned}\tag{5.14}$$

$$\begin{aligned}&E_{\beta^2}(t^1(\overline{\beta},\beta^2)-x^1(\overline{\beta},\beta^2)\psi(\overline{\beta}-C^1(\overline{\beta},\beta^2)))\\ \geqslant\ &E_{\beta^2}(t^1(\underline{\beta},\beta^2)-x^1(\underline{\beta},\beta^2)\psi(\overline{\beta}-C^1(\underline{\beta},\beta^2)))\end{aligned}\tag{5.15}$$

个体理性约束条件则为

$$E_{\beta^2}(t^1(\underline{\beta},\beta^2)-x^1(\underline{\beta},\beta^2)\psi(\underline{\beta}-C^1(\underline{\beta},\beta^2)))\geqslant 0\tag{5.16}$$

$$E_{\beta^2}(t^1(\overline{\beta},\beta^2)-x^1(\overline{\beta},\beta^2)\psi(\overline{\beta}-C^1(\overline{\beta},\beta^2)))\geqslant 0\tag{5.17}$$

同理，企业 2 也有类似的激励相容约束条件和个体理性约束条件。

我们可以将激励相容约束条件和个体理性约束条件化简为（与 2.2 节中的分析类似）

$$\begin{aligned}&E_{\beta^2}(t^1(\underline{\beta},\beta^2)-x^1(\underline{\beta},\beta^2)\psi(\underline{\beta}-C^1(\underline{\beta},\beta^2)))\\ =\ &E_{\beta^2}(t^1(\overline{\beta},\beta^2)-x^1(\overline{\beta},\beta^2)\psi(\overline{\beta}-C^1(\overline{\beta},\beta^2)))\end{aligned}\tag{5.18}$$

$$E_{\beta^2}(t^1(\overline{\beta},\beta^2)-x^1(\overline{\beta},\beta^2)\psi(\overline{\beta}-C^1(\overline{\beta},\beta^2)))=0\tag{5.19}$$

政府采购方则在个体理性约束式（5.19）、激励相容约束式（5.18）及可行性约束式（5.8）和式（5.9）下最大化预期社会福利：

$$\begin{aligned}&E_{\beta^1,\beta^2}[(x^1(\beta^1,\beta^2)+x^2(\beta^1,\beta^2))S\\ &-(1+\lambda)x^1(\beta^1,\beta^2)(C^1(\beta^1,\beta^2)+\psi(\beta^1-C^1(\beta^1,\beta^2)))\\ &-(1+\lambda)x^2(\beta^1,\beta^2)(C^2(\beta^1,\beta^2)+\psi(\beta^2-C^2(\beta^1,\beta^2)))\\ &-\lambda U^1(\beta^1,\beta^2)-\lambda U^2(\beta^1,\beta^2)]\end{aligned}\tag{5.20}$$

其中，企业的预期租金为

$$E_{\beta^1,\beta^2}(t^1(\beta^1,\beta^2)-x^1(\beta^1,\beta^2)\psi(\beta^1-C^1(\beta^1,\beta^2)))\equiv E_{\beta^1,\beta^2}(U^1(\beta^1,\beta^2))\tag{5.21}$$

$$E_{\beta^1,\beta^2}(t^2(\beta^1,\beta^2)-x^2(\beta^1,\beta^2)\psi(\beta^2-C^2(\beta^1,\beta^2)))\equiv E_{\beta^1,\beta^2}(U^2(\beta^1,\beta^2))\tag{5.22}$$

由式（5.19），即 $E_{\beta^2}(U^1(\overline{\beta},\beta^2))=0$，可知，式（5.18）可改写为

$$\begin{aligned}E_{\beta^2}(U^1(\underline{\beta},\beta^2))&=E_{\beta^2}[x^1(\overline{\beta},\beta^2)(\psi(\overline{\beta}-C^1(\overline{\beta},\beta^2))-\psi(\underline{\beta}-C^1(\overline{\beta},\beta^2)))]\\ &=\upsilon x^1(\overline{\beta},\underline{\beta})(\psi(\overline{\beta}-C^1(\overline{\beta},\underline{\beta}))-\psi(\underline{\beta}-C^1(\overline{\beta},\underline{\beta})))\\ &\quad+(1-\upsilon)x^1(\overline{\beta},\overline{\beta})(\psi(\overline{\beta}-C^1(\overline{\beta},\overline{\beta}))-\psi(\underline{\beta}-C^1(\overline{\beta},\overline{\beta})))\end{aligned}$$

令 $e^i(\beta^1,\beta^2)=\beta^i-C^i(\beta^1,\beta^2)$，$\Phi(e)=\psi(e)-\psi(e-\Delta\beta)$，其中，$\Delta\beta=\overline{\beta}-\underline{\beta}$，则企业 1 的预期租金可改写为

$$E_{\beta^2}(U^1(\underline{\beta},\beta^2))=\upsilon x^1(\bar{\beta},\underline{\beta})\Phi(e^1(\beta^1,\beta^2))+(1-\upsilon)x^1(\bar{\beta},\bar{\beta})\Phi(e^1(\beta^1,\beta^2)) \quad (5.23)$$

企业 2 的预期租金表达式与式（5.23）类似。

将式（5.23）及个体理性约束式、激励相容约束式、可行性约束式代入预期社会福利函数式（5.20）中进行化简，并分别对 x^i 、e^i 求该规划的最大值（与 2.2 节中推导类似），可得最优研发创新水平：

$$e^1(\underline{\beta},\underline{\beta})=e^2(\underline{\beta},\underline{\beta})=e^2(\bar{\beta},\underline{\beta})=e^1(\underline{\beta},\bar{\beta})=e^* \quad (5.24)$$

$$e^2(\underline{\beta},\bar{\beta})=e^1(\bar{\beta},\underline{\beta})=e^1(\bar{\beta},\bar{\beta})=e^2(\bar{\beta},\bar{\beta})=\bar{e} \quad (5.25)$$

其中，$\bar{e}$ 与式（2.21）中的 $\bar{U}$ 类似，满足：

$$\psi'(\bar{e})=1-\frac{\lambda}{1+\lambda}\cdot\frac{\upsilon}{1-\upsilon}\Phi'(\bar{e})$$

最优的概率满足：

$$x^1(\underline{\beta},\underline{\beta})+x^2(\underline{\beta},\underline{\beta})=1$$

$$x^1(\underline{\beta},\bar{\beta})=1，\quad x^2(\bar{\beta},\underline{\beta})=1$$

$$x^1(\bar{\beta},\bar{\beta})+x^2(\bar{\beta},\bar{\beta})=\begin{cases}1, S-(1+\lambda)(\bar{\beta}-\bar{e}+\psi(\bar{e})+\dfrac{\lambda}{1+\lambda}\cdot\dfrac{\upsilon}{1-\upsilon}\Phi(\bar{e}))\geqslant 0\\0, S-(1+\lambda)(\bar{\beta}-\bar{e}+\psi(\bar{e})+\dfrac{\lambda}{1+\lambda}\cdot\dfrac{\upsilon}{1-\upsilon}\Phi(\bar{e}))<0\end{cases} \quad (5.26)$$

由此可知在最优贝叶斯拍卖下，政府采购方总是会选出初始技术水平最高的企业作为承包商来完成采购项目。但若是

$$(1+\lambda)(\bar{\beta}-e^*+\psi(e^*))<S<(1+\lambda)\left(\beta-\bar{e}+\psi(\bar{e})+\frac{\lambda}{1+\lambda}\cdot\frac{\upsilon}{1-\upsilon}\Phi(\bar{e})\right)$$

最优贝叶斯拍卖可能会出现两个企业都不会被选择的情况，这是由于信息不对称导致的额外成本使得完成该项目不仅无益还会降低整个社会的福利水平。

此外，由式（5.24）和式（5.25）可知，高技术水平的企业的研发创新水平总是符合社会最优的选择，而低技术水平的企业的研发创新水平不足，且这一扭曲与 2.2 节单一企业的情形相同。通过进一步分析，可以发现，虽然拍卖不改变中标企业的研发创新水平，但是降低了非对称信息情形下的租金。例如，在对称拍卖下：

$$x^1(\bar{\beta},\bar{\beta})=x^2(\bar{\beta},\bar{\beta})=x^1(\underline{\beta},\underline{\beta})=x^2(\underline{\beta},\underline{\beta})=\frac{1}{2}$$

$$x^1(\underline{\beta},\bar{\beta})=1，\quad x^2(\bar{\beta},\underline{\beta})=1$$

将该最优贝叶斯拍卖结果代入式（5.23）中，可得企业 1 的预期租金为 $\frac{1}{2}(1-\upsilon)\Phi(\bar{e})$，无竞拍时该租金为 $\Phi(\bar{e})$ 。

以上结论可总结如下。

命题 5.1　在两个企业、两种技术类型的条件下：

（1）最优贝叶斯拍卖总能选出初始技术水平最高、最有效率的企业，但是完成项目的概率比完全信息情形下小。

（2）中标企业的研发创新水平与单一企业的情形相同。

（3）企业间的竞争效应降低了中标企业的租金水平。

5.3　连续类型下的最优贝叶斯拍卖

假设 m 个竞标企业的初始技术水平 β^i 服从 $[\underline{\beta}, \bar{\beta}]$ 上的独立同分布函数 F，其密度函数 $f>0$，且满足单调风险率的假定。

假设各企业同时竞标，宣布其初始技术水平为 $(\tilde{\beta}^1,\cdots,\tilde{\beta}^m)=\tilde{\boldsymbol{\beta}}$，企业的中标概率记为 $x^i(\tilde{\boldsymbol{\beta}})$，则有以下可行性约束：对于任意的 $\tilde{\boldsymbol{\beta}}$，

$$\sum_{i=1}^{m} x^i(\tilde{\boldsymbol{\beta}}) \leqslant 1 \tag{5.27}$$

对于任意的 $\tilde{\boldsymbol{\beta}}$ 和任意的 $i\in\{1,\cdots,m\}$，

$$x^i(\tilde{\boldsymbol{\beta}}) \geqslant 0 \tag{5.28}$$

基于各企业宣布的初始技术水平，政府采购方对企业 i 的净转移支付为 $t^i(\tilde{\boldsymbol{\beta}})$，企业 i 的事前预期利润为

$$E_{\tilde{\boldsymbol{\beta}}^{-i}}(t^i(\tilde{\boldsymbol{\beta}}) - x^i(\tilde{\boldsymbol{\beta}})\psi(e^i(\tilde{\boldsymbol{\beta}}))) \tag{5.29}$$

其中，$\tilde{\boldsymbol{\beta}}^{-i}\equiv(\tilde{\beta}^1,\cdots,\tilde{\beta}^{i-1},\tilde{\beta}^{i+1},\cdots,\tilde{\beta}^m)$。由于企业的事后成本是可以被观测到的，故我们将式（5.29）改写为

$$E_{\tilde{\boldsymbol{\beta}}^{-i}}(t^i(\tilde{\boldsymbol{\beta}}) - x^i(\tilde{\boldsymbol{\beta}})\psi(\beta^i - C^i(\tilde{\boldsymbol{\beta}}))) \tag{5.30}$$

其中，$C^i(\tilde{\boldsymbol{\beta}})$ 为企业宣布其初始技术水平为 $\tilde{\boldsymbol{\beta}}$ 时，政府采购方要求企业达到的成本水平。则能诱导企业说真话的贝叶斯纳什均衡机制 $\{x^i(\tilde{\boldsymbol{\beta}}),C^i(\tilde{\boldsymbol{\beta}}),t^i(\tilde{\boldsymbol{\beta}})\}$ 所满足的必要条件为：只有在 $\tilde{\beta}^i=\beta^i$ 处，$\dfrac{\partial}{\partial\tilde{\beta}^i}E_{\tilde{\boldsymbol{\beta}}^{-i}}(t^i(\tilde{\boldsymbol{\beta}}) - x^i(\tilde{\boldsymbol{\beta}})\psi(e^i(\tilde{\boldsymbol{\beta}})))=0$ 成立。即只有企业 i 宣布的初始技术水平是真实的才能使得其预期的净利润最大化时，企业便没有动机谎报技术类型。我们可以将该一阶必要条件改写为

$$\frac{\partial}{\partial\tilde{\beta}^i}E_{\tilde{\boldsymbol{\beta}}^{-i}}(t^i(\boldsymbol{\beta})) = \frac{\partial}{\partial\tilde{\beta}^i}E_{\tilde{\boldsymbol{\beta}}^{-i}}(x^i(\boldsymbol{\beta})\psi(e^i(\boldsymbol{\beta}))) \tag{5.31}$$

其二阶充分条件为

$$\frac{\mathrm{d}C^i}{\mathrm{d}\beta^i} \geqslant 0 \text{，} \frac{\mathrm{d}}{\mathrm{d}\beta^i} E_{\tilde{\beta}^{-i}} x^i(\tilde{\boldsymbol{\beta}}) \leqslant 0 \tag{5.32}$$

同 2.3 节一样，我们可以选择先忽略二阶充分条件式（5.32），之后验证最优解满足该条件。

假设企业 i 说真话时的预期净利润水平为

$$U^i(\beta^i) = E_{\boldsymbol{\beta}^{-i}}(t^i(\boldsymbol{\beta}) - x^i(\boldsymbol{\beta})\psi(\beta^i - C^i(\boldsymbol{\beta}))) \tag{5.33}$$

联立式（5.30）、式（5.31）及式（5.33），可以得到如下诱导企业说真话的激励相容约束条件：

$$\dot{U}^i(\beta^i) = -E_{\boldsymbol{\beta}^{-i}}(x^i(\boldsymbol{\beta})\psi'(\beta^i - C^i(\boldsymbol{\beta}))) \tag{5.34}$$

对于采购方来说，其规划目标是在一定的约束条件下最大化社会福利函数：

$$\begin{aligned} &\left(\sum_{i=1}^{m} x^i\right)S - (1+\lambda)\sum_{i=1}^{m} t^i - (1+\lambda)\sum_{i=1}^{m} x^i C^i + \sum_{i=1}^{m}(t^i - x^i\psi(e^i)) \\ &= \left(\sum_{i=1}^{m} x^i\right)S - \lambda\sum_{i=1}^{m} U^i - (1+\lambda)\sum_{i=1}^{m} x^i(C^i + \psi(e^i)) \end{aligned} \tag{5.35}$$

除此之外，为了保证所有的企业都参与进来，采购方还需要满足各个企业的个体理性约束条件，即对任意的企业 i 都有 $U^i(\beta^i) \geqslant 0$。又由式（5.34）可知，U^i 是关于 β^i 的非减函数，因此若初始技术水平最低的企业（$\beta^i = \bar{\beta}$）的个体理性约束条件都可以满足，则其他类型企业的也都可以满足，即 $U^i(\bar{\beta}) \geqslant 0$，且由式（5.35）可知，社会福利函数对 U^i 是递减的，所以在 $\bar{\beta}$ 处应为紧约束，即有

$$U^i(\bar{\beta}) = 0 \tag{5.36}$$

综上，政府采购方的最优化问题为

$$\max_{\{x^i, C^i, U^i\}} \left\{ E_{\boldsymbol{\beta}}\left[\left(\sum_{i=1}^{m} x^i(\boldsymbol{\beta})\right)S - \lambda\sum_{i=1}^{m} U^i(\beta^i) - (1+\lambda)\sum_{i=1}^{m} x^i(\boldsymbol{\beta})(C^i(\boldsymbol{\beta}) + \psi(\beta^i - C^i(\boldsymbol{\beta})))\right]\right\} \tag{5.37}$$

$$\text{s.t.}\ \dot{U}^i(\beta^i) = -E_{\boldsymbol{\beta}^{-i}}(x^i(\boldsymbol{\beta})\psi'(\beta^i - C^i(\boldsymbol{\beta})))$$

$$U^i(\bar{\beta}) = 0$$

对于任意的 $\boldsymbol{\beta}$，

$$\sum_{i=1}^{m} x^i(\boldsymbol{\beta}) \leqslant 1$$

对于任意的 $\boldsymbol{\beta}$ 和任意的 $i \in \{1, \cdots, m\}$，

$$x^i(\boldsymbol{\beta}) \geqslant 0$$

考虑从两个方面简化该最优化问题，一是假定该项目带来的社会收益 S 足够大，使得对任何初始技术水平 $\boldsymbol{\beta}$ 的企业都是值得施行的，即式（5.27）中等号成立；二是通过证明 $C^i(\boldsymbol{\beta})$ 仅仅是 β^i 的函数，从而可以对式（5.37）进一步简化。

首先，令 $X^i(\beta^i) \equiv E_{\boldsymbol{\beta}^{-i}}(x^i(\boldsymbol{\beta}))$，则对 $C^i(\beta^i)$ 求最优化等价于：

$$\max_{\{C^i, U^i\}} \int_{\underline{\beta}}^{\bar{\beta}} [-\lambda U^i(\beta^i) - (1+\lambda) X^i(\beta^i)(C^i(\beta^i) + \psi(\beta^i - C^i(\beta^i)))] f(\beta^i) \mathrm{d}\beta^i \quad (5.38)$$

$$\text{s.t.} \quad \dot{U}^i(\beta^i) = -X^i(\beta^i)\psi'(\beta^i - C^i(\beta^i)) \quad (5.39)$$

$$U^i(\bar{\beta}) = 0$$

我们得到了与单一企业情形下相似的最优化问题，参考 2.3 节的最优控制法求解，得出最优的研发创新水平由式（5.40）决定：

$$(1+\lambda)(1-\psi'(\beta^i - C^{i^*}(\beta^i))) = \lambda \frac{F(\beta^i)}{f(\beta^i)} \psi''(\beta^i - C^{i^*}(\beta^i)) \quad (5.40)$$

将式（5.39）进行积分，并结合式（5.36）可得企业的最优预期净利润 $U^{i^*}(\beta^i)$：

$$U^{i^*}(\beta^i) = \int_{\beta^i}^{\bar{\beta}} x^i(\hat{\beta}^i, \boldsymbol{\beta}^{-i}) \psi'(\hat{\beta}^i - C^{i^*}(\hat{\beta}^i)) \mathrm{d}\hat{\beta} \quad (5.41)$$

接下来，将所得的 $C^{i^*}(\beta^i)$ 和 $U^{i^*}(\beta^i)$ 代入目标函数式（5.37），求最优的概率 $x^i(\boldsymbol{\beta})$，此时政府采购方的最优化问题转化为

$$\begin{aligned}\max_{\{x^i\}} \int \Bigg[& (\sum_{i=1}^{m} x^i(\boldsymbol{\beta}))S - \lambda \sum_{i=1}^{m} \int_{\beta^i}^{\bar{\beta}} x^i(\hat{\beta}^i, \boldsymbol{\beta}^{-i}) \psi'(\hat{\beta}^i - C^{i^*}(\hat{\beta}^i)) \mathrm{d}\hat{\beta} \\ & -(1+\lambda) \sum_{i=1}^{m} x^i(\boldsymbol{\beta})(C^{i^*}(\beta^i) + \psi(\beta^i - C^{i^*}(\beta^i))) \Bigg] \mathrm{d}F(\beta^1) \cdots \mathrm{d}F(\beta^m)\end{aligned} \quad (5.42)$$

对于任意的 $\boldsymbol{\beta}$，

$$\sum_{i=1}^{m} x^i(\boldsymbol{\beta}) \leqslant 1$$

对于任意的 $\boldsymbol{\beta}$ 和任意的 $i \in \{1, \cdots, m\}$，

$$x^i(\boldsymbol{\beta}) \geqslant 0$$

为了进一步化简和观察社会福利函数关于概率的特征，对企业预期净利润一项进行分部积分，即

$$\begin{aligned}&\int_{\underline{\beta}}^{\bar{\beta}}\int_{\beta^i}^{\bar{\beta}} x^i(\widehat{\beta}^i,\boldsymbol{\beta}^{-i})\psi'(\widehat{\beta}^i - C^{i^*}(\widehat{\beta}^i))\mathrm{d}\widehat{\beta}\mathrm{d}F(\beta^i)\\&=(F(\beta^i)\int_{\beta^i}^{\bar{\beta}} x^i(\widehat{\beta}^i,\boldsymbol{\beta}^{-i})\psi'(\widehat{\beta}^i - C^{i^*}(\widehat{\beta}^i))\mathrm{d}\widehat{\beta})\Big|_{\underline{\beta}}^{\bar{\beta}}\\&\quad+\int_{\underline{\beta}}^{\bar{\beta}} F(\beta^i)x^i(\boldsymbol{\beta})\psi'(\beta^i - C^{i^*}(\beta^i))\mathrm{d}\beta^i\\&=\int_{\underline{\beta}}^{\bar{\beta}} x^i(\boldsymbol{\beta})\frac{F(\beta^i)}{f(\beta^i)}\psi'(\beta^i - C^{i^*}(\beta^i))\mathrm{d}F(\beta^i)\end{aligned} \tag{5.43}$$

将式（5.43）代入式（5.42）可得社会福利函数：

$$\int\sum_{i=1}^{m} x^i(\boldsymbol{\beta})\left[S-(1+\lambda)\left(C^{i^*}(\beta^i)+\psi(\beta^i - C^{i^*}(\beta^i))+\frac{\lambda}{1+\lambda}\cdot\frac{F(\beta^i)}{f(\beta^i)}\psi'(\beta^i - C^{i^*}(\beta^i))\right)\right]$$

$\mathrm{d}F(\beta^1)\cdots\mathrm{d}F(\beta^m)$

针对该式，我们首先需要分析社会福利函数关于企业技术类型参数 β^i 的变化，从而进一步得出最优概率。对式（5.40）进行微分，并结合 ψ' 的凸性（$\psi''' \geqslant 0$）及单调风险率可知，C^{i^*} 关于 β^i 非减，则下式为关于 β^i 的非增函数：

$$S-(1+\lambda)\left(C^{i^*}(\beta^i)+\psi(\beta^i - C^{i^*}(\beta^i))+\frac{\lambda}{1+\lambda}\cdot\frac{F(\beta^i)}{f(\beta^i)}\psi'(\beta^i - C^{i^*}(\beta^i))\right)$$

由此可知，我们必须选择出初始技术水平最高的企业（β^i 值最小的）才能使得社会福利函数最大化。即最优概率选择为

$$x^{i^*}(\boldsymbol{\beta})=1,\quad \beta^i < \min_{k\neq i}\beta^k \tag{5.44}$$

$$x^{i^*}(\boldsymbol{\beta})=0,\quad \beta^i > \min_{k\neq i}\beta^k \tag{5.45}$$

同时，我们可以得出 $X^{i^*}(\beta^i)$ 关于 β^i 非增，而 C^{i^*} 关于 β^i 非减，式（5.32）中的二阶充分条件也得到了满足。

此外，由式（5.33）可知，最优贝叶斯拍卖的净转移支付为

$$t^{i^*}(\beta^i)\equiv E_{\boldsymbol{\beta}^{-i}}(t^{i^*}(\boldsymbol{\beta}))=U^{i^*}(\beta^i)+X^{i^*}(\beta^i)\psi(\beta^i - C^{i^*}(\beta^i)) \tag{5.46}$$

将式（5.41）代入式（5.46）可得

$$t^{i^*}(\beta^i)=\int_{\beta^i}^{\bar{\beta}} X^{i^*}(\widehat{\beta}^i)\psi'(\widehat{\beta}^i - C^{i^*}(\widehat{\beta}^i))\mathrm{d}\widehat{\beta}+X^{i^*}(\beta^i)\psi(\beta^i - C^{i^*}(\beta^i)) \tag{5.47}$$

由此，我们总结出如下命题。

命题 5.2　若 m 个企业的初始技术类型满足独立同分布，且该分布满足单调风险率特征，则最优贝叶斯拍卖使得初始技术水平最高的企业中标，采购方对该中标企业要求的成本水平（研发创新水平）为式（5.40）的解，对中标企业的净转移支付为式（5.47）的解。

这里，我们得出的最优研发创新水平与单一企业情形下相同，均低于社会最优水平。加入 m 个企业拍卖的竞争，相当于将区间从$[\underline{\beta}, \bar{\beta}]$变为$[\underline{\beta}, \beta^j]$，其中 β^j 为初始技术水平第二高的企业的技术类型参数。随着 m 的增加，中标企业的技术类型参数 β^i 依概率收敛于 $\underline{\beta}$，研发创新水平则会收敛于社会最优的水平。

总之，在该激励机制下，最优贝叶斯拍卖将采购项目分配给投标期望成本最小的企业，政府在拍卖结束后对该企业的激励则与单一企业的激励一样。换句话说，结论满足一种分离性质，即选择最优的企业和对其进行激励是可以分开考虑的两件事。

5.4　占优策略与线性合同

为实施 5.3 节的最优贝叶斯拍卖的结果，本节建立一个占优策略拍卖，该拍卖在实施相同的成本函数和转移支付对时，同样也可以选择出初始技术水平最高的企业。相较于贝叶斯拍卖中给定其他投标企业的策略，投标企业 i 的策略是期望的或平均而言的最优，占优策略是指每个投标企业的策略相对于其他企业的任何投标都是最优的。

为便于分析，我们依然假设社会收益 S 是足够大的，因而需采购的项目总是值得被实施的。若 $\beta^i = \min\limits_k \beta^k$， $\beta^j = \min\limits_{k\neq i} \beta^k$，则有

$$\hat{t}^i(\boldsymbol{\beta}) = \int_{\beta^i}^{\beta^j} \psi'(\hat{\beta}^i - C^{i^*}(\hat{\beta}^i))\mathrm{d}\hat{\beta} + \psi(\beta^i - C^{i^*}(\beta^i)) \tag{5.48}$$

否则，

$$\hat{t}^i(\boldsymbol{\beta}) = 0 \tag{5.49}$$

命题 5.3　当企业 i 赢得拍卖时，其获得的研发净转移支付等于研发创新成本加上企业 j 获得的信息租金，而且说真话是企业 i 的占优策略。

证明：假设企业 i 宣布其初始技术类型为 $\tilde{\beta}$ 并赢得拍卖，即 $\tilde{\beta} < \min\limits_{k\neq i} \beta^k$，则其最优化问题为

$$\max_{\tilde{\beta}<\min_{k\neq i}\beta^k}\{\tilde{t}^i(\tilde{\beta}^i,\boldsymbol{\beta}^{-i})-\psi(\beta^i-C^{i^*}(\tilde{\beta}^i))\}$$

$$=\left\{\int_{\tilde{\beta}^i}^{\beta^j}[\psi'(\hat{\beta}^i-C^{i^*}(\hat{\beta}^i))\mathrm{d}\hat{\beta}+\psi(\tilde{\beta}^i-C^{i^*}(\tilde{\beta}^i))]-\psi(\beta^i-C^{i^*}(\tilde{\beta}^i))\right\}$$

其内解对应的一阶必要条件为

$$-\psi'(\tilde{\beta}^i-C^{i^*}(\tilde{\beta}^i))+\psi'(\tilde{\beta}^i-C^{i^*}(\tilde{\beta}^i))\left(1-\frac{\mathrm{d}C^{i^*}(\tilde{\beta}^i)}{\mathrm{d}\tilde{\beta}^i}\right)-\psi'(\beta^i-C^{i^*}(\tilde{\beta}^i))\frac{\mathrm{d}C^{i^*}(\tilde{\beta}^i)}{\mathrm{d}\tilde{\beta}^i}=0$$

$\tilde{\beta}^i=\beta^i$ 是该一阶必要条件的唯一解，且 $\mathrm{d}C^{i^*}(\beta^i)/\mathrm{d}\beta^i\geqslant 0$，二阶充分条件也是满足的。

最后，我们需要进一步验证该占优策略与最优贝叶斯拍卖在净转移支付上也是相同的。由于 $X^{i^*}(\beta^i)=(1-F(\beta^i))^{m-1}$，则式（5.47）中表达的最优贝叶斯拍卖净转移支付可写为

$$E_{\boldsymbol{\beta}^{-i}}(t^{i^*}(\boldsymbol{\beta}))=t^{i^*}(\beta^i)=\int_{\beta^i}^{\bar{\beta}}(1-F(\hat{\beta}^i))^{m-1}\psi'(\hat{\beta}^i-C^{i^*}(\hat{\beta}^i))\mathrm{d}\hat{\beta}$$

$$+(1-F(\beta^i))^{m-1}\psi(\beta^i-C^{i^*}(\beta^i))$$

占优策略的净转移支付为

$$E_{\boldsymbol{\beta}^{-i}}(\hat{t}^i(\boldsymbol{\beta}))=\int_{\beta^i}^{\bar{\beta}}[\psi(\beta^i-C^{i^*}(\beta^i))+\int_{\beta^i}^{\beta^j}\psi'(\hat{\beta}^i-C^{i^*}(\hat{\beta}^i))\mathrm{d}\hat{\beta}]\mathrm{d}[-(1-F(\beta^i))^{m-1}]$$

分部积分后可得

$$(1-F(\beta^i))^{m-1}\psi(\beta^i-C^{i^*}(\beta^i))+\int_{\beta^i}^{\bar{\beta}}(1-F(\hat{\beta}^i))^{m-1}\psi'(\hat{\beta}^i-C^{i^*}(\hat{\beta}^i))\mathrm{d}\hat{\beta}$$

由此可得二者相等。证毕。

由命题 5.3 可知最优激励机制要求企业的事后成本必须等于 $C^{i^*}(\beta^i)$。事实上，这一操作很难控制，事后成本总是或高于或低于该标准。因此，我们将净转移支付函数改写为关于成本的线性合同形式，使得当最终的实际成本 C 低于要求的成本时企业会有一定的奖励，而高于要求的成本时则会受到惩罚：

$$t^i(\boldsymbol{\beta},C)=a^i(\boldsymbol{\beta})-b(\beta^i)(C-C^*(\beta^i))\qquad(5.50)$$

其中，固定支付 $a^i(\boldsymbol{\beta})\equiv\hat{t}^i(\boldsymbol{\beta})$，由式（5.48）决定。激励系数或企业的成本分担比例为 $b(\beta^i)\equiv\psi'(\beta^i-C^*(\beta^i))\in[0,1]$。与 2.4 节的证明类似，这里我们也可以得出由式（5.50）给出的线性合同可以激励企业说真话并选择最优的研发创新水平（成本水平），即最优配置可以通过向企业提供合同菜单来实现的结论。

5.5　政府创新技术采购中的最优拍卖激励机制

本节考虑政府采购一项不可分割的技术创新项目的拍卖激励机制设计问题。假设有 m 个竞标企业，企业 i（$i=1,2,\cdots,m$）拥有其初始技术参数 β^i 的私人信息，对政府和其他投标企业而言，技术参数 β^i 在 $[\underline{\beta},\overline{\beta}]$ 上服从随机分布函数 $F(\beta^i)$，其密度函数 $f(\beta^i)$ 在 $[\underline{\beta},\overline{\beta}]$ 上严格为正，符合单调风险率的假定。此外，这 m 个竞标企业的初始技术水平满足独立同分布，即 β^1，β^2，$\cdots$，β^m 的联合概率分布为 $F(\beta^1,\beta^2,\cdots,\beta^m)=F(\beta^1)F(\beta^2)\cdots F(\beta^m)$，且由其对称性可知 $F(\beta^1)=F(\beta^2)=\cdots=F(\beta^m)$ 成立，因而我们可将其统一表示为 $F(\beta)$。

我们假设企业 i 的生产成本为

$$C^i=\beta^i-e^i \tag{5.51}$$

同样地，$\psi(e^i)$ 是企业 i 的研发创新水平 e^i 的成本函数（$\psi'>0$，$\psi''>0$，$\psi'''\geqslant 0$，$\psi(0)=0$）。

参考殷红和王先甲（2008）和郑边江（2012）的工作，我们首先来分析政府采购方在该创新技术项目拍卖中对线性激励合同的设计。假设政府基于可观测的成本提供如下线性激励合同：

$$T^i=C^i-b(C^i-\tilde{C}^i) \tag{5.52}$$

其中，T^i 为政府向中标企业 i 提供的转移支付；b 为激励系数；C^i 为中标企业 i 完成该项目所发生的实际成本；$\tilde{C}^i$ 为该企业所报的成本（宣布其初始技术水平为 $\tilde{\beta}^i$ 的成本）。该合同意味着当中标企业的事后成本低于其宣布的成本时，其会得到一部分奖励，反之则会受到一定的惩罚。

在该线性合同下，风险中性的竞标企业的期望收益为

$$E(U^i)=[C^i-b(C^i-\tilde{C}^i)-\psi(e^i)]F^{m-1}(\tilde{C}^i) \tag{5.53}$$

将式（5.53）关于 $\tilde{C}^i$ 求偏导，可得一阶必要条件：

$$\frac{\partial E(U^i)}{\partial \tilde{C}^i}=bF^{m-1}(\tilde{C}^i)+[-b(C^i-\tilde{C}^i)](m-1)F^{m-2}(\tilde{C}^i)F'(\tilde{C}^i)=0 \tag{5.54}$$

化简得

$$C^i-\tilde{C}^i=\frac{F(\tilde{C}^i)}{(m-1)F'(\tilde{C}^i)} \tag{5.55}$$

当 $m\to\infty$ 时，式（5.55）的等号右边趋近于 0，于是有 $\tilde{C}^i=C^i$，即在该线性合同下，竞标企业选择按照其真实的初始技术水平进行竞标，使得企业的最优投标策略符合激励相容的要求。

政府线性合同中的激励系数 b，也需要满足激励相容约束条件，使得在最优激励系数下，中标企业可以选择研发创新水平最大化其收益，即

$$\max_{e^i} U^i = \beta^i - e^i - b(\beta^i - e^i - \tilde{C}^i) - \psi(e^i) \tag{5.56}$$

$$\frac{\partial U^i}{\partial e^i} = -1 + b - \psi'(e^i) = 0 \tag{5.57}$$

解得

$$b^* = \psi'(e^i) + 1 \tag{5.58}$$

由此可知，政府基于项目可观测的成本提供线性激励合同 $T^i = C^i - (\psi'(e^i)+1) \times (C^i - \tilde{C}^i)$，不仅可以使企业报出其真实成本，降低信息的不对称程度，还可以激励企业进行研发创新，完成政府的采购项目。

接下来，我们还需要分析政府进行技术创新项目采购的最优拍卖，即在该线性激励合同下，设计最优拍卖激励机制以最大化政府的收益。

假设政府从该技术创新项目中得到的收益为 S，并且以社会福利的最大化为目标，则政府的效用函数为

$$\begin{aligned} \pi_G &= S - T + T - C - \psi(e) \\ &= S - (\beta - e) - \psi(e) \end{aligned} \tag{5.59}$$

由于在政府的线性激励合同下，竞标企业的最优投标策略是按照其真实的成本参数 β^i 报价，因而政府的期望效用为

$$E(\pi_G) = S - m[(\beta^i - e^i) + \psi(e^i)]F^{m-1}(\beta^i) \tag{5.60}$$

最优拍卖激励机制为选择最优的报价使其预期效用最大化，因此，将式（5.60）对 β^i 求导可得

$$\frac{\partial E(\pi_G)}{\partial \beta^i} = -mF^{m-1}(\beta^i) - m[(\beta^i - e^i) + \psi(e^i)](m-1)F^{m-2}(\beta^i)F'(\beta^i) \leqslant 0 \tag{5.61}$$

由此可见，政府的预期效用关于企业报价 β^i 非增，β^i 越小则政府预期效用越大，因此，$\beta^i < \min\limits_{j \neq i} \beta^j$ 为最优解。这表明政府的最优拍卖激励机制是选择成本参数最低的投标企业。

总之，在政府技术创新项目的最优拍卖激励合同中，投标企业有动力按照其真实的成本参数进行竞标，从而政府可以选出初始技术水平最高的企业，这在一定程度上解决了事前信息不对称引起的逆向选择问题。同时，政府向中标企业提供的线性激励合同还可以促使其发挥最优的研发创新水平，降低科技创新项目的成本，有利于解决道德风险问题。

5.6 本章小结

本章以第 2 章的模型为基础，将激励机制模型扩展到多个企业的情形，将企业之间的竞标行为引入模型，考虑了拍卖对激励机制的影响，并得出最优的拍卖机制。我们继续沿用之前模型技术分析的思路，从政府对初始技术水平拥有完全信息，到两种类型分布再到连续类型分布的拍卖激励模型进行系统的分析，得出在对称信息下，政府采购方会直接选择技术参数（β 值）最小的企业，其最优结果与单个企业的激励结果一致的结论。在非对称信息下，虽然完成项目的概率比完全信息下小，但是最优拍卖总能选出初始技术水平最高的企业，在保持中标企业的研发创新水平与单一企业的情形一致的同时，竞拍还有利于降低中标企业的租金水平，改善社会福利水平。最后，我们证明了线性激励合同在实施拍卖激励机制中的最优性，并基于此构建了应用模型来分析政府对科技创新项目进行采购时的最优激励合同设计和拍卖设计问题。

第 6 章　动态政府采购拍卖激励模型和投资溢出效应

第 5 章分析了政府采购的一次拍卖问题，然而，政府采购的合同设计和实施往往是一个长时间、多阶段的博弈过程。特别是当中标企业在履行合同期间绩效不尽如人意时，政府采购方在下一阶段会更倾向于寻求另一家企业，即寻找第二货源。于是，本章考虑多期拍卖的动态过程，研究激励合同的多期拍卖、投资和平等竞标等问题，并着重分析中标企业的合同解除规则与激励机制之间的关系。我们构建了一个两期的拍卖激励模型，政府采购方在第一期向单一企业，即中标企业提供激励合同，并可以观察到该企业的事后成本。在第二期，采购方可以继续与中标企业续约，也可以选择其他企业（进入企业、第二货源）。对此，中标企业会在第一期进行投资以降低第二期的成本，增加其竞争力；对于进入企业，初始技术信息是其私人信息，有可能高于也有可能低于中标企业，平等竞标则是当且仅当进入企业的技术水平超过中标企业时才会被采购方选择的情况。此外，我们还分析了该模型在干中学效应下的结果，在第二期，采购方会更加倾向于和在位的中标企业续约。最后，我们将动态拍卖激励模型扩展至多期，并在此框架下，考虑了多期动态规划下最优规制的特征，以及采购方是否依然会对中标企业具有偏好，什么条件下会有这样的偏好。

6.1　对称信息下的两期政府采购拍卖激励模型

考虑一个两期的激励合同，在每一期中，预估收益为 S 的项目可由一个企业完成，但是，不一定每期都是同一个企业中标。在第一期中，中标企业成为在位者，假设其成本函数为

$$C_1 = \beta - e_1 + d(i) \tag{6.1}$$

其中，$d(i)$ 为第一期的投资（$d' > 0, d'' > 0$），此投资会使得第二期的成本降低 i，则中标企业第二期的成本函数为

$$C_2 = \beta - e_2 - i \tag{6.2}$$

这里，初始技术水平 β 及其分布函数 $F(\cdot)$，研发创新水平 e_1、e_2 及其成本函数 $\psi(\cdot)$ 均同第 5 章中的假设。

竞标失败的企业在第二期会由于技术水平的提高或管理的优化等提高竞争

力，成为潜在的进入企业。假设中标企业在第一期的投资具有溢出效应，使得进入企业在第二期的成本函数为

$$C^e = \beta^e - e^e - ki \tag{6.3}$$

其中，$k \in [0,1]$ 为投资效果可溢出的部分。初始技术水平 β^e 与 β 独立同分布。

政府对企业的净转移支付（贴现值）$t \equiv t_1 + \delta t_2$，其中，$t_1$ 为第一期，t_2 为第二期，δ 为贴现因子。若中标企业在第二期仍中标继续经营的概率为 π，则其预期利润水平为

$$U = t - \psi(e_1) - \delta\pi\psi(e_2) \tag{6.4}$$

个体理性约束要求：

$$U \geqslant 0 \tag{6.5}$$

若其他企业在第二期竞标成功成为进入者，则其效用水平为

$$V = t^e - \psi(e^e) \tag{6.6}$$

进入企业的个体理性约束要求：

$$V \geqslant 0 \tag{6.7}$$

对于采购方来说，在对称信息下其最优化问题是在企业的个体理性约束下选择最优的研发创新水平、投资水平、转移支付和解除合同规则来最大化社会福利效用（即消费者效用加上企业利润）。其中，当公平竞标要求 $\beta^e - ki < \beta - i$ 时，采购方才会选择其他企业作为进入企业，即 $\beta^e < \beta - (1-k)i = \beta^*(\beta, i)$，参数的临界值为 $\beta^*(\beta, i)$。令 λ 为公共资金的影子成本，则消费者效用为

$$\begin{aligned} &S - (1+\lambda)(C_1 + t_1) + \delta(1 - F(\beta^*(\beta,i)))[S - (1+\lambda)(C_2 + t_2)] \\ &+\delta \int_{\underline{\beta}}^{\beta^*(\beta,i)} [S - (1+\lambda)(C^e(\beta^e) + t^e(\beta^e))]\mathrm{d}F(\beta^e) \end{aligned} \tag{6.8}$$

由于 $\lambda > 0$，个体理性约束在政府最优化中为紧约束，将其代入社会福利函数，则政府的最优化问题可转化为（参考 2.1 节的求解过程）

$$\begin{aligned} &\max_{\{e_1, e_2, e^e, i\}} [S(1+\delta) - (1+\lambda)(\beta - e_1 + d(i) + \psi(e_1)] \\ &-\delta\{1 - F[\beta - (1-k)i]\}(1+\lambda)(\beta - e_2 - i + \psi(e_2)) \\ &-\delta(1+\lambda) \int_{\underline{\beta}}^{\beta-(1-k)i} (\beta^e - e^e - ki + \psi(e^e))\mathrm{d}F(\beta^e) \end{aligned} \tag{6.9}$$

其一阶必要条件为

$$\psi'(e_1) = \psi'(e_2) = \psi'(e^e) = 1 \tag{6.10}$$

$$d'(i) = \delta\left(\{1 - F[\beta - (1-k)i]\} + kF[\beta - (1-k)i]\right) \tag{6.11}$$

式（6.10）说明研发创新的边际成本必须等于其边际收益。由式（6.11）可得

企业投资的边际成本等于预期的社会边际效用：当投资成果完全可溢出，即 $k=1$ 时，社会边际效用为 δ；当投资成果不可溢出，即 $k=0$ 时，社会边际效用为 $\delta(1-F(\beta-i))$。因此，我们还需将中标企业第一期的投资对进入企业的正溢出效应（正外部性）内化。

6.2 非对称信息下的两期政府采购拍卖激励模型

本节假设采购方只能观察到企业的事后成本及初始技术参数的分布，对初始技术水平、研发创新水平和投资水平无法观测。则对中标企业的激励包括合同 $\{C_1(\beta),C_2(\beta),t(\beta)\}$ 和解除合同规则 β^*，对进入企业的激励合同则为 $\{C^e(\beta^e\mid\beta),\ t^e(\beta^e\mid\beta)\}$。

由 6.1 节可知中标企业的利润函数为 $U=t-\psi(e_1)-\delta\pi\psi(e_2)$，其中，合同未解除的概率 $\pi=1-F(\beta^*(\beta))$，$e_1=\beta-C_1(\beta)+d(i)$，$e_2=\beta-C_2(\beta)-i$，然后，用 2.3 节中的方式得出中标企业的激励相容约束条件和个体理性约束条件：

$$\dot{U}(\beta)=-\psi'(e_1)-\delta(1-F(\beta^*(\beta)))\psi'(e_2)$$

即

$$\dot{U}(\beta)=-\psi'(\beta-C_1(\beta)+d(i))-\delta(1-F(\beta^*(\beta)))\psi'(\beta-C_2(\beta)-i) \tag{6.12}$$

$$U(\bar{\beta})=0 \tag{6.13}$$

二阶充分条件为

$$\frac{\mathrm{d}C_1(\beta)}{\mathrm{d}\beta}\geqslant 0,\ \frac{\mathrm{d}C_2(\beta)}{\mathrm{d}\beta}\geqslant 0,\ \frac{\mathrm{d}\beta^*(\beta)}{\mathrm{d}\beta}\geqslant 0 \tag{6.14}$$

假设第一期的投资也是企业的内生决策变量，面对该项道德风险，采购方还需要考虑企业的投资选择，即企业会选择最优的投资水平使得自身的利润水平最大化，其满足的一阶必要条件为

$$d'(i)\psi'(\beta-C_1(\beta)+d(i))-\delta(1-F(\beta^*(\beta)))\psi'(\beta-C_2(\beta)-i)=0 \tag{6.15}$$

同样，我们用 $V(\beta^e\mid\beta)$ 表示当中标企业为 β 型企业时，β^e 型企业进入后的利润水平。则进入企业的激励相容约束和个体理性约束为

$$\frac{\partial V(\beta^e\mid\beta)}{\partial\beta^e}=-\psi'(\beta^e-C^e(\beta^e\mid\beta)-ki) \tag{6.16}$$

$$V(\beta^*(\beta)\mid\beta)=0 \tag{6.17}$$

二阶充分条件为 $\dfrac{\mathrm{d}C^e(\beta)}{\mathrm{d}\beta^e}\geqslant 0$。当 $\beta^e\leqslant\beta^*(\beta)$ 时，潜在进入企业才会被选择，所以以式（6.17）为边界条件，对式（6.16）进行积分，可得

$$V(\beta^e \mid \beta) = \int_{\beta^e}^{\beta^*(\beta)} \psi'(\hat{\beta} - C^e(\hat{\beta} \mid \beta) - ki)\mathrm{d}\hat{\beta} \tag{6.18}$$

则政府采购方的最优化问题为在式（6.12）、式（6.13）、式（6.15）、式（6.16）和式（6.17）约束条件下最大化式（6.19）：

$$\begin{aligned}
&\max \int_{\underline{\beta}}^{\bar{\beta}} \{S(1+\delta) - (1+\lambda)(C_1(\beta) + \psi(\beta - C_1(\beta) + d(i(\beta)))) - \lambda U(\beta) \\
&-\delta(1 - F(\beta^*(\beta)))(1+\lambda)(C_2(\beta) + \psi(\beta - C_2(\beta) - i(\beta))) \\
&-\delta \int_{\underline{\beta}}^{\beta^*(\beta)} [(1+\lambda)(C^e(\hat{\beta} \mid \beta) + \psi(\beta^e - C^e(\beta^e \mid \beta) - ki(\beta))) \\
&+\lambda V(\beta^e \mid \beta)]\mathrm{d}F(\beta^e)\}\mathrm{d}F(\beta)
\end{aligned} \tag{6.19}$$

此时，我们可以将政府采购方的最优化问题转化为以 U 和 V 为状态变量，以 C_1、C_2、C^e 及 i 为控制变量的两阶段最优控制问题。

根据逆向归纳法，首先考虑在第二阶段进入的企业的最优化问题，即在式（6.16）和式（6.17）的约束条件下，求解式（6.18）关于 C^e 的最大值。该最优控制问题与 2.3 节类似，我们可以得出最优的研发创新水平 $e^e(\beta^e) = e^*(\beta^e)$，且对于任意的 $\beta^e < \beta^*(\beta)$，最优研发创新水平满足：

$$\psi'(e^*(\beta^e)) = 1 - \frac{\lambda}{1+\lambda} \cdot \frac{F(\beta^e)}{f(\beta^e)} \psi''(e^*(\beta^e)) \tag{6.20}$$

由此可知最优成本水平为

$$C^e(\beta^e \mid \beta) = \beta^e - e^*(\beta^e) - ki(\beta) \tag{6.21}$$

最优利润水平为

$$V^*(\beta^e \mid \beta) = \int_{\beta^e}^{\beta^*(\beta)} \psi'(e^*(\hat{\beta}))\mathrm{d}\hat{\beta} \tag{6.22}$$

接下来，第一阶段政府采购方的最优化问题便可转化为在式(6.12)、式(6.13)、式（6.15）约束条件下求解式（6.19）关于 C_1、C_2、$\beta^*(\beta)$ 和 i 的最大值。设约束条件式（6.12）和式（6.15）的乘子分别为 $\mu(\beta)$ 和 $v(\beta)$，则根据庞特里亚金极大化原理得

$$\dot{\mu}(\beta) = -\frac{\partial H}{\partial U} = \lambda f(\beta) \tag{6.23}$$

又由 $\underline{\beta}$ 处的横截性条件可得

$$\mu(\beta) = \lambda F(\beta) \tag{6.24}$$

分别对 C_1、C_2、$\beta^*(\beta)$ 和 i 求偏导可得如下一阶必要条件：

$$\psi'(e_1(\beta)) = 1 - \frac{\lambda}{1+\lambda} \cdot \frac{F(\beta)}{f(\beta)} \psi''(e_1(\beta)) + \frac{v(\beta)d'(i)}{(1+\lambda)f(\beta)} \psi''(e_1(\beta)) \tag{6.25}$$

$$\psi'(e_2(\beta)) = 1 - \frac{\lambda}{1+\lambda} \cdot \frac{F(\beta)}{f(\beta)} \psi''(e_2(\beta)) - \frac{v(\beta)}{(1+\lambda)f(\beta)} \psi''(e_2(\beta)) \tag{6.26}$$

$$\begin{aligned}&(\beta - i - e_2(\beta) + \psi(e_2(\beta))) - (\beta^* - ki - e^e(\beta^*) + \psi(e^e(\beta^*)))\\ &= \frac{\lambda}{1+\lambda}\left(\frac{F(\beta^*)}{f(\beta^*)}\psi'(e^e(\beta^*)) - \frac{F(\beta)}{f(\beta)}\psi'(e_2(\beta))\right) - \frac{v(\beta)}{c}\psi'(e_2(\beta))\end{aligned} \tag{6.27}$$

$$\begin{aligned}0 = &-(1+\lambda)f(\beta)d'(i)\psi'(e_1(\beta)) + (1+\lambda)\delta(1-F(\beta^*(\beta)))\psi'(e_2(\beta))\\ &- \lambda F(\beta)[d'(i)\psi''(e_1(\beta)) - \delta(1-F(\beta^*(\beta)))\psi''(e_2(\beta))\\ &+ v(\beta)d'(i)^2\psi''(e_1(\beta)) + \psi'(e_1(\beta))d''(i) + \delta(1-F(\beta^*(\beta)))\psi''(e_2(\beta))]\\ &+ f(\beta)k\delta\left[\int_{\underline{\beta}}^{\beta^*(\beta)}(1+\lambda)\psi'(e^e(\beta^e))\mathrm{d}F(\beta^e) + \lambda\int_{\underline{\beta}}^{\beta^*(\beta)}\int_{\underline{\beta}}^{\beta^*(\beta)}\psi''(e^e(\hat{\beta}))\mathrm{d}\hat{\beta}\mathrm{d}F(\beta^e)\right]\end{aligned} \tag{6.28}$$

将第二阶段所得的最优条件代入式（6.28），并化简整理可得

$$v(\beta) = \frac{(1+\lambda)f(\beta)[d'(i) - \delta(1-F(\beta^*(\beta)) + kF(\beta^*(\beta)))]}{\psi'(e_1(\beta))d'(i)} \tag{6.29}$$

其中，对于 $v(\beta)$ 的符号问题，我们可以利用反证法做出进一步的分析和判断。将最优投资的一阶必要条件即式（6.15）代入式（6.29）可得

$$v(\beta) = \frac{(1+\lambda)f(\beta)\delta(1-F(\beta^*(\beta)))}{(\psi'(e_1(\beta)))^2 d''(i)}\left(\psi'(e_2(\beta)) - \psi'(e_1(\beta)) - k\frac{F(\beta^*(\beta))}{1-F(\beta^*(\beta))}\psi'(e_1(\beta))\right)$$

假设 $v(\beta) > 0$，则由上式及 $\psi'' > 0$ 可知

$$e_2(\beta) > e_1(\beta) \tag{6.30}$$

又由于 $\psi''' > 0$，我们有

$$\psi''(e_2(\beta)) > \psi''(e_1(\beta)) \tag{6.31}$$

改写式（6.25）与式（6.26）：

$$\psi'(e_1(\beta)) + \frac{\lambda}{1+\lambda} \cdot \frac{F(\beta)}{f(\beta)} \psi''(e_1(\beta)) = 1 + \frac{v(\beta)d'(i)}{(1+\lambda)f(\beta)} \psi''(e_1(\beta)) \tag{6.32}$$

$$\psi'(e_2(\beta)) + \frac{\lambda}{1+\lambda} \cdot \frac{F(\beta)}{f(\beta)} \psi''(e_2(\beta)) = 1 - \frac{v(\beta)}{(1+\lambda)f(\beta)} \psi''(e_2(\beta)) \tag{6.33}$$

由式（6.30）与式（6.31）可知，式（6.33）的等号左侧大于式（6.32）的等号左侧，而由于 $v(\beta) > 0$，我们可知式（6.33）的等号右侧小于式（6.32）的

等号右侧，这产生了矛盾，于是我们可以得出假设不成立，对于任意的 β，我们有 $v(\beta) \leqslant 0$，且在 $k=0$，或者 $\beta=\underline{\beta}$ 处，$v(\beta)=0$。同时，我们也可以由此得出 $\psi'(e_2(\beta)) > \psi'(e_1(\beta))$，即中标企业第一期合同的激励系数更小，更接近成本加成合同。

接下来，我们通过对式（6.27）即最优投资的一阶必要条件进行分析，得出中标企业的受偏好情况。令

$$\Delta(\beta,\beta^*) \equiv (\beta^* - ki) - (\beta - i) \tag{6.34}$$

$$h(\beta,e_2) \equiv \psi(e_2) - e_2 + \frac{\lambda}{1+\lambda} \cdot \frac{F(\beta)}{f(\beta)}\psi'(e_2) + \frac{v(\beta)}{(1+\lambda)f(\beta)}\psi'(e_2) \tag{6.35}$$

$$g(\beta^*,e^e) \equiv \psi(e^e) - e^e + \frac{\lambda}{1+\lambda} \cdot \frac{F(\beta^*)}{f(\beta^*)}\psi'(e^e) \tag{6.36}$$

根据式（6.35）和式（6.36）可将式（6.27）改写为

$$\Delta(\beta,\beta^*) = \max_{e_2} h(\beta,e_2) - \max_{e^e} g(\beta^*,e^e) \tag{6.37}$$

若 $v(\beta) < 0$，则对任意 e，有 $h(\beta,e) < g(\beta,e)$ 成立，从而可得 $\Delta(\beta,\beta) < 0$。由定义式（6.34）可知 $\Delta(\beta,\beta) \geqslant 0$，因此我们得出 $\beta^*=\beta$ 不是方程的解，否则自相矛盾。由于

$$\frac{\partial}{\partial \beta^*}[\Delta(\beta,\beta^*) - \max_{e_2} h(\beta,e_2) + \max_{e^e} g(\beta^*,e^e)]$$

$$= 1 + \frac{\lambda}{1+\lambda}\psi'(e^e)\frac{\mathrm{d}}{\mathrm{d}\beta^*}\left(\frac{F(\beta^*)}{f(\beta^*)}\right) > 0$$

关于 β^* 递增，因此，只有当 $\beta^* < \beta$ 时，等式（6.37）才可能成立，这意味着采购方在下一期的竞标中更易倾向于中标企业，即中标企业在下一期更受偏好。

当在 $k=0$，或者 $\beta=\underline{\beta}$ 处，$v(\beta)=0$ 时，即当投资效果不可溢出或投资可观察时，我们可以得出中标企业两期的研发创新水平相等，则由式（6.37）可知 $\beta^*=\beta$。

我们将上述最优化问题的结论总结如下。

命题 6.1　对于不可观察但投资效果可溢出的投资，最优合同解除规则为，在 $\beta=\underline{\beta}$ 处，平等竞标 $\beta^*(\underline{\beta})=\underline{\beta}$，除此之外，中标企业更受偏好；对于可观测、投资效果没有溢出的投资，我们得到的是平等竞标 $\beta^*(\beta)=\beta$。

关于该最优规制的实施，我们可以通过如下线性合同加以实施：对于宣布其成本类型为 C_1^a 的中标企业，其第一期的净转移支付为

$$t\left(C_1^a, C_1\right) = a_1\left(C_1^a\right) - b_1\left(C_1^a\right)\left(C_1 - C_1^a\right)$$

若在没有解除合同的情况下，对于宣布其成本类型为 C_2^a 的中标企业，其第二期的净转移支付为

$$t_2\left(C_2^a,C_2,C_1^a\right)=a_2\left(C_2^a,C_1^a\right)-b_2\left(C_2^a\right)\left(C_2-C_2^a\right)$$

若在与中标企业解除合同的情况下，对于宣布其成本类型为C^{ea}的进入企业，其净转移支付为

$$t^e\left(C^{ea},C^e,C_1^a\right)=a^e\left(C^{ea},C_1^a\right)-b^e(C^{ea})(C^e-C^{ea})$$

其中，a_1、a_2和a^e为转移支付的固定部分；b_1、b_2和b^e为线性合同对实际成本的斜率，即激励系数。

6.3 干中学效应

本节研究两期拍卖激励的干中学效应，考虑学习和经验而非投资对中标企业第二期及进入企业的成本的影响。假设第一期的研发创新水平e_1会影响第二期的成本，使得中标企业第二期的成本为

$$C_2=\beta-e_2-(g+h)e_1 \tag{6.38}$$

潜在进入企业的成本为

$$C^e=\beta^e-e^e-ge_1 \tag{6.39}$$

其中，$g\geqslant 0$，$h\geqslant 0$。这意味着中标企业第一期积累的学习经验会有一部分溢出到进入企业，这一比例为$\tilde{k}\equiv\dfrac{g}{g+h}$。

首先，在完全信息下，合同解除规则为$\beta^*(\beta)=\beta-he_1$，在代入个体理性约束情形下，政府采购方的最优化问题为

$$\begin{aligned}&\max_{\{e_1,e_2,e^e\}}\{S(1+\delta)-(1+\lambda)(\beta-e_1+\psi(e_1))\\&-\delta(1-F(\beta-he_1))(1+\lambda)[\beta-e_2-(g+h)e_1+\psi(e_2)]\}\\&-\delta(1+\lambda)\int_{\underline{\beta}}^{\beta-he_1}(\beta^e-e^e-ge_1+\psi(e^e))\mathrm{d}F(\beta^e)\end{aligned} \tag{6.40}$$

得出最优研发创新水平满足的一阶必要条件为

$$\psi'(e_1)=1+\delta g+\delta h(1-F(\beta-he_1)) \tag{6.41}$$

$$\psi'(e_2)=1 \tag{6.42}$$

$$\psi'(e^e)=1 \tag{6.43}$$

式（6.41）说明中标企业最优的第一期研发创新水平使得其边际成本等于其带来的总边际社会收益：第一期的收益 1 加上第二期的可溢出效应δg，再加上未解除合同情况下的收益$\delta h(1-F(\beta-he_1))$。

其次，我们研究非对称信息的情形，为此，我们需要加入激励相容约束：

$$\dot{U}(\beta)=-\psi'(e_1(\beta))-\delta(1-g-h)(1-F(\beta^*(\beta)))\psi'(e_2(\beta)) \tag{6.44}$$

利用 6.2 节相同的求解思路，可得出最优研发创新水平和合同解除规则满足如下条件：

$$\psi'(e^e(\beta^e))=1-\frac{\lambda F(\beta^e)}{(1+\lambda)f(\beta^e)}\psi''(e^e(\beta^e)) \tag{6.45}$$

$$\psi'(e_1(\beta))=1+\delta g+\delta h(1-F(\beta-he_1))-\frac{\lambda F(\beta)}{(1+\lambda)f(\beta)}\psi''(e_1(\beta)) \tag{6.46}$$

$$\psi'(e_2(\beta))=1-\frac{\lambda F(\beta)}{(1+\lambda)f(\beta)}(1-g-h)\psi''(e_2(\beta)) \tag{6.47}$$

$$\begin{aligned}&\beta-he_1(\beta)-e_2(\beta)+\psi(e_2(\beta))-(\beta^*-e^e(\beta^*)+\psi(e^e(\beta^*)))\\&=\frac{\lambda}{1+\lambda}\left[\frac{F(\beta^*)}{f(\beta^*)}\psi'(e^e(\beta^*))-(1-g-h)\frac{F(\beta)}{f(\beta)}\psi'(e_2(\beta))\right]\end{aligned} \tag{6.48}$$

由此可知，当 $g=h=0$ 时，$\beta^*=\beta$。对式（6.48）进行积分，并结合式（6.45）和式（6.47），可知对所有的 g，$\partial\beta^*/\partial g<0$。

经上述求解分析，我们可以得到与命题 6.1 相似的结论：当干中学不可观察且可以充分溢出（$h=0$）时，合同解除规则更偏好中标企业，即 $\beta^*<\beta$。也就是说投资的外部效应及干中学效应均对中标企业有利。这是由于中标企业的信息租金来自伪装成初始技术水平较低的企业进行低水平研发创新的可能性。以干中学的情况为例，若中标企业降低第一期的研发创新水平，则其第二期的技术水平和租金水平也会降低，因而提高在第二期选择中标企业的概率，采购方便可以提高中标企业在第一期隐藏自身实际技术参数的机会成本，使得中标企业更倾向于宣布其真实的技术类型，提高研发创新水平。

6.4　多期最优拍卖激励机制

现在我们将拍卖激励模型扩展至 T 期，考虑政府在第 t 期（$t=1,2,\cdots,T$）向 m 个企业进行招标，采购一项不可分割的项目。企业 i（$i=1,2,\cdots,m$）在每一期都拥有关于其初始技术水平 β_{it}（$\beta_{it}\in[\underline{\beta}_t,\overline{\beta}_t]$）和降低成本的研发创新水平 e_{it} 的私人信息。政府只能观测到其事后成本 $C_{it}=\beta_{it}-e_{it}$，并提供激励合同：政府在第 t 期补偿企业 i 的生产成本后，进行净转移支付 p_{it}。

同样地，企业 i 在第 t 期的研发创新成本为 $\psi(e_{it})$，且 $\psi(0)=\psi'(0)=0$，$\psi'(e_{it})>0$，$\psi''(e_{it})>0$。$x_{it}\in\{0,1\}$ 为二值变量，表示企业 i 在第 t 期的中标概率。此外，对于任意一个变量 z，我们有 $z_t\equiv\prod_{i=1}^{m}z_{it}$，$z^t\equiv\prod_{s=1}^{t}z_s$，以及 $z_i^t\equiv\prod_{s=1}^{t}z_{is}$。

假设贴现因子为 δ($\delta\in(0,1)$)，则在初期企业 i 的利润现值为

$$U_i=\sum_{t=1}^{T}\delta^{t-1}(p_{it}-x_{it}\psi(e_{it})) \tag{6.49}$$

政府以社会福利最大化为目标，其效用函数为消费者效用和企业利润之和：

$$U^P=\sum_{t=1}^{T}\delta^{t-1}\sum_{i=1}^{m}\{x_{it}[S_t-(1+\lambda)(C_{it}+p_{it})]\}+\sum_{i=1}^{m}U_i \tag{6.50}$$

由企业成本函数和式（6.46），可将式（6.50）化简为

$$U^P=\sum_{t=1}^{T}\delta^{t-1}\sum_{i=1}^{m}x_{it}[S_t-(1+\lambda)(\beta_{it}-e_{it}+\psi(e_{it}))]-\lambda\sum_{i=1}^{m}U_i \tag{6.51}$$

假设 $S_t>0$，该项目给消费者带来的效用足够大，使得政府一定会选择一个企业来完成该项目，即 $\sum_{i=1}^{m}x_{it}=1$。

首先，我们考虑没有新企业进入的情况，政府拥有完全信息，最优化问题为在企业的参与约束下最大化其效用函数：

$$\max_{\{e_{it},x_{it}\}}U^P=\sum_{t=1}^{T}\delta^{t-1}\sum_{i=1}^{m}x_{it}[S_t-(1+\lambda)(\beta_{it}-e_{it}+\psi(e_{it}))]-\lambda\sum_{i=1}^{m}U_i$$

$$\text{s.t. } U_i\geqslant 0$$

记 e_{it}^{FB} 为企业 i 在 t 期的最优研发创新水平，求解可得

$$\psi'(e_{it}^{\mathrm{FB}})=1 \tag{6.52}$$

$$U_i=0 \tag{6.53}$$

$$x_{it}^{\mathrm{FB}}-1,\quad \beta_{it}<\min_{j\neq i}\beta_{jt} \tag{6.54}$$

由此可知，在完全信息下，政府在每个阶段均会选择初始技术水平最高的企业来提供项目，且该中标企业的最优研发创新水平由式（6.52）决定，满足 $\psi'(e_{it}^{\mathrm{FB}})=1$。同时，由于公共资金成本 λ 的存在，政府的最优选择为不给企业留有租金，即完全抽租。相应地，企业仅会得到其保留租金，即 $U_i=0$。该结论与静态最优的拍卖激励结果一致，这是由于在完全信息下，各个阶段之间的跨期联系是不存在的，而且政府最优拍卖激励机制对中标企业的选择也不会影响其对研发创新水平的激励。

接下来，我们继续讨论非对称信息的情形，这里我们沿用 Pavan 等（2014）及 Carrasco 等（2016）的模型研究最优贝叶斯均衡。政府的最优拍卖激励合同可用 $\Omega=\left\{\{x_{it},e_{it},p_{it}\}_{i=1}^{m}\right\}_{t=1}^{T}$ 来表示。由于政府无法观测到企业的研发创新水平，且对于各企业的初始技术水平，政府只知第一期 β_{i1} 在 $[\underline{\beta}_1,\bar{\beta}_1]$ 上的累积概率分布函数为 $F(\cdot)$，密度函数为 $f(\cdot)$，之后，企业的初始技术类型将随时间变为

$$\beta_{it}=a+b\beta_{i,t-1}+\varepsilon_{it} \tag{6.55}$$

即式（6.55）表达了各企业初始技术类型随时间运动的轨迹。其中，$\varepsilon_{it} \in [\underline{\varepsilon}_t, \overline{\varepsilon}_t]$ 服从标准正态分布，$a > 0$ 且 $b \in [0,1]$。当 $b = 1$ 时，企业的初始技术水平随机游走，当 $b = 0$ 时，企业的初始技术水平在各个时期之间是独立同分布的。

由于信息的非对称性，真实初始技术水平为 β_{it} 的企业 i，在第 t 期可以宣布其初始技术类型为 $\hat{\beta}_{it}(\beta_i^t, \hat{\beta}_i^{t-1}, e^{t-1}, p^{t-1}, x^{t-1})$，这与企业 i 上一期宣布的技术参数 $\hat{\beta}_i^{t-1}$、研发创新水平 e^{t-1}、收到的净转移支付 p^{t-1}、中标情况 x^{t-1} 及之前各期的真实技术参数 β_i^t 相关。则诱导企业说真话的激励相容约束条件为

$$E^{\beta_i^T, \beta_{-i}^T}\left[\sum_{\tau=t}^{T} \delta^{\tau-t}(p_{i\tau}(\beta_i^\tau, \beta_{-i}^\tau) - x_{i\tau}(\beta_i^\tau, \beta_{-i}^\tau)\psi(e_{i\tau}(\beta_i^\tau, \beta_{-i}^\tau))) \mid \beta_i^t\right]$$
$$\geqslant E^{\hat{\beta}_i^T, \beta_{-i}^T}\left[\sum_{\tau=t}^{T} \delta^{\tau-t}(p_{i\tau}(\hat{\beta}_i^\tau, \beta_{-i}^\tau) - x_{i\tau}(\hat{\beta}_i^\tau, \beta_{-i}^\tau)\psi(e_{i\tau}(\hat{\beta}_i^\tau, \beta_{-i}^\tau))) \mid \beta_i^t\right] \tag{6.56}$$

企业的参与约束为

$$E^{\tilde{\beta}^T}\left[\sum_{t=1}^{T} \delta^{t-1}(p_{it}(\tilde{\beta}^t) - x_{it}(\tilde{\beta}^t)\psi(e_{it}(\tilde{\beta}^t))) \mid \beta_i^1\right] \geqslant 0 \tag{6.57}$$

这里，我们用"~"来区分随机变量和前期已实现的真实参数，如 β_{it} 是 $\tilde{\beta}_{it}$ 的已实现的参数。

此时，政府的最优规制问题为在式（6.56）和式（6.57）的约束下，最大化其效用水平：

$$\max_{\Omega} E^{\tilde{\beta}^T}\left\{\sum_{t=1}^{T} \delta^{t-1} \sum_{i=1}^{m} x_{it}(\tilde{\beta}^t)[S_t - (1+\lambda)(C_{it}(\tilde{\beta}^t) + \psi(e_{it}(\tilde{\beta}^t)))]\right\} - E^{\tilde{\beta}^T}\left(\lambda \sum_{i=1}^{m} U_i\right) \tag{6.58}$$

我们首先对该最优化问题进行化简。由激励相容可知，当所有企业保持说真话时，企业 i 在 t 期的期望利润为

$$V_{it}^{\Omega}(\beta_i^t) \equiv E^{\tilde{\beta}^T}\left[\sum_{\tau=t}^{T} \delta^{\tau-t}(p_{i\tau}(\tilde{\beta}^\tau) - x_{i\tau}(\tilde{\beta}^\tau)\psi(e_{i\tau}(\tilde{\beta}^\tau))) \mid \beta_i^t\right] \tag{6.59}$$

于是：

$$\frac{\partial V_{it}^{\Omega}(\beta_i^t)}{\partial \beta_{it}} = E^{\tilde{\beta}^T}\left(\sum_{\tau=t}^{T} \delta^{\tau-t} x_{i\tau}(\tilde{\beta}^\tau) b^{\tau-1} \psi'(e_{i\tau}(\tilde{\beta}^\tau)) \mid \beta_i^t\right) \tag{6.60}$$

积分可得

$$V_{it}^{\Omega}(\beta_i^t) = V_{it}^{\Omega}(\beta_i^{t-1}, \overline{\beta}_{it}) + \int_{\underline{\beta}_{it}}^{\overline{\beta}_{it}} E^{\tilde{\beta}^T}\left[\sum_{\tau=t}^{T} \delta^{\tau-t} x_{i\tau}(\tilde{\beta}^\tau) b^{\tau-1} \psi'(e_{i\tau}(\tilde{\beta}^\tau)) \mid (\beta_i^{t-1}, \kappa)\right] \mathrm{d}\kappa \tag{6.61}$$

将该激励相容约束条件代入政府的目标函数，即式（6.58）可得

$$\max_{\Omega} E^{\tilde{\beta}^T}\left[\sum_{t=1}^{T}\delta^{t-1}\sum_{i=1}^{m}x_{it}(\tilde{\beta}^t)(1+\lambda)(e_t(\tilde{\beta}^t)-\tilde{\beta}_{it}-\psi(e_{it}(\tilde{\beta}^t)))\right]$$
$$-E^{\tilde{\beta}^T}\left[\sum_{t=1}^{T}\delta^{t-1}\sum_{i=1}^{m}x_{it}(\tilde{\beta}^t)\lambda\frac{F(\beta_{i1})}{f(\beta_{i1})}b^{t-1}\psi'(e_{it}(\tilde{\beta}^t))\right] \tag{6.62}$$
$$-\sum_{i=1}^{m}V_i^{\Omega}(\bar{\beta}_{i1})$$

同时，最优规制下的参与约束满足$V_i^{\Omega}(\bar{\beta}_{i1})=0$。

我们首先考虑在最优拍卖规则给定的情况下，企业研发创新的激励问题。则政府的最优化问题可进一步简化为

$$\max_{\{x_{it},e_{it}\}}\sum_{i=1}^{m}x_{it}\left(e_{it}-\beta_{it}-\psi(e_{it})-\frac{\lambda}{1+\lambda}\cdot\frac{F(\beta_{i1})}{f(\beta_{i1})}b^{t-1}\psi'(e_{it})\right) \tag{6.63}$$

由此可得，中标企业i（$x_{it}^*=1$）的研发创新水平满足：

$$\psi'(e_{it}^*)=1-\frac{\lambda}{1+\lambda}\cdot\frac{F(\beta_{i1})}{f(\beta_{i1})}b^{t-1}\psi''(e_{it}^*) \tag{6.64}$$

且当$b=1$时，$e^{\mathrm{FB}}-e_{it}^*$的大小随时间是固定不变的；当$b\in(0,1)$的时候，我们有$\lim\limits_{t\to\infty}e_{it}^*=e^{\mathrm{FB}}$。

接下来我们考虑最优拍卖的选择问题。当企业i中标时，与研发创新水平相关的政府效用为

$$\Pi_t(\beta_{i1})=\max_{e_{it}}\left(e_{it}-\psi(e_{it})-\frac{\lambda}{1+\lambda}\cdot\frac{F(\beta_{i1})}{f(\beta_{i1})}b^{t-1}\psi'(e_{it})\right) \tag{6.65}$$

当政府选择企业j而不是企业i时，该部分效用的变化值为

$$\Delta_t(\beta_{i1},\beta_{j1})=\Pi_t(\beta_{i1})-\Pi_t(\beta_{j1}) \tag{6.66}$$

由于$\Pi_t(\cdot)$为严格递增函数，则当$\beta_{i1}<\beta_{j1}$时，$\Delta_t(\beta_{i1},\beta_{j1})>0$。令企业$i$在$t$时期调整的初始技术参数为$\widehat{\beta}_{it}=\beta_{it}+\Delta_t(\beta_{k^*1},\beta_{i1})$，其中，$k^*$为初始技术水平最高的企业。那么政府效用最大化的最优拍卖规则应符合：

$$x_{it}^*=1,\quad \widehat{\beta}_{it}<\min_{j\neq i}\widehat{\beta}_{jt} \tag{6.67}$$

且当$b=1$时，$\widehat{\beta}_{it}-\beta_{it}=\Delta_t(\beta_{k^*1},\beta_{i1})$的大小随时间是固定不变的；当$b\in(0,1)$时，我们有$\lim\limits_{t\to\infty}(\widehat{\beta}_{it}-\beta_{it})=\lim\limits_{t\to\infty}\Delta_t(\beta_{k^*1},\beta_{i1})=0$。这样，最优拍卖激励机制可以选择出初始技术水平最高的企业来完成政府的采购项目，并诱导企业报出其真实的技术参数，激励其选择最优的研发创新水平。

最后，我们进一步考虑有新企业进入的情况。假设第一阶段中标并承接该项目的企业为中标企业 I，则从第二期开始，我们可以允许一个新企业竞标，成为进入企业 E。则政府的最优合同机制为 $\Omega=\{\{x_{it},e_{it},p_{it}\}_{i\in\{I,E\}}\}_{t=1}^{T}$，且由于该项目收益足够大，政府总是会实施该项目，即 $x_I+x_E=1$。

由式（6.61）可知，在激励相容约束下，中标企业的预期利润为

$$V_I^{\Omega}(\beta_{I1})=V_I^{\Omega}(\bar{\beta}_{I1})+\int_{\beta_{I1}}^{\bar{\beta}_1}E^{\tilde{\beta}^T}\left[\sum_{t=1}^{T}\delta^{t-1}x_{It}\left(\tilde{\beta}_I^T,\tilde{\beta}_E^T\right)b^{t-1}\psi'\left(e_{It}\left(\tilde{\beta}_I^T,\tilde{\beta}_E^T\right)\right)\mid\tau\right]\mathrm{d}\tau \tag{6.68}$$

在 t' 期进入的新企业的预期利润为

$$V_E^{\Omega}(\beta_{Et'})=V_E^{\Omega}(\bar{\beta}_{Et'})+\int_{\beta_{Et'}}^{\bar{\beta}_{t'}}E^{\tilde{\beta}^T}\left[\sum_{t=t'}^{T}\delta^{t-t'}x_{Et}\left(\tilde{\beta}_I^T,\tilde{\beta}_E^T\right)b^{t-t'}\psi'\left(e_{Et}\left(\tilde{\beta}_I^T,\tilde{\beta}_E^T\right)\right)\mid\tau\right]\mathrm{d}\tau \tag{6.69}$$

中标企业和进入企业的参与约束条件为 $V_I^{\Omega}(\bar{\beta}_{I1})=V_E^{\Omega}(\bar{\beta}_{Et'})=0$。

在 t' 期之前，政府一直都是选择中标企业的，并激励其选择的研发创新水平依然满足式（6.64）。但是，在 t' 期及以后，政府可选择中标企业或进入企业来最大化其利润：

$$\begin{aligned}&E^{\tilde{\beta}^T}\left[\sum_{t=t'}^{T}\delta^{t-1}\sum_{i\in\{I,E\}}x_{it}(\tilde{\beta}^T)(1+\lambda)(e_{it}(\tilde{\beta}^T)-\beta_{it}-\psi(e_{it}(\tilde{\beta}^T)))\mid\beta^{t'-1}\right]\\&-E^{\tilde{\beta}^T}\left(\sum_{t=t'}^{T}\delta^{t-1}\sum_{i\in\{I,E\}}x_{it}(\tilde{\beta}^T)\lambda\frac{F(\beta_{i1})}{f(\beta_{i1})}b^{t-1}\psi'(e_{it}(\tilde{\beta}^T))\mid\beta^{t'-1}\right)\end{aligned} \tag{6.70}$$

由最优拍卖规则可知，当且仅当 $\Pi_t(\beta_{I1})-\beta_{I1}\geqslant\Pi_t(\beta_{Et'})-\beta_{Et'}$ 时，政府才会继续选择中标企业。由于当 $\beta_{I1}=\beta_{Et'}$ 时，$\Pi_t(\beta_{I1})\geqslant\Pi_t(\beta_{Et'})$，因而当 β_{I1} 与 $\beta_{Et'}$ 同分布时，$\Pi_t(\beta_{I1})\geqslant\Pi_t(\beta_{Et'})$ 的概率大于 1/2。换言之，本节在多期情形下证明了政府在动态拍卖合约的选择上，相对于新进入的企业，依然倾向于前一期中标的在位企业，进一步佐证了命题 6.1 的结论。

6.5 本 章 小 结

在第 5 章静态拍卖激励模型的基础上，我们进一步分析了动态拍卖激励机制，在时间维度上对模型的框架进行了扩展。首先分析了两期拍卖激励机制，政府采购方在第一期提供激励合同，向中标企业进行项目采购，并观测其事后成本。同时，由于第二期会面临潜在进入者的威胁，中标企业会在第一期进行投资以降低第二期的成本，增加其竞争力。我们得出结论：对于不可观察但投资效果可溢出

的投资，最优合同解除规则为，在 $\beta=\underline{\beta}$ 处，平等竞标 $\beta^{*}(\underline{\beta})=\underline{\beta}$ ，除此之外，采购方更倾向于中标企业；对于可观测，投资效果不可溢出的投资，我们的结果是平等竞标 $\beta^{*}(\beta)=\beta$ 。其次，我们将第一阶段企业的有形投资转换为无形学习经验，并得出了与投资模型下相似的结论。最后，我们在第 5 章模型的基础上将动态拍卖激励模型扩展到 T 期，进一步分析了该模型下最优研发创新水平的激励和拍卖规则的设计特点，以及政府采购方对中标企业的倾向性。

第 7 章　双层委托代理关系下政府采购创新激励与合谋防范

截至本章，我们一直假设政府采购方在最大化社会福利的过程中是公正的，不存在收买、合谋等行为。然而，这种公共利益范式忽略了利益集团对公共决策的影响。早在 20 世纪中叶就有很多学者提出并研究了该问题（Olson，1971；Stigler，1971；Peltzman，1976）。其中，根据 Olson（1971）的集体行动理论可知，利益集团越小，每个成员的获利份额就越大，更有动力去影响政府的规制结果。因此，在本章中，我们讨论激励模型中大企业利益集团与规制者的合谋问题。为此，我们将规制机构加以细分，扩展为两层：政府采购部门（委托人）及其下属的监督机构，从而建立一个包括政府采购部门、监督机构和企业的具有双层委托代理关系的激励模型。与政府采购部门不同的是，监督机构有能力和技术获得企业的初始技术水平信息，采购部门需要依靠其提供的信息来设计激励合同，这一功能使得它可以与企业利益集团合谋，通过对采购部门隐藏信息而获利。此外，为了使用标准的代理理论方法，我们假设监督机构和利益集团之间私下签订的合同是可执行的。

7.1　假设与符号

考虑一个包括政府采购部门、监督机构和企业的三级激励模型，且每一级都是风险中性的。首先，对于企业来说，其初始技术水平为 β，生产并销售出的产量为 q，则其成本函数为

$$C=(\beta-e)q \tag{7.1}$$

我们考虑有两种技术类型的情形：为高技术类型 $\underline{\beta}$ 的概率为 v，为低技术类型 $\overline{\beta}$ 的概率为 $1-v$。t 为采购部门的净转移支付，则企业的利润为

$$U=t-\psi(e)\geqslant 0 \tag{7.2}$$

对于监督机构来说，其愿意参与合谋的最低收入，即保留收入为 s^*，从采购部门获得的收入为 s，则其效用为

$$V(s)=s-s^*\geqslant 0 \tag{7.3}$$

监督机构获得的企业初始技术水平参数的信息显示为 σ。其中，了解到真实

信息，即 $\sigma=\beta$ 的概率为 ζ ，没有了解到信息，即 $\sigma=\varnothing$ 的概率为 $1-\zeta$ 。因而存在四种状态：企业为高技术型 $\underline{\beta}$ ，且被获知的概率为 $\zeta\nu$ ；没有被监督机构获知时被认为是高技术型 $\underline{\beta}$ 的概率为 $(1-\zeta)\nu$ ；企业为低技术型 $\overline{\beta}$ ，且被获知的概率为 $\zeta(1-\nu)$ ；没有被监督机构获知时被认为是低技术型 $\overline{\beta}$ 的概率为 $(1-\zeta)(1-\nu)$ 。监督机构向采购部门提交的报告 $r\in\{\sigma,\varnothing\}$ ，若没有获知企业的私人信息，则只能如实汇报 $r=\varnothing$ ；若获知了企业的私人信息 $\sigma=\beta$ ，则监督机构既可以如实汇报 $r=\beta$ ，也可以隐瞒信息，汇报 $r=\varnothing$ 。

对于政府的采购部门来说，其效用函数，即社会福利函数包括企业利润、监督机构和消费者的效用：

$$W=U+V+\{S(q)-P(q)q-(1+\lambda)[s+t+(\beta-e)q-P(q)q]\}$$

其中， $S(q)$ 、 $P(q)$ 和 λ 的含义与第 3 章相同。

或可以利用式（7.1）～式（7.3）将其改写为如下形式：

$$W=S(q)+\lambda P(q)q-(1+\lambda)[s^*+(\beta-e)q+\psi(e)]-\lambda U-\lambda V \tag{7.4}$$

该式的含义为，社会福利等于消费者总剩余 $S(q)$ 加上由销售收回成本节约的公共资金成本 $\lambda P(q)q$ ，减去项目成本及其带来的公共资金成本 $(1+\lambda)[s^*+(\beta-e)\times q+\psi(e)]$，减去留给企业和监督机构的租金 $\lambda U+\lambda V$ 。由于该项成本的存在，政府采购部门更倾向于不给企业和监督机构留租金。

总之，各级博弈主体的行动顺序如下：首先，各个主体同时了解到自己的信息，即政府采购部门了解到 $\beta\in\{\underline{\beta},\overline{\beta}\}$ ，监督机构获知 σ ，企业知道自身的技术水平 β ，概率分布是公共信息。然后采购部门为监督机构和企业设计激励合同，监督机构可以和企业利益集团私下签订合同。接下来监督机构报告其获得的信息，企业选择其研发创新水平和价格。最后，政府采购部门按照合同规定对企业进行转移支付。

7.2 无合谋下的双层委托代理激励机制

设企业利益集团收买监督机构的成本无限大，且在最优状态下，采购部门对其进行的转移支付等于其保留收入，即 $s=s^*$，使得监督机构没有谎报信号的动机。也就是说，在社会成本 $(1+\lambda)s^*$ 下，政府采购部门及其监督机构所获得的信息是一致的。下面，我们讨论政府采购部门在拥有完全信息和非对称信息这两种情形下对企业的最优激励。

7.2.1 完全信息

当采购部门知道企业的初始技术水平时（ $\sigma=\beta$ ），其最优的选择是完全攫取企业的信息租金，使企业的效用等于其保留效用即可（个体理性约束）：

$$U(\beta)=U^*(\beta)=0 \tag{7.5}$$

采购部门的最优化问题可转化为

$$\max_{e,q} W=S(q)+\lambda P(q)q-(1+\lambda)[s^*+(\beta-e)q+\psi(e)]$$

因此，最优的$e^*(\beta)$、$q^*(\beta)$或$p^*(\beta)$，是以下一阶必要条件的解：

$$\psi'(e)=q \tag{7.6}$$

$$\frac{p-(\beta-e)}{p}=\frac{\lambda}{1+\lambda}\cdot\frac{1}{\eta(p)},\quad p\equiv R(\beta-e) \tag{7.7}$$

该最优条件与 3.1 节是一致的：研发创新的边际成本和边际收益相等。其中，高技术型企业的最优解可表示为$(\underline{e}^*,\underline{q}^*,\underline{p}^*)$，低技术型企业的最优解为$(\overline{e}^*,\overline{q}^*,\overline{p}^*)$。则最优的社会福利水平$W^{\mathrm{FI}}$为

$$\begin{aligned}W^{\mathrm{FI}}\equiv&\ \nu\{S(\underline{q}^*)+\lambda P(\underline{q}^*)\underline{q}^*-(1+\lambda)[s^*+(\underline{\beta}-\underline{e}^*)\underline{q}^*+\psi(\underline{e}^*)]\}\\&+(1-\nu)\{S(\overline{q}^*)+\lambda P(\overline{q}^*)\overline{q}^*-(1+\lambda)[s^*+(\overline{\beta}-\overline{e}^*)\overline{q}^*+\psi(\overline{e}^*)]\}\end{aligned} \tag{7.8}$$

7.2.2　非对称信息

当政府采购部门没有获得企业的初始技术水平时（$\sigma=\varnothing$），我们令$(\underline{e},\underline{q},\underline{t})$和$(\overline{e},\overline{q},\overline{t})$分别表示高技术型企业和低技术型企业的研发创新水平、产量和收到的净转移支付。则激励相容约束条件要求：

$$\underline{t}-\psi(\underline{e})\geqslant\overline{t}-\psi(\overline{e}-\Delta\beta) \tag{7.9}$$

低技术型企业得不到任何租金，效用水平为 0，即$\overline{t}=\psi(\overline{e})$（个体理性约束条件）。高技术型企业在非对称信息下可以获得的租金水平在最优时满足：

$$\underline{U}\equiv\underline{t}-\psi(\underline{e})=\overline{t}-\psi(\overline{e}-\Delta\beta)=\psi(\overline{e})-\psi(\overline{e}-\Delta\beta) \tag{7.10}$$

或者表示为

$$\underline{U}=\Phi(\overline{e}) \tag{7.11}$$

其中，$\Phi(\overline{e})\equiv\psi(\overline{e})-\psi(\overline{e}-\Delta\beta)$。

将激励相容约束条件和个体理性约束条件代入目标函数，则采购部门的最优化问题转化为

$$\begin{aligned}\max_{\{\underline{e},\underline{q},\overline{e},\overline{q}\}}&\Big(\nu\{S(\underline{q})+\lambda P(\underline{q})\underline{q}-(1+\lambda)[s^*+(\underline{\beta}-\underline{e})\underline{q}+\psi(\underline{e})]-\lambda\Phi(\overline{e})\}\\&+(1-\nu)\{S(\overline{q})+\lambda P(\overline{q})\overline{q}-(1+\lambda)[s^*+(\overline{\beta}-\overline{e})\overline{q}+\psi(\overline{e})]\}\Big)\end{aligned} \tag{7.12}$$

于是我们可以得到$\underline{q}=\underline{q}^*$，$\underline{e}=\underline{e}^*$，即与完全信息的情形相比，信息不对称没有使高技术型企业的研发创新水平和产量产生扭曲。对低技术型企业来说，$\overline{q}=\overline{q}^*(\overline{e})$，但是其研发创新水平存在向下的扭曲。由其一阶必要条件可得

$$\psi'(\overline{e}) = \overline{q}^*(\overline{e}) - \frac{\lambda\nu}{(1+\lambda)(1-\nu)}\Phi'(\overline{e}) \tag{7.13}$$

我们可以得出$\overline{e} < \overline{e}^*$，进而$\overline{q} < \overline{q}^*$。其中产量是条件扭曲，即研发创新水平扭曲导致了产量扭曲，反之，当研发创新水平没有发生扭曲的时候产量也不会发生扭曲。

最后，我们令$W^{\mathrm{AI}}(e)$表示当低技术型企业的研发创新水平为e时，非对称信息情形下的社会福利：

$$W^{\mathrm{AI}}(e) = W^{\mathrm{FI}}(e) - \lambda\nu\Phi(e) \tag{7.14}$$

或

$$W^{\mathrm{AI}} = \max_{e}(W^{\mathrm{FI}}(e) - \lambda\nu\Phi(e)) = W^{\mathrm{FI}}(\overline{e}) - \lambda\nu\Phi(\overline{e}) \tag{7.15}$$

其中，$W^{\mathrm{FI}}(\overline{e})$为当低技术型企业的研发创新水平为$\overline{e}$时，完全信息情形下的社会福利：

$$\begin{aligned} W^{\mathrm{FI}}(\overline{e}) \equiv {} & \nu\{S(\underline{q}^*) + \lambda P(\underline{q}^*)\underline{q}^* - (1+\lambda)[s^* + (\underline{\beta} - \underline{e}^*)\underline{q}^* + \psi(\underline{e}^*)]\} \\ & + (1-\nu)\{S(\overline{q}^*(\overline{e})) + \lambda P(\overline{q}^*(\overline{e}))\overline{q}^*(\overline{e}) - (1+\lambda)[s^* + (\overline{\beta} - \overline{e})\overline{q}^*(\overline{e}) + \psi(\overline{e})]\} \end{aligned} \tag{7.16}$$

则式（7.8）可改写为$W^{\mathrm{FI}} \equiv W^{\mathrm{FI}}(\overline{e})$。

总之，政府采购部门向监督机构支付s^*得到企业的信息。完全信息和非对称信息下社会福利函数均可以表示成低技术型企业的研发创新水平的函数$W^{\mathrm{FI}}(e)$和$W^{\mathrm{AI}}(e) = W^{\mathrm{FI}}(e) - \lambda\nu\Phi(e)$，其中$\Phi(e)$为高技术型企业的租金，且严格递增。因此，在非对称信息下，为了降低高技术型企业的租金，需向低技术型企业提供一个低强度的激励方案$\overline{e} < \overline{e}^*$，相应的市场价格比完全信息下要高。

7.3　合谋下的双层委托代理激励机制

合谋，即监督机构基于和企业利益集团私下签订的合同而向采购部门隐瞒其所获信息。但对于企业来说，只有当合谋成本低于获得的收益，使得利润增加时，其才会与监督机构合谋。假设企业合谋的成本为$(1+\lambda_f)\tilde{s}$，其中支付给监督机构的收买成本为$\tilde{s}$，该项转移支付带给企业的影子成本为λ_f（这是由于收买不一定完全有效，同时也反映了企业的组织成本）。至于合谋的收益，对于低技术型企业而言，其在完全信息和非对称信息下都不会得到任何租金，因而监督机构的报告对其来说是无利可图的。但是对于高技术型企业来说，监督机构报告其真实的参数水平会使其效用水平从$\Phi(e)$降低到 0。因此高技术型企业存在与监督机构合谋的动机。

假设监督机构的收入只与报告有关，我们用$\overline{s}_1$、$\underline{s}_1$、s_0分别表示$r = \overline{\beta}$、$r = \underline{\beta}$

和 $r=\varnothing$ 时监督机构的收入。企业收买监督机构的成本 $\tilde{s}$ 至少需要弥补其隐瞒信息的收入损失 $\underline{s}_1-s_0$，因而企业的合谋成本为 $(1+\lambda_f)(\underline{s}_1-s_0)$。为防止企业合谋需满足以下条件：

$$(1+\lambda_f)(\underline{s}_1-s_0)\geqslant\Phi(e) \tag{7.17}$$

由监督机构的个体理性约束可知 $\overline{s}_1$、$\underline{s}_1$、s_0 均大于 s^*。当 $\sigma=\beta$ 或 $\sigma=\varnothing$ 时，监督机构没有隐瞒的动力，且企业支付给监督机构的收入存在社会成本，因而，$\overline{s}_1=s_0=s^*$，式（7.17）可改写为

$$(1+\lambda_f)(\underline{s}_1-s^*)\leqslant\Phi(e) \tag{7.18}$$

在最优问题中，式（7.18）等号成立，即有

$$\underline{s}_1=s^*+\frac{\Phi(e)}{1+\lambda_f} \tag{7.19}$$

则政府采购方的最优化问题转为选择 e 最大化预期社会福利函数：

$$E(W)=\max_{e}\left[\zeta W^{\mathrm{FI}}+(1-\zeta)W^{\mathrm{AI}}(e)-\zeta\lambda\nu\frac{\Phi(e)}{1+\lambda_f}\right] \tag{7.20}$$

结合目标函数严格凹性、包络定理和一阶必要条件，可以得出最优解的特征：在存在合谋的非对称信息下，采购部门的最优激励是在保持其他变量最优值不变的情况下，应向初始技术水平低的企业提供更低的激励，从而降低企业和监督机构的信息租金［由式（7.19）可知 $\underline{s}_1$ 仅取决于 e］。即 7.2 节中的最优性质保持不变：初始技术水平高的企业在完全信息和非对称信息下的研发创新水平和产量与社会最优水平 $(\underline{e}^*,\underline{q}^*)$ 一致；初始技术水平低的企业在完全信息下的研发创新水平和产量与社会最优水平 $(\overline{e}^*,\overline{q}^*)$ 一致，非对称信息下其产量依然是 $\overline{q}^*(e)$，但是 $e<\overline{e}<\overline{e}^*$。证明如下。

首先，我们采用与之前模型求解相似的方法［等价于最优化问题式（7.20）］，令 $\{\beta=\underline{\beta},\sigma=\underline{\beta}\}$、$\{\beta=\underline{\beta},\sigma=\varnothing\}$、$\{\beta=\overline{\beta},\sigma=\varnothing\}$ 和 $\{\beta=\overline{\beta},\sigma=\overline{\beta}\}$ 分别表示可能出现的四种状态，状态 $i=1,2,3,4$。又令 x_i 表示每种状态出现的概率，如 $x_1=\zeta\nu$。令 $\{\hat{t}_i,\hat{s}_i,\hat{U}_i,\hat{V}_i\}_{i=1}^4$ 表示每种状态下的最终收入或效用，其中包括了合谋的结果。如在状态 i 下，政府采购部门对监督机构和企业的转移支付分别为 s_i 和 t_i，则有

$$\hat{s}_i=s_i+\tilde{s}_i \tag{7.21}$$

$$\hat{t}_i=t_i-(1+\lambda_f)\tilde{s}_i \tag{7.22}$$

$$\tilde{s}_i\geqslant 0 \tag{7.23}$$

$$\hat{U}_i = \hat{t}_i - \psi(e_i) \tag{7.24}$$

$$\hat{V}_i = \hat{s}_i - s^* \tag{7.25}$$

其次，对于监督机构的个体理性约束，我们有

$$\hat{s}_i \geqslant s^* \tag{7.26}$$

同样，对于各状态下企业的个体理性约束，我们有

$$\hat{U}_i \geqslant 0 \tag{7.27}$$

在状态 2、状态 3 下，监督机构没有获得企业信息，这与非对称信息下的情形一致，激励相容约束要求：

$$\hat{U}_2 \geqslant \hat{U}_3 + \Phi(e_3) \tag{7.28}$$

在状态 1 下，防止企业与监督机构合谋的条件为

$$(1+\lambda_f)(\hat{s}_1 - \hat{s}_2) \geqslant \hat{U}_2 - \hat{U}_1 \tag{7.29}$$

最后，对政府采购部门来说，其预期的社会福利水平为

$$E(W) = \sum_{i=1}^{4} x_i \{S(q_i) + \lambda P(q_i) q_i - (1+\lambda)[s_i + t_i + (\beta_i - e_i) q_i] + \hat{U}_i + \hat{V}_i\} \tag{7.30}$$

将式（7.21）、式（7.22）、式（7.24）和式（7.25）代入式（7.30）可化简为如下形式：

$$\begin{aligned} E(W) = \sum_{i=1}^{4} x_i \{ & S(q_i) + \lambda P(q_i) q_i - (1+\lambda) \\ & \times [s^* + \lambda_f \tilde{s}_i + (\beta_i - e_i) q_i + \psi(e_i)] - \lambda \hat{U}_i - \lambda(\hat{s}_i - s^*)\} \end{aligned}$$

于是采购部门的最优化问题为：在约束条件式（7.23）、式（7.26）～式（7.29）下关于控制变量 $\{e_i, q_i, \hat{s}_i, \hat{U}_i\}_{i=1}^{4}$ 对预期的社会福利函数求偏导。

另外，由于社会公共资金是有成本的，在最优状态下有

$$\hat{s}_i = s^* \tag{7.31}$$

$$\hat{U}_3 = \hat{U}_4 = 0 \tag{7.32}$$

$$\hat{U}_2 = \hat{U}_3 + \Phi(e_3) \tag{7.33}$$

$$(1+\lambda_f)(\hat{s}_1 - \hat{s}_2) = \hat{U}_2 - \hat{U}_1 \tag{7.34}$$

由式（7.19）可知 $\underline{S}_1$ 仅取决于 e，表明最优化问题在合谋与其他变量之间可分离，因此最优的合谋条件为

$$\tilde{S}_i = 0 \tag{7.35}$$

由式（7.28）、式（7.29）和式（7.32）可知：

$$(1+\lambda_f)(\hat{s}_1 - s^*) = \Phi(e_3) - \hat{U}_1 \tag{7.36}$$

将式（7.36）代入预期社会福利函数，则关于 $\hat{U}_1$ 的最大化预期社会福利等价于以下最优化问题：

$$\max_{\hat{U}_1}\left[-\lambda\hat{U}_1 - \lambda\left(-\frac{\hat{U}_1}{1+\lambda_f}\right)\right] \tag{7.37}$$

$$\text{s.t.}\ \ \hat{U}_1 \geqslant 0$$

则最优解为 $\hat{U}_1 = 0$。e_i 和 q_i 的最优解与完全信息下无合谋的情形相同，给定边际成本 $\beta_i - e_i$，产量 q_i 是最优的；除了状态 3 之外，研发创新水平也都是社会最优的。在状态 3 下，我们有

$$\psi'(e_3) = q_3 - \frac{\lambda}{1+\lambda}\left[\frac{x_2}{x_3} + \frac{x_1}{x_3(1+\lambda_f)}\right]\Phi'(e_3) \tag{7.38}$$

由此可得政府激励方案：采购部门向企业提供的净转移支付为

$$t_i = \hat{U}_i + \psi(e_i) \tag{7.39}$$

$$s_i = \hat{s}_i \tag{7.40}$$

规定企业需达到的成本目标为

$$C_i = (\hat{\beta} - e_i)q_i \tag{7.41}$$

以及价格：

$$p_i = R(\hat{\beta} - e_i) \tag{7.42}$$

其中，$\{e_i, q_i, \hat{s}_i, \hat{U}_i\}_{i=1}^4$ 都是最大化预期社会福利函数的解。则无论在哪种状态下，企业和监督机构都没有动机谎报、合谋，偏离该方案。

总之，为了防止合谋，政府采购部门需要降低非对称信息下高技术型企业得到的租金。为此，采购部门在非对称信息下，对低技术型企业的激励强度必须低于合谋不存在的情况，即 $e < \overline{e}$。由于其他最优状态不变，因而合谋只会降低激励。

此外，由于 $\overline{q}^*(\cdot)$ 是递增的，所以对比没有合谋的情形，低技术型企业的产量更低，得到的转移支付也较少，而价格却较高。

7.4　政府创新技术采购中的双层委托代理与合谋

假设存在两种初始技术类型的企业 $\underline{\beta}$ 和 $\overline{\beta}$，其中 $\overline{\beta} > \underline{\beta}$。企业可以从该项目中获得一项固定收益 π_0，产出为 q，则成本为 $c(q,\beta)$，$c(q,\beta) > 0$，且 $c_q(q,\beta) > 0$、$c(q,\overline{\beta}) > c(q,\underline{\beta})$ 及 $c_q(q,\overline{\beta}) > c_q(q,\underline{\beta})$。这说明企业的生产成本随着产出的增加而增加，且在产出一定的情况下，初始技术水平高的企业（$\underline{\beta}$ 型企业）成本较低。

由于非对称的信息结构，政府不能观察到企业的初始技术水平信息，但对其具有先验概率分布：$P_r(\beta = \underline{\beta}) = p$，$P_r(\beta = \overline{\beta}) = 1 - p$。政府分别针对两种类型的企业设计激励合同 $\{\underline{q}, \underline{s}, \underline{p}_1, \underline{F}\}$ 和 $\{\overline{q}, \overline{s}, \overline{p}_1, \overline{F}\}$，其中，$q$ 为合同要求的产出，s 为政府对企业的补贴，$p_1(p_1 \in [0,1])$ 为政府对企业进行审核的概率，其成本为 C，如果检查出企业并没有按照要求完成创新产品，则政府取消补贴，并对企业罚款 F。此外，由政府补贴造成的社会福利损失率为 λ。

政府为降低信息的不对称程度，委托监督机构对企业的技术类型进行调查和汇报，并给予其转移支付 T，λ_1 为该项转移支付的成本，记为 $\lambda_1 T$。由于该监督机构存在与企业合谋的可能性，企业会支付 R 与监督机构合谋，隐瞒其真实信息，该项寻租活动导致的成本为 $\lambda_2 R$。政府在审核过程中一旦发现企业的实际参数与监督机构报告的有差异，将对监督机构予以惩罚，其罚金为 F_g。

假设政府、监督机构和企业均是风险中性的，且该技术创新项目带来的消费者剩余为 $S(q)$（$S'(q) > 0$，$S''(q) < 0$）。

于是，我们可以将该双层委托代理关系下各主体的行动顺序总结如下。

阶段 1，政府根据企业的先验概率分布提供激励合同 $\{\underline{q},\underline{s},\underline{p}_1,\underline{F}\}$ 和 $\{\overline{q},\overline{s},\overline{p}_1,\overline{F}\}$。

阶段 2，企业根据自身初始技术水平信息选择使其效用最大化的合同。

阶段 3，监督机构在企业履行创新项目过程中对其进行监督，并存在与企业合谋的可能。

阶段 4，政府对该过程进行审核，但是由于审核需要投入成本，因而政府不会一直审核，而是以 p_1 的概率进行抽查。

首先，我们考虑激励合同的设计和选择阶段，根据逆向归纳法，假设在阶段 3，企业与监督机构不合谋，即政府与监督机构面临的信息是一致的。则原本的三层委托代理链条退化成双层，最优化问题为

$$\max\,[p(S(\underline{q}) + \pi_0 + \underline{s} - c(\underline{q},\underline{\beta}) - \lambda \underline{s} - C\underline{p}_1) + (1-p)(S(\overline{q}) + \pi_0 + \overline{s} - c(\overline{q},\overline{\beta}) - \lambda \overline{s} - C\overline{p}_1)]$$

$$\text{s.t.}\quad \pi_0 + \underline{s} - c(\underline{q}, \underline{\beta}) \geqslant 0 \tag{7.43}$$

$$\pi_0 + \overline{s} - c(\overline{q}, \overline{\beta}) \geqslant 0 \tag{7.44}$$

$$\pi_0 + \underline{s} - c(\underline{q}, \underline{\beta}) \geqslant \pi_0 + \overline{s} - c(\overline{q}, \underline{\beta}) \tag{7.45}$$

$$\pi_0 + \overline{s} - c(\overline{q}, \overline{\beta}) \geqslant \pi_0 + \underline{s} - c(\underline{q}, \overline{\beta}) \tag{7.46}$$

$$\pi_0 + \underline{s} - c(\underline{q}, \underline{\beta}) \geqslant \pi_0 + \underline{s} - \underline{p}_1 \underline{F} \tag{7.47}$$

$$\pi_0 + \overline{s} - c(\overline{q}, \overline{\beta}) \geqslant \pi_0 + \overline{s} - \overline{p}_1 \overline{F} \tag{7.48}$$

$$\pi_0 + \underline{s} - c(\underline{q}, \underline{\beta}) \geqslant \pi_0 + \overline{s} - \overline{p}_1 \overline{F} \tag{7.49}$$

$$\pi_0 + \overline{s} - c(\overline{q}, \overline{\beta}) \geqslant \pi_0 + \underline{s} - \underline{p}_1 \underline{F} \tag{7.50}$$

$$\underline{F}, \overline{F} \leqslant F^{\max} \tag{7.51}$$

其中，式（7.43）和式（7.44）为企业的参与约束；式（7.45）和式（7.46）为激励相容约束；式（7.47）～式（7.50）为保证企业履行合同的约束条件，其中，式（7.47）和式（7.48）意味着企业如实履行合同所得收益$\pi_0 + s - c(q, \beta)$不小于其不履行合同被政府审核检查到的期望收益$\pi_0 + s - p_1 F$，式（7.49）和式（7.50）则保证了企业会如实选择并履行与其初始技术类型匹配的合同。

求解以上约束优化问题可得

$$\underline{s} = c(\underline{q}, \underline{\beta}) - c(\overline{q}, \underline{\beta}) + \overline{s} \tag{7.52}$$

$$\overline{s} = c(\overline{q}, \overline{\beta}) - \pi_0 \tag{7.53}$$

$$\underline{p}_1 = \frac{c(\overline{q}, \overline{\beta}) - (\underline{s} - \overline{s})}{F^{\max}} = \frac{c(\overline{q}, \overline{\beta}) - (c(\underline{q}, \underline{\beta}) - c(\overline{q}, \underline{\beta}))}{F^{\max}} \tag{7.54}$$

$$\overline{p}_1 = \frac{c(\overline{q}, \overline{\beta})}{F^{\max}} \tag{7.55}$$

$$\underline{F} = \overline{F} = F^{\max} \tag{7.56}$$

据此，政府提供给高初始技术水平（$\underline{\beta}$）企业的补贴$\underline{s}$是在对低初始技术水平（$\overline{\beta}$）企业补贴$\overline{s}$的基础上加上高技术型企业由于更多产出所付出的成本。这体现了政府的激励机制，保证了$\underline{\beta}$型企业选择与自身技术类型匹配的合同，该企业的产出水平为$\underline{q}$。另外，政府对企业的最优惩罚均为最大值$F^{\max}$，使得企业不履行合同的期望罚款足够大，从而保证了企业如实履行合同。

接下来，我们考虑激励合同的执行和监督阶段，并假设企业与监督机构之间存在合谋的情形。众所周知，即使企业可以如实地选择合同类型，在实际的执行过程中依然存在着与监督机构合谋的可能。作为公众利益代表的政府与监督机构和企业之间存在着利益的冲突，在博弈中，三方均追求自身利益最大化。

我们假设企业已经选择了与其技术类型相对应的合同，此时三方博弈的支付矩阵如表 7.1 所示。

表 7.1　三方博弈的支付矩阵

		政府		
		审核（p_1）		不审核（$1-p_1$）
		证实（p_2）	未证实（$1-p_2$）	
监督机构与企业	合谋（p_3）	$S(q)+\pi_0-c(q,\beta)$ $-C-\lambda_1T-\lambda_2R,$ $T+R-F_g,$ $\pi_0-c(q,\beta)-R-F$	$S(q)+\pi_0-c(q,\beta)$ $+s-C-\lambda s-\lambda_1T-\lambda_2R,$ $T+R,$ $\pi_0-c(q,\beta)+s-R$	$S(q)+\pi_0-c(q,\beta)+s$ $-\lambda s-\lambda_1T-\lambda_2R,$ $T+R,$ $\pi_0-c(q,\beta)+s-R$
	不合谋（$1-p_3$）	$S(q)+\pi_0-c(q,\beta)+s$ $-C-\lambda s-\lambda_1T,$ $T,\pi_0-c(q,\beta)+s$	$S(q)+\pi_0-c(q,\beta)+s$ $-C-\lambda s-\lambda_1T,$ $T,\pi_0-c(q,\beta)+s$	$S(q)+\pi_0-c(q,\beta)+s$ $-\lambda s-\lambda_1T,T,$ $\pi_0-c(q,\beta)+s$

其中，政府审核的概率为 p_1，企业与监督机构合谋的概率则为 p_3，合谋被证实的概率为 p_2。则对政府来说，其期望收益为

$$\begin{aligned}E(\pi_G)=p_1\{&p_3[p_2(S(q)+\pi_0-c(q,\beta)-C-\lambda_1T-\lambda_2R)\\&+(1-p_2)(S(q)+\pi_0-c(q,\beta)+s-C-\lambda s-\lambda_1T-\lambda_2R)]\\&+(1-p_3)[p_2(S(q)+\pi_0-c(q,\beta)+s-C-\lambda s-\lambda_1T)\\&+(1-p_2)(S(q)+\pi_0-c(q,\beta)+s-C-\lambda s-\lambda_1T)]\}\\&+(1-p_1)[p_3(S(q)+\pi_0-c(q,\beta)+s-\lambda s-\lambda_1T-\lambda_2R)\\&+(1-p_3)(S(q)+\pi_0-c(q,\beta)+s-\lambda s-\lambda_1T)]\end{aligned}$$

则其关于审核概率的一阶必要条件为

$$\frac{\partial E(\pi_G)}{\partial p_1}=p_3p_2(\lambda-1)s-C=0 \tag{7.57}$$

于是，

$$p_3=\frac{C}{p_2(\lambda-1)s} \tag{7.58}$$

监督机构的期望收益为

$$E(\pi_R) = p_3\{p_1[p_2(T+R-F_g)+(1-p_2)(T+R)]+(1-p_1)(T+R)\} \\ +(1-p_3)\{p_1[p_2(T)+(1-p_2)(T)]+(1-p_1)(T)\} \tag{7.59}$$

其关于合谋概率的选择满足一阶必要条件：

$$\frac{\partial E(\pi_R)}{\partial p_3} = -p_1 p_2 F_g + R = 0 \tag{7.60}$$

即

$$p_1 = \frac{R}{p_2 F_g} \tag{7.61}$$

企业的期望收益为

$$E(\pi) = p_3\{p_1[p_2(\pi_0 - c(q,\beta) - R - F) + (1-p_2)(\pi_0 - c(q,\beta) + s - R)] \\ +(1-p_1)(\pi_0 - c(q,\beta) + s - R)\} \\ +(1-p_3)\{p_1[p_2(\pi_0 - c(q,\beta) + s) + (1-p_2)(\pi_0 - c(q,\beta) + s)] \\ +(1-p_1)(\pi_0 - c(q,\beta) + s)\}$$

其关于合谋概率的选择满足一阶必要条件：

$$\frac{\partial E(\pi)}{\partial p_3} = -p_1 p_2 F - p_1 p_2 s - R = 0 \tag{7.62}$$

即

$$p_1 = \frac{R}{p_2(F+s)} \tag{7.63}$$

式（7.58）表明监督机构与企业合谋的概率与政府的审核成本 C 正相关，一般来说，政府的审核成本越大，越不易实施，合谋发生的概率也会上升。且合谋的概率与政府审核并成功发现合谋的概率 p_2、由政府补贴技术创新企业导致的社会成本 $(\lambda-1)s$ 成反比。政府成功审核出合谋的概率越高，越能有效地威慑监督机构和企业，降低合谋的概率。另外，若政府对企业技术创新补贴的社会成本更高，则政府会更加注重监管，加大审核力度，降低合谋发生的可能性，从而更有效地保护公共利益。

从式（7.61）和式（7.63）可得出，政府审核的概率与企业与监督机构合谋的转移支付（即监督机构向企业寻租获得的租金 R）正相关，而与其对监督机构的罚金 F_g、对企业的罚金与补贴之和以及政府审核出合谋的概率 p_2 负相关。企业对寻租的支付意愿越高，则意味着企业通过合谋能够取得的收益也会越大，监督机构被收买的可能性也就越高，因而，政府就越需要加大监管力度，提高审核概率。其次，对于监督机构而言，若政府对合谋的罚金 F_g 足够多，便可以有效遏制监督机构和企业合谋，因而政府审核的概率也就相应地会降低。此外，由于企业一旦被发现合谋，不仅会使失去补贴 s，还需要缴纳罚金 F，因此，二者之和会增加企业的成本，减少企业合谋行为的发生，使得政府审核的概率降低。

7.5 本章小结

本章打破了公共利益范式，建立由政府、监督机构和企业三个主体构成的双层委托代理模型，探讨了在政府规制和采购过程中利益集团的合谋行为对激励机制的影响。通过与无合谋的情形进行比较分析，我们得出，为了防止合谋，政府采购部门需要降低企业利润中与监督机构的报告相关的利益，即非对称信息下初始技术水平较高的企业得到的租金。因而，当合谋存在时，政府对低技术型企业的激励强度必须低于不存在合谋的情况，即$e<\overline{e}$，最优激励合同的激励强度下降，从而使得产量进一步降低，价格升高，企业和政府的效用整体下降。

第 8 章　质量激励问题

前述章节主要聚焦于激励模型框架的丰富和发展，使得政府采购合同的创新激励设计更加贴合现实的采购环境。从本章起，我们将围绕产品质量激励、招标采购的定价模型和企业创新的投资激励这三个主题，继续探讨采购规制中激励理论的发展及其应用的现实意义。

近年来诸如手机爆炸事件、电动车爆炸事件、面包过期事件和精装房质量不合格事件等产品质量事件已对供应链质量管理以及采购产品质量激励构成严重挑战。究其原因，在供应链模式中，产品质量的形成具有一些结构性特征，如系统相关性、信息不对称、双重边际性及合作关系不稳定等，使得供应链质量管理更为复杂和艰巨（王洁，2010）。

具体来说，在供应链质量监管中，每个企业、每个部门乃至每道工序的质量并非独立存在的，而是密切相关的，均与最终产品的质量息息相关。其次，产品质量往往是不易观测的隐性特征，因而产品采购方在合同签订前无法区分供应商产品质量的高低，双方信息的不对称会造成一种类似“劣币驱逐良币”的效应，使得采购方面临逆向选择问题；在合同签订后采购方也无法监督和观测供应商的产品质量，面临道德风险（程鉴冰，2008）。再者，供应链双重边际性是指理性的采购者和供应者在决策时往往更多地考虑自身利益（Bartelsman et al.，1994），而较少关注非自身的利益。由于主体之间的利益不一致，以个体利益最大化来衡量最优均衡，往往会导致另一方或供应链整体绩效下降，出现委托-代理理论中的激励失败现象。此外，对于合同关系不稳定，由于缺乏长期合同预期和声誉激励，供应商存在最大化短期利益的潜在动机，而忽视长期合作及双方共赢带来的最大化的整体利益，给供应链产品质量不良事件的发生埋下隐患。

因此，本章以如何激励企业提高产品质量为主题展开分析，考虑规制环境下，政府和企业构成的二级供应链中产品质量的激励问题。在研究质量激励问题之前，首先需要明确两个概念，即先验产品和后验产品，或者也可称之为搜寻品（search good）和经验品（experience good），这是学者按照质量可识别程度和时机的差异划分的，前者在被购买之前其质量可以检验，而后者在被购买之前其真实质量难以观测（Nelson，1970）。

对此，企业作为被规制者，采购方作为规制者主要有销售激励和声誉激励两种促使企业提供高质量产品的激励方法（Laffont and Tirole，1993）。其中，对于那些在消费之前就可以观察到质量的先验产品，即搜寻品而言，产品质量越低，销售量就越低，企业的收入和利润就越低，则规制者可以提供销售激励，根据销售量对企业进行奖励或惩罚；对于那些在消费之后才能观察到产品质量的后验产品，即经验品，规制者可以采取终止合同、寻求第二货源、减少购买等声誉激励方式来激励企业提供高质量产品。

针对搜寻品和经验品，我们分别引入 Laffont 和 Tirole（1993）的搜寻品模型（一般用于规制环境）和经验品模型（一般用于采购环境）进行分析，介绍对称信息和非对称信息下的最优规制机制，讨论经验品的声誉激励模型及其应用，探讨政府创新技术采购中的质量激励问题。

8.1 搜寻品模型

假设企业降低成本的活动可以被完全监控，暂且忽略降低成本的激励问题，仅考虑提供高质量产品的激励。然后，对该模型加以扩展，纳入降低成本的激励问题，对提高产品质量的激励和降低成本的激励之间的相互关系进行分析。

8.1.1 产品质量激励

考虑规制者对单一企业提高产品质量的最优规制问题，假设该企业的产品产量为 q，且该产品的质量在购买前可观测，但是不可验证。由于我们忽略了降低成本的激励问题，在此，我们假定企业的生产成本仅由产量 q 决定，即 $C=C(q)$。

在需求方面，假设需求取决于质量水平 s、产量 q 和需求参数 θ，则反需求函数为 $p=P(q,s,\theta)$，其中，价格 p 随产量 q 的上升而下降，随质量水平 s 的上升而上升；需求参数 θ 是企业的私人信息，该值服从 $[\underline{\theta},\bar{\theta}]$ 上的先验概率分布 F，其密度函数为 f。另外，消费者总剩余记为 $S^g(q,s,\theta)$。

如果净边际支付意愿（价格减去边际成本）随着质量的提高而上升，则该产品的产量与质量为互补关系：$\dfrac{\partial^2(S^g-C)}{\partial s\partial q}=\dfrac{\partial(p-C_q)}{\partial s}>0$。反之，则该产品的产量与质量为替代关系。

假设企业提高产品质量会给自身带来一定的成本 $\psi(s)$，且 $\psi'>0$，$\psi''>0$，$\psi'''\geqslant 0$。规制者支付补偿成本 t 并获得销售收入，则企业的利润函数为 $U=t-\psi(s)$，社会福利为

$$W=S^g(q,s,\theta)+\lambda P(q,s,\theta)q-(1+\lambda)(\psi(s)+C(q))-\lambda U \tag{8.1}$$

在完全信息下，规制者的最优化问题为

$$\max_{U,q,s} W = S^g(q,s,\theta) + \lambda P(q,s,\theta)q - (1+\lambda)(\psi(s) + C(q)) - \lambda U$$

$$\text{s.t.} U \geqslant 0$$

其技术处理与 3.1 节类似，由一阶必要条件可知：

$$\begin{cases} U = 0 \\ \dfrac{p - C_q}{p} = \dfrac{\lambda}{1+\lambda} \cdot \dfrac{1}{\eta} \\ S_s^g + \lambda P_s q = (1+\lambda)\psi' \end{cases}$$

其中，η 为需求弹性。

在非对称信息下，规制者只能观察到价格、产量和实际发生的成本，且对需求参数具有先验概率分布函数。由于质量信息是由规制者观察销售量和价格信息间接得出的，则我们可以令 $s = \chi(p,q,\theta)$ 代表 $p = P(q,s,\theta)$ 中的 s 得出的质量的解。由此可知企业的利润函数为

$$U = t - \psi(\chi(p,q,\theta)) \tag{8.2}$$

激励相容约束为

$$\dot{U} = \frac{\mathrm{d}U}{\mathrm{d}\theta} = -\psi'(s)\chi_\theta(P(q,s,\theta),q,\theta) \tag{8.3}$$

个体理性约束为

$$U(\bar{\theta}) = 0 \tag{8.4}$$

规划者的最优化问题为（暂时忽略二阶充分条件）：

$$\max_{U,q,s} \int_{\underline{\theta}}^{\bar{\theta}} [S^g(q,s,\theta) + \lambda P(q,s,\theta)q - (1+\lambda)(\psi(\chi(p,q,\theta)) + C(q)) - \lambda U]\mathrm{d}F(\theta)$$

$$\text{s.t.} \dot{U} = -\psi'(s)\chi_\theta(P(q,s,\theta),q,\theta)$$

$$U(\bar{\theta}) = 0$$

参考 2.3 节的技术分析可得，最优规制由式（8.5）和式（8.6）刻画：

$$\frac{p - C'}{p} = \frac{\lambda}{1+\lambda} \cdot \frac{1}{\eta} + \frac{\lambda}{p(1+\lambda)} \cdot \frac{F}{f}\psi'(\chi_{\theta p}P_q + \chi_{\theta q}) \tag{8.5}$$

$$S_s^g + \lambda P_s q = (1+\lambda)\psi' + \lambda\frac{F}{f}(\psi''\chi_\theta + \psi'\chi_{\theta p}P_s) \tag{8.6}$$

由式（8.5）可知，如果 χ_θ 独立于 p 和 q，则对提高产品质量的激励不会影响企业的定价行为。但是，由式（8.6）可知，非对称信息能够影响企业对最优质量和产量的选择，增加了提供高质量产品的成本，因而，与完全信息下的质量激励相比，企业的最优质量较低。

8.1.2 产品质量和生产成本的双重激励

考虑降低生产成本与提高产品质量的同时激励问题，企业的生产成本函数记为$C=C(q,s,e,\beta)$，则模型扩展为关于二维道德风险（e和s）和二维逆向选择（β和θ）的模型。为了简化分析，得到显式解，假设生产成本和需求函数均为线性，以此将二维逆向选择问题转化为一维逆向选择问题。

假设企业的生产成本函数为

$$C=(\beta+s-e)q \tag{8.7}$$

其中，s为质量水平，研发创新的成本为$\psi(e)$，于是，企业的效用可表示为

$$U=t-\psi(e) \tag{8.8}$$

同时，在需求方面，假设消费者在购买产品之前可以观察到其质量，则消费者可以从中获得的总剩余为

$$S^g(q,s,\theta)=(A+ks-h\theta)q-\frac{B}{2}q^2-\frac{(ks-h\theta)^2}{2} \tag{8.9}$$

其中，A、B、k和h为已知的正常数，θ为$[\underline{\theta},\bar{\theta}]$上的需求参数，则反需求函数为

$$p=\frac{\partial S^g}{\partial q}=A+ks-h\theta-Bq \tag{8.10}$$

由$\frac{\partial(p-C_q)}{\partial s}$=$k-1$可知，当$k>1$时，产品的产量和质量为互补关系，当$k<1$时则为替代关系。

消费者的净剩余为

$$S^n(q,s,\theta)=(A+ks-h\theta)q-\frac{B}{2}q^2-\frac{(ks-h\theta)^2}{2}-pq-(1+\lambda)(C-pq+t) \tag{8.11}$$

在完全信息下，规制者可以观测到企业的私人信息，其目标是在企业的参与约束下，最大化消费者和生产者的剩余之和：

$$\max_{q,s,e,U}\left\{W=(1+\lambda)(A+ks-h\theta)q-B\left(\frac{1}{2}+\lambda\right)q^2\right.$$
$$\left.-\frac{(ks-h\theta)^2}{2}-(1+\lambda)[(\beta+s-e)q+\psi(e)]-\lambda U\right\}$$

$$\text{s.t.}\, U\geqslant 0$$

根据一阶必要条件可知，其（内点）最大值具有以下特征：

$$(1+\lambda)p-\lambda Bq=(1+\lambda)(\beta+s-e) \tag{8.12}$$

$$(1+\lambda)kq-k(ks-h\theta)=(1+\lambda)q \tag{8.13}$$

$$\psi'(e)=q \tag{8.14}$$

$$t=\psi(e) \tag{8.15}$$

由式（8.7）和式（8.12）可知，最优规制下的产量选择满足商品的社会边际效用（消费者的边际效用 p 与边际财务收入 $\lambda(p-Bq)$ 之和）等于其社会边际成本 $(1+\lambda)C_q$；由式（8.7）、式（8.9）和式（8.13）三式可得，$S_s^g+\lambda P_s q=(1+\lambda)C_s$，表明提高产品质量的社会边际效用等于其社会边际成本；式（8.14）和式（8.15）表示在最优规制下，企业降低成本进行研发创新的边际成本 $\psi'(e)$ 等于其边际效用且规制者不会给企业留有租金，即企业的效用水平为零。

8.1.3　非对称信息对产品质量和生产成本激励的影响

在非对称信息下，规制者观测不到企业的私人信息，只能观察到实际发生的成本 C、价格 p 和产量 q，既不了解企业的初始技术水平 β 和需求参数 θ，也观察不到企业的研发创新水平 e 和质量水平 s。但规制者在 $[\underline{\beta},\overline{\beta}]$ 上有先验概率分布 F_1，在 $[\underline{\theta},\overline{\theta}]$ 上有先验概率分布 F_2。

规制者知道消费者的均衡行为满足价格等于边际效用，于是有

$$p=\frac{\partial S^g}{\partial q}=A+ks-h\theta-Bq$$

规制者可以利用 p 和 q 的可观察性，由上述反需求函数可以求得质量水平：

$$s=\frac{h\theta+Bq-A+p}{k} \tag{8.16}$$

将上述由价格和产量表示的质量水平代入式（8.9）可得

$$S^g(q,p)=\frac{B}{2}q^2+pq-\frac{1}{2}(p-A+Bq)^2 \tag{8.17}$$

同理，成本函数可转化为

$$C=\left(\beta+\frac{h\theta+Bq-A+p}{k}-e\right)q=\left(\beta+\frac{h\theta}{k}-e\right)q+\frac{Bq-A+p}{k}q \tag{8.18}$$

将规制者了解不到的初始技术水平和需求参数合并，用 $\gamma\equiv\beta+\dfrac{h\theta}{k}$ 表示，则通过该线性变换，可以将规制者的二维逆向选择问题转化成一维逆向选择问题。同时，我们将企业的效用重新表示为

$$U=t-\psi(e)=t-\psi\left(\gamma+\frac{Bq-A+p}{k}-\frac{C}{q}\right) \tag{8.19}$$

为简化分析，假设 γ 在区间 $[\underline{\gamma},\overline{\gamma}]=[\underline{\beta}+h\underline{\theta}/k,\overline{\beta}+h\overline{\theta}/k]$ 上的累积分布函数 $F(\gamma)$ 满足单调风险率的特征，即 $\mathrm{d}(F(\gamma)/f(\gamma))/\mathrm{d}\gamma>0$，避免结果出现混同。则企

业面临的显示机制合同为$\{t(\gamma),c(\gamma),p(\gamma),q(\gamma)\}$，表示规制者对企业宣布的每一个$\gamma$值，都规定了一个净转移支付$t(\gamma)$、平均成本$c(\gamma)$、索取价格$p(\gamma)$和产量$q(\gamma)$。

同样，企业说真话由激励相容的一阶必要条件和二阶充分条件决定：

$$\dot{U}(\gamma)=-\psi'(e) \tag{8.20}$$

$$\dot{e}-1\leqslant 0 \tag{8.21}$$

企业的个体理性约束为

$$U(\gamma)\geqslant 0 \tag{8.22}$$

则规制者的最优化问题为

$$\max_{p,q,e,U}\int_{\underline{\gamma}}^{\overline{\gamma}}\left\{\frac{B}{2}q^2+pq-\frac{1}{2}(p-A+Bq)^2\right.$$

$$\left.-(1+\lambda)\left[(\gamma-e)q+q\frac{Bq-A+p}{k}+\psi(e)\right]-\lambda U\right\}f(\gamma)\mathrm{d}\gamma$$

$$\text{s.t.}\ \dot{U}(\gamma)=-\psi'(e)$$

$$\dot{e}-1\leqslant 0$$

$$U(\gamma)\geqslant 0$$

参照2.3节的技术分析可得，最优规制的特征由式（8.23）～式（8.25）刻画：

$$(1+\lambda)p-\lambda Bq=(1+\lambda)\left(\gamma-e+\frac{Bq-A+p}{k}\right) \tag{8.23}$$

$$(1+\lambda)kq-k\left(Bq-A+p\right)=(1+\lambda)q \tag{8.24}$$

$$\psi'(e)=q-\frac{\lambda}{1+\lambda}\cdot\frac{F(\gamma)}{f(\gamma)}\psi''(e) \tag{8.25}$$

其中，式（8.23）和式（8.24）分别是对q和s求最优化所得，其结果与完全信息下对q和s求最大化的式（8.12）和式（8.13）一致，也就是说，在给定研发创新水平e时，关于初始技术水平和需求参数的非对称信息下的价格、产量和质量与完全信息下是相同的。这个结果与第3章中的激励机制模型中的定价-激励两分法类似，降低成本的激励并不影响企业的定价行为和质量选择。由式（8.20）可得，价格p和产量q并不影响必须让渡给企业的租金水平，因而出于激励的目的而扭曲价格和产量是没有意义的。

通过比较式（8.25）和式（8.14）可知，在产出给定时，除$\gamma=\underline{\gamma}$外，非对称信息使得研发创新水平存在向下的扭曲，且初始技术水平较高的企业存在正的租金水平。这也与我们在第2章和第3章中所得出的结果类似。

非对称信息使得规制者抽取租金的难度增加，降低了方案的激励强度，即导致企业的研发创新水平下降，从而使得企业生产产品的边际成本上升，产出下降。如果产量和质量为互补关系，选择较低的质量水平是最优的，而如果二者是替代关系，则选择较高的质量水平才是最优的。因此，当产量和质量为互补关系时，非对称信息下的质量水平会低于完全信息下的质量水平，反之亦然。

8.2　搜寻品的最优规制机制的实施

由 8.1 节的分析可知，规制者可以向企业提供一个合同 $\{t(\gamma),c(\gamma),p(\gamma),q(\gamma)\}$，对于企业宣布的每一个技术参数和需求参数（可得出 $\gamma\equiv\beta+\dfrac{h\theta}{k}$），规制者均能要求其实现一定的平均成本水平 $c(\gamma)$、生产出一定数量的产品 $q(\gamma)$、收取一定的市场价格 $p(\gamma)$。同时为了诱导企业说真话，激励企业提高产品质量、降低生产成本，规制者需要向其提供适当的净转移支付 $t(\gamma)$。

由成本函数可知 $e=\gamma-[C/q-(p-A+Bq)/k]$，令 $z\equiv C/q-(p-A+Bq)/k$，则有 $e=\gamma-z$，由此，我们重新表述激励相容的条件：

$$\frac{\mathrm{d}t}{\mathrm{d}\gamma}+\psi'(\gamma-z)\frac{\mathrm{d}z}{\mathrm{d}\gamma}=0 \tag{8.26}$$

或者

$$\frac{\mathrm{d}t}{\mathrm{d}z}=-\psi'(\gamma-z)<0 \tag{8.27}$$

对式（8.27）求二阶导可得

$$\frac{\mathrm{d}^2t}{\mathrm{d}z^2}=-\psi''(\gamma-z)\left(\frac{1}{\mathrm{d}z/\mathrm{d}\gamma}-1\right) \tag{8.28}$$

由激励相容的二阶条件 $\dot{e}(\gamma)<0$ 可知，$1-\dfrac{\mathrm{d}z}{\mathrm{d}\gamma}<0$，从而可知 $\dfrac{\mathrm{d}^2t}{\mathrm{d}z^2}>0$，即转移支付函数是关于 z 的递减凸函数。

正如 2.4 节的分析一样，凸的非线性转移支付函数 $t(z)$ 可以被线性合同所取代：

$$t(z,\gamma)=a(\gamma)+b(\gamma)\big(z(\gamma)-z\big) \tag{8.29}$$

其中，z 为事后所观察到的值。这样，转移支付函数就转化成了一个关于绩效指标的函数，该绩效指标是实际发生的平均成本减去从市场数据推算出的质量近似值。绩效分担系数 $b(\gamma)$ 为 $\psi'(e^*(\gamma))$，其中，$e^*(\gamma)$ 为规制者的最优解。

接下来，我们对该线性合同的激励效果进行检验，假设规制者按上述线性合同对企业进行规制，则企业面临如何选择其技术参数和研发创新水平的问题：

$$\max_{\tilde{\gamma},e}[a(\tilde{\gamma})+\psi'(e^*(\tilde{\gamma}))(z(\tilde{\gamma})-\gamma+e)-\psi(e)]$$

其中，γ 为企业真实的技术参数，$\tilde{\gamma}$ 为其向规划者报出的技术参数。一阶必要条件为

$$\psi'(e^*(\gamma))-\psi'(e)=0 \tag{8.30}$$

$$\dot{a}(\tilde{\gamma})+\psi''\dot{e}^*(\tilde{\gamma})(z(\tilde{\gamma})-\gamma+e)+\psi'(e^*(\tilde{\gamma}))\dot{z}(\tilde{\gamma})=0 \tag{8.31}$$

首先，由式（8.30）可得 $e=e^*(\gamma)$，企业选择的最优研发创新水平等于最优激励机制所要求的水平；其次，由式（8.31）可知，若合同中的固定支付满足 $\dot{a}(\gamma)=-\psi'(e^*(\gamma))\dot{z}(\gamma)$，且对任意的 γ 都成立，则企业报出的最优技术参数为其真实的参数，即 $\tilde{\gamma}=\gamma$。由此可知，该线性合同符合激励相容的要求，可以诱导企业宣告其真实的技术参数和需求参数，并激励企业努力研发创新、降低成本，提高产品质量以达到最优规制的要求，使得社会福利最大化。

8.3 经验品的声誉激励

8.1 节和 8.2 节分析了搜寻品的质量和成本激励，其主要的激励方式是产量激励，将产量作为反映质量水平的一个指标。但是，当买方购买数量固定，或者该产品为经验品或需求弹性很小的必需品时，产量激励便会失效，此时，企业提高产品质量的激励主要来自未来的再交易机会。

一般而言，将当期质量与未来销售相联系的机制主要有两个，其一是基于企业声誉的惩罚机制，企业一旦提供了低质量的产品，买方之后便不再与该企业进行交易；其二是买方通过对当期产品的质量进行观察，可以进一步推断未来交易的收益大小，从而制定符合自己收益最大化的交易合同。总之，要使企业关心其声誉和未来的销售量，则需要使未来的交易产生正的租金水平。

我们考虑一个两期（$\tau=1,2$）的政府采购模型。在第一期企业为采购方生产一单位产品，成本为

$$C_1=\beta_1-e_1+s \tag{8.32}$$

其中，C_1 为企业在第一期实际发生的、可以被采购方观察到的生产成本；e_1 为企业为降低第一期成本所付出的研发创新水平；s 为企业在第一期为提高产品质量所付出的成本；β_1 为企业第一期的技术参数，这三个参数都是企业的私人信息。对于 $\beta_1\in[\underline{\beta}_1,\bar{\beta}_1]$，规制者有先验概率分布 $F(\beta_1)$，且该分布符合单调风险率的特

征，研发创新水平 e_1 的成本仍用 $\psi(e_1)$ 表示。此外，我们将产品分为两类，一类是高质量的合格品，一类是质量比较低的次品，且产品合格的概率为 $\pi(s)$（$\pi(s)\in[0,1]$），产品为次品的概率则为 $1-\pi(s)$，为了避免在 $s=0$ 处出现拐点解，假设 $\pi'>0$，$\pi''<0$，$\pi'(0)\to+\infty$，其中，合格品会产生 S_1 的总社会剩余，次品产生的总社会剩余为 0。

此外，我们还假定在第一期末，采购方可以观察到第一期产品的质量，如果第一期的产品为次品，则在第二期采购方将终止与该企业的合作，企业不再生产，则第二期的企业租金和社会总剩余都为 0；如果第一期的产品合格，则采购方继续向该企业采购，第二期的租金水平和社会总剩余表示为 $\bar{U}_2>0$ 和 $\bar{W}_2>0$，为简化分析，假设第二期的租金水平和社会总剩余独立于 β_1。

设两期之间的贴现因子为 δ（$\delta>0$），则企业的跨期租金为

$$U(\beta_1)\equiv U_1(\beta_1)+\delta\bar{U}_2\pi(s(\beta_1)) \tag{8.33}$$

由于 β_1 型企业总是可以通过选择 $\{s(\beta_1-\mathrm{d}\beta_1),e_1(\beta_1-\mathrm{d}\beta_1)+\mathrm{d}\beta_1\}$ 的水平，匹配 $(\beta_1-\mathrm{d}\beta_1)$ 型企业提供产品的成本和概率，因此，研发创新的激励相容约束为

$$\dot{U}(\beta_1)=-\psi'(e_1(\beta_1)) \tag{8.34}$$

接下来我们需要考虑的是企业对质量投入的选择，假设企业增加了一单位的质量投入，则为了不改变成本，企业需要提高一个单位的研发创新水平。当质量投入和研发创新水平的边际变化不会影响企业的租金水平时，企业的研发创新水平和质量投入使得租金水平最大化，因而，对质量投入的激励相容约束为

$$\delta\pi'(s(\beta_1))\bar{U}_2-\psi'(e_1(\beta_1))=0 \tag{8.35}$$

此外，企业的个体理性约束意味着企业至少获得其保留利润，才会接受采购合同并进行生产，即

$$U_1(\beta_1)+\delta\bar{U}_2\pi(s(\beta_1))\geqslant 0 \tag{8.36}$$

由于个体理性约束在 $\beta_1=\bar{\beta}_1$ 处是紧的：

$$U_1(\beta_1)+\delta\bar{U}_2\pi(s(\beta_1))=0 \tag{8.37}$$

则采购方的最优化问题为

$$\max_{e_1,s,U}\int_{\underline{\beta}_1}^{\bar{\beta}_1}[\pi(s)(S_1+\delta\bar{W}_2)-(1+\lambda)(\beta_1-e_1+s+\psi(e_1))-\lambda(U(\beta_1)-\delta\bar{U}_2\pi(s))]f(\beta_1)\mathrm{d}\beta_1$$

$$\text{s.t. }\dot{U}(\beta_1)=-\psi'(e_1(\beta_1))$$

$$\delta\pi'(s(\beta_1))\bar{U}_2-\psi'(e_1(\beta_1))=0$$

$$U_1(\beta_1)+\delta\bar{U}_2\pi(s(\beta_1))=0$$

在这里，我们还是将其看成一个最优控制问题，用 $\mu(\beta_1)$ 和 $\upsilon(\beta_1)f(\beta_1)$ 分别表示激励相容约束式（8.34）和式（8.35）的乘子，建立哈密顿函数：

$$H = [\pi(s)(S_1 + \delta \bar{W}_2) - (1+\lambda)(\beta_1 - e_1 + s + \psi(e_1)) - \lambda(U - \delta \bar{U}_2 \pi(s))]f$$
$$-\mu\psi'(e_1) + \upsilon f(\delta\pi'(s)\bar{U}_2 - \psi'(e_1))$$

则有

$$\dot{\mu} = -\frac{\partial H}{\partial U} = \lambda f \tag{8.38}$$

由边界条件和个体理性约束可得

$$\mu(\beta_1) = \lambda F(\beta_1) \tag{8.39}$$

分别关于控制变量e_1和s对H求导，得

$$\psi'(e_1) = 1 - \frac{\lambda}{1+\lambda} \cdot \frac{F(\beta_1)}{f(\beta_1)} \psi''(e_1) - \frac{\upsilon}{1+\lambda} \psi''(e_1) \tag{8.40}$$

$$\pi'(s)(S_1 + \delta\bar{W}_2 + \lambda\delta\bar{U}_2) - (1+\lambda) + \upsilon\delta\bar{U}_2\pi''(s) = 0 \tag{8.41}$$

由式（8.40）可知，提高产品质量的激励使得采购方改变了合同的激励强度，即加入了调整项$\upsilon/(1+\lambda)\psi''(e_1)$，但是与质量可验证情况相比，激励强度的变化方向不明确：一方面，企业无法将提高产品质量带来的正外部效应（$S_1 + \delta\bar{W}_2 + \lambda\delta\bar{U}_2 > \delta\bar{U}_2$）内生化，需要采购方对提高质量的投资进行补贴，这意味着采购方应降低合同的激励强度（我们称之为第一种效应）；另一方面，信息不对称已经降低了激励强度，如果企业在质量上的投资会受到补贴的话，企业将有动力在提高产品质量上过度投资（我们称之为第二种效应）。进一步考虑，在信息不对称程度较轻的情况下，当质量可验证时，企业选择的合同接近于固定价格合同，并且至少对于一个较小的λ，第一种效应占主导地位；当S_1很小，或δ较大，企业得到的未来的租金份额比较高的时候，第二种效应才会占主导地位。

同样，上述最优激励机制也可以由线性成本补偿规则来实施，企业可以从采购方提供的合同菜单中，先选择激励方案的固定支付a和斜率b，再选择其最优的研发创新水平e_1和提高质量的投入s，使得以式（8.42）表达的企业租金水平最大化。

$$a - b(\beta_1 - e_1 + s) + \delta\bar{U}_2\pi(s) - \psi(e_1) \tag{8.42}$$

8.4 政府创新技术采购中的声誉激励模型

从 8.3 节声誉激励模型的分析中，我们可以得出最优质量激励合同可以由线性合同来实施。在此基础上，结合质量激励的特点，本节提供了一个动态声誉激励线性合同的应用模型，使读者对声誉激励的作用机理有一个更为直观的理解。

我们考虑政府向单个企业进行一项技术创新项目的采购，政府不能观察到企业的私人信息：研发创新水平 e 和初始技术水平 β。为便于理解，我们假设政府根据观测到的企业项目质量 P 来提供激励合同。

假设该政府采购项目只有两期，企业在每期提供的项目质量如下：

$$P_t = \beta + e_t + \varepsilon_t \tag{8.43}$$

其中，$t=1,2$。P_t、e_t 和 ε_t 分别为第 t 期的项目质量、研发创新水平和外生的随机变量。同时，企业研发创新的成本函数为严格递增的凹函数，即 $\psi(e_t)=\frac{1}{2}e_t^2$。借鉴 Holmström（1999）的动态声誉激励模型，并参考刘惠萍和张世英（2005）、刘伟等（2009）、殷红（2012）和王雪青等（2020）的研究成果，我们假设企业的初始技术水平 β（与时间无关）和 ε_t 服从独立正态分布，即 $\beta \sim N(0,\tau\sigma^2)$，$\varepsilon_t \sim N[0,(1-\tau)\sigma^2]$，$\mathrm{Cov}(\varepsilon_1,\varepsilon_2)=0$，于是有

$$\mathrm{Var}(P_t)=\sigma^2 \tag{8.44}$$

$$\begin{aligned} E(\beta \mid P_1) &= (1-\tau)E(\beta)+\tau(P_1-\hat{e}_1) \\ &= \tau(P_1-\hat{e}_1) \end{aligned} \tag{8.45}$$

其中，$E(\beta \mid P_1)$ 为在给定第一期的企业项目质量的条件下，政府对该企业初始技术水平的期望；τ 为技术水平的方差与项目质量方差的比例，即 $\tau=\frac{\mathrm{Var}(\beta)}{\mathrm{Var}(\beta)+\mathrm{Var}(\varepsilon_t)}$。此外我们还可以得出当第一期的项目质量给定时，政府对企业第二期的项目质量的期望和方差：

$$E(P_2 \mid P_1)=\hat{e}_2+\tau(P_1-\hat{e}_1) \tag{8.46}$$

$$\mathrm{Var}(P_2 \mid P_1)=(1-\tau^2)\sigma^2 \tag{8.47}$$

最后，我们假设政府对企业的支付，即线性激励合同为

$$T_t = a_t + b_t P_t \tag{8.48}$$

贴现率为 δ，则风险中性政府的期望效用函数为

$$\begin{aligned} E(\pi_G) &= E(P_1)-E(T_1)+\delta(E(P_2)-E(T_2)) \\ &= e_1 - E(T_1)+\delta(e_2-E(T_2)) \end{aligned} \tag{8.49}$$

风险厌恶型（绝对风险厌恶系数为 r）企业的利润函数的确定性等价形式为

$$\pi = E(T_1)-\frac{1}{2}e_1^2+\delta\left(E(T_2)-\frac{1}{2}e_2^2\right)-\frac{1}{2}r\mathrm{Var}(T_1+\delta T_2) \tag{8.50}$$

首先，我们分析单期静态的激励模型：

$$\max_{a,b}\,[(1-b)e-a]$$
$$\text{s.t.}\ \ a+be-\frac{1}{2}e^2-\frac{1}{2}rb^2\sigma^2\geqslant 0 \tag{8.51}$$

$$\max_{e}\left(a+be-\frac{1}{2}e^2-\frac{1}{2}rb^2\sigma^2\right) \tag{8.52}$$

其中，式（8.51）为企业的保留效用标准化为 0 时的个体理性约束；式（8.52）为企业的激励相容约束。则求得的政府的最优化结果如下：

$$b^*=\frac{1}{1+r\sigma^2} \tag{8.53}$$

$$e^*=b^*=\frac{1}{1+r\sigma^2} \tag{8.54}$$

$$a^*=\frac{r\sigma^2-1}{2(1+r\sigma^2)^2} \tag{8.55}$$

企业的最优研发创新水平只与其面临的激励系数相关。

其次，我们考虑加入声誉激励效应的最优声誉激励合同设计，则政府的最优两期规划是在第一期、第二期的参与约束（IR_1、IR_2）及激励相容约束（IC_1、IC_2）下，最大化其两期期望效用的现值之和：

$$\max_{\{a_t,b_t,e_t\}}[e_1-E(a_1+b_1P_1)+\delta(e_2-E(a_2+b_2P_2))],\ t=1,2 \tag{8.56}$$

$$\text{IR}_1\quad \pi_1=E(T_1)-\frac{1}{2}e_1^2+\delta\left(E(T_2)-\frac{1}{2}e_2^2\right)-\frac{1}{2}r\text{Var}(T_1+\delta T_2)\geqslant 0 \tag{8.57}$$

$$\text{IR}_2\quad \pi_2=m+n(\pi_{G2}+\pi_2) \tag{8.58}$$

$$\text{IC}_1\quad \max_{e_1}\left[E(T_1)-\frac{1}{2}e_1^2+\delta\left(E(T_2)-\frac{1}{2}e_2^2\right)-\frac{1}{2}r\text{Var}(T_1+\delta T_2)\right] \tag{8.59}$$

$$\text{IC}_2\quad \max_{e_2}\left(E(T_2)-\frac{1}{2}e_2^2-\frac{1}{2}r\text{Var}(T_2)\right) \tag{8.60}$$

式（8.57）为企业在第一期面临的参与约束，即企业参与该采购项目所获得的确定性等价收入不能低于其保留效用。同样，由于给企业留有信息租金存在成本，在最优化问题中，政府将留给企业 0 租金，即式（8.57）中的等号成立，由此我们可以得到

$$E(T_1)+\delta E(T_2)=\frac{1}{2}e_1^2+\frac{1}{2}\delta e_2^2+\frac{1}{2}r\text{Var}(T_1+\delta T_2) \tag{8.61}$$

将式（8.61）代入目标函数，则政府规划的目标函数可转化为

$$\begin{aligned}&\max_{\{a_t,b_t,e_t\}}[e_1+\delta e_2-(E(T_1)+\delta E(T_2))]\\&=\max_{\{a_t,b_t,e_t\}}\left[e_1+\delta e_2-\left(\frac{1}{2}e_1^2+\frac{1}{2}\delta e_2^2+\frac{1}{2}r\mathrm{Var}(T_1+\delta T_2)\right)\right]\\&=\max_{\{a_t,b_t,e_t\}}\left[e_1-\frac{1}{2}e_1^2+\delta(e_2-\frac{1}{2}e_2^2)-\frac{1}{2}r\mathrm{Var}(T_1+\delta T_2)\right]\end{aligned}\qquad(8.62)$$

式（8.58）体现了棘轮效应和声誉激励机制，表明企业第二期的确定性收入受其第一期提供的项目质量的影响，其完成的项目质量越高，则其与政府的讨价还价的能力（企业从第二期总效用中享有的比例 n）越高，其中，m 为常数。π_{G2} 和 π_2 分别为政府和企业在第二期的确定性等价的效用函数：

$$\pi_2=a_2+b_2E(P_2\mid P_1)-\frac{1}{2}(\hat{e}_2)^2-\frac{1}{2}r\mathrm{Var}(T_2\mid P_1)\qquad(8.63)$$

$$\pi_{G2}=E[(P_2-T_2)\mid P_1]=(1-b_2)E(P_2\mid P_1)-a_2\qquad(8.64)$$

此外，最大化式（8.56）的目标函数还需满足两期的激励相容约束，即式（8.59）和式（8.60），即企业选择利润最大化水平对应的研发创新水平。根据逆向递推法的求解思路，我们对第二期企业和政府的最优行为进行分析。由于第二期是最后一期，不会对以后的收益有所影响，因而在第二期激励合同给定的情况下，企业的最优化问题由式（8.60）给出，企业选择最优的 e_2 最大化第二期的利润，解得其最优的一阶必要条件为 $e_2=b_2$；对于政府，在第二期的初期，其需要在第一期信息的基础上提供最优的激励合同，并满足第二期的参与约束。与式（8.62）类似，政府在第二期的最优化问题可转化为

$$\max_{\{a_2,b_2\}}\left(e_2-\frac{1}{2}e_2^2-\frac{1}{2}r\mathrm{Var}(T_2\mid P_1)\right)$$

综合以上分析，我们可以将该两期声誉激励模型转化为如下形式：

$$\max_{\{a_t,b_t,e_t\}}\left[e_1-\frac{1}{2}e_1^2+\delta(e_2-\frac{1}{2}e_2^2)-\frac{1}{2}r\mathrm{Var}(T_1+\delta T_2)\right]$$

$$\text{s.t. }\pi_2=m+n(\pi_{G2}+\pi_2)$$

$$\max_{e_1}\left[E(T_1)-\frac{1}{2}e_1^2+\delta\left(E(T_2)-\frac{1}{2}e_2^2\right)-\frac{1}{2}r\mathrm{Var}(T_1+\delta T_2)\right]$$

$$\max_{\{a_2,b_2\}}\left(e_2-\frac{1}{2}e_2^2-\frac{1}{2}r\mathrm{Var}(T_2\mid P_1)\right)\qquad(8.65)$$

$$e_2=b_2\qquad(8.66)$$

同时，由式（8.43）～式（8.47）可得

$$\mathrm{Var}(T_2 \mid P_1) = (1-\tau^2)b_2^2\sigma^2 \tag{8.67}$$

$$E(T_1 + \delta T_2) = a_1 + \delta a_2 + b_1 E(P_1) + \delta b_2 E(P_2 \mid P_1) \tag{8.68}$$

$$\mathrm{Var}(T_1 + \delta T_2) = b_1^2\sigma^2 + \delta^2(1-\tau^2)b_2^2\sigma^2 + 2\delta b_1 b_2 \tau\sigma^2 \tag{8.69}$$

将式（8.66）、式（8.67）代入式（8.65）可得

$$e_2^* = b_2^* = \frac{1}{1 + r(1-\tau^2\sigma^2)} \tag{8.70}$$

由式（8.70）可以看出，由于末期不受声誉激励的约束，企业在第二期的研发创新水平只取决于当期激励系数的大小，且该研发项目的不确定性越大，激励强度越高。我们将式（8.63）和式（8.64）代入式（8.58），则：

$$\begin{aligned} a_2^* = {} & m + (n-b_2^*)\hat{e}_2 + (1-n)\frac{1}{2}\hat{e}_2^2 + \frac{1}{2}(1-n)(1-\tau^2)r(b_2^*)^2\sigma^2 \\ & + (n-b_2^*)E(\beta \mid P_1) \end{aligned} \tag{8.71}$$

从而可以得到政府的第二期转移支付：

$$\begin{aligned} T_2^* = {} & m + (n-b_2^*)\hat{e}_2 + (1-n)\frac{1}{2}\hat{e}_2^2 + \frac{1}{2}(1-n)(1-\tau^2)r(b_2^*)^2\sigma^2 \\ & + (n-b_2^*)E(\beta \mid P_1) + b_2^* P_2 \end{aligned} \tag{8.72}$$

由式（8.71）和式（8.72）可知，$(n-b_2^*)E(\beta \mid P_1)$ 体现出的声誉激励是通过调整第二期的固定支付 a_2^* 来影响政府的激励合同的。企业在这一期所得的转移支付不仅与本期提供的项目质量相关，而且受到政府基于第一期项目质量对该企业技术水平预期的影响：当 $n > b_2^*$ 时，声誉激励可以使得企业通过在第一期提供高质量的项目来提高政府对其技术水平的预期，从而增加第二期的转移支付；当 $n \leqslant b_2^*$ 时，则声誉激励会产生消极的影响，即政府对企业技术水平预期的改善使得抽租变得更为有利，从而减少了转移支付。因而，$n > b_2^*$ 是发挥声誉激励作用的必要条件之一。

由式（8.72）和式（8.59）可得

$$e_1^* = b_1^* + \delta\tau(n - b_2^*) \tag{8.73}$$

从式（8.73）可以看出，企业在第一期的研发创新水平不仅受到本期激励强度的影响，而且通过棘轮效应和声誉激励效用，与第二期的激励强度相关。其中，$\delta\tau n$ 表示声誉激励对第一期研发创新水平起到了一定的激励作用；$\delta\tau b_2^*$ 则度量了棘轮效应降低激励的消极影响。

接下来，将式（8.70）和式（8.73）代入式（8.62），我们可以得到第一期激励合同的激励系数：

$$b_1^* = \frac{1}{1+r\sigma^2}[1 - n\delta\tau - \delta\tau b_2^*(1-r\sigma^2)] \tag{8.74}$$

将式（8.74）代入式（8.73），我们可以进一步得出企业在第一期的研发创新水平：

$$e_1^* = \frac{1+r\delta\tau\sigma^2(n-2b_2^*)}{1+r\sigma^2} \tag{8.75}$$

同样地，由式（8.75）可以看出，当$n > 2b_2^*$时，可以实现有效的声誉激励，且项目的不确定性越大，企业越可以通过提高研发创新水平来改善政府对其技术水平的预期，声誉激励效用也就越大。

最后，我们将考虑声誉激励的两期激励模型与不考虑声誉激励的静态激励结果做比较：首先，对比式（8.70）中的e_2^*与式（8.54）中的e^*，$\frac{1}{1+r(1-\tau^2\sigma^2)} > \frac{1}{1+r\sigma^2}$说明考虑声誉激励时，企业在第二期会选择更高的研发创新水平；其次，我们比较式（8.75）中的e_1^*与式（8.54）中的e^*，可知，当$n > \frac{2}{1+r(1-\tau^2\sigma^2)}$时，企业在声誉激励下第一期的研发创新水平也比不考虑声誉激励的时候要高；最后，我们比较式（8.70）中的b_2^*、式（8.74）中的b_1^*和式（8.54）中的b^*可以得出，在声誉激励下，第二期的激励强度较高，第一期的激励强度较低。

8.5 本 章 小 结

本章围绕质量激励这一主题，根据产品质量是否在购买前可以观测，将产品分为搜寻品和经验品。针对质量越高销量越高的搜寻品，我们介绍了基于销售激励的搜寻品模型：利用市场需求函数，将产品质量与销量挂钩以实现对企业销量激励的同时，促使企业更加注重产品质量的提高。在该模型框架下，我们首先仅聚焦于提高产品质量的激励模型，并对完全信息和非对称信息下的结果进行比较分析，得出在一定条件下，对提高产品质量的激励不会影响企业的定价行为的结论。同时信息的不对称增加了企业提供高质量产品的成本，因而，与完全信息下的质量激励相比，企业选择的最优质量较低。

其次，我们还讨论了销售激励模型下同时考虑提高产品质量和降低生产成本的激励问题。同样通过与完全信息的情况进行比较分析，得出非对称信息下规制者抽取租金的难度增加，降低了合同方案的激励强度，使得企业生产产品的边际成本上升，产出下降。此时，若产品的销量和质量表现为互补关系，则选择较低的质量水平是最优的。反之，较高的质量水平才是最优的选择。

此外，针对购买之后才可以观测到质量的经验品，我们介绍了声誉激励模型，规制者可以通过终止合作、寻求第二货源、减少购买等方式，使得企业提供的第一期产品的质量影响其第二期的收益，从而激励企业提高产品质量。最后，我们还将其扩展到对技术创新项目质量的激励上，应用声誉激励的线性合同菜单和具体函数形式，直观地说明了声誉激励不仅能有效消除动态模型中的棘轮效应，还有助于促使企业积极提高产品质量。

第 9 章　集中招标采购制度下药价虚高的根源及防阻机制

医药作为治病救人的特殊商品，关乎人民的生命健康，其作用不可替代。然而近年来，药价虚高、老百姓看病贵的问题越来越突出，高价药、天价药的不断曝光，使得医药企业定价过高的问题越发受到社会舆论的关注。如何控制药品价格，不仅关系着医疗改革的成败，更关系着国计民生。因此，基于第 5 章和第 6 章对采购拍卖激励模型的研究，以及第 7 章在引入监督机构后对合谋预防激励机制的探讨，本章首先就如何挤兑集中招标采购制度下的药价虚高部分，从机制设计的角度，详细演绎了药品从招标到采购，再到医生开处方和患者用药整个流通过程中的定价机理，剖析药价虚高问题产生的根源及虚高药价下对应的利益裙带关系；其次，探讨业界热议的几个医改政策对挤兑药价虚高部分的政策效果；最后，从机制设计本源上，提供一个实践中可操作的，能完全剥离药价虚高部分的政策工具，并用数值算例对本章的结论进行了解释。

9.1　引　　言

拍卖或采购以公平、公正、快捷的优点赢得了市场参与者的青睐，被广泛应用于多个交易市场。经 1993 年河南省 22 家医疗机构药品集中采购试点之后，2000 年，这一市场交易方式被引入我国的药品流通领域，旨在规范药品购销行为，以减轻患者的用药负担。经过十几年的实践检验，结果备受争议，甚至南辕北辙，媒体不断曝出药品招标采购中的负面材料，诸如招标中的天价投标，低价药品的“中标死”，药企给医院回扣或返点等乱象。

业界专家和学者针对这些乱象进行了多角度的剖析，如于培明等（2010）、郭春丽（2013）、李银才（2013）和林仲源（2014）等学者。这些乱象出现的原因，大致可以归纳为三方面：一是，“以药养医”的加成政策催生出天价药和低价药“中标死”的现象；二是，药品成分检测不规范，造成药品花样创新，招标价格失真；三是，中介机构使得药企和医院捆绑在一起，抬高药价，实现双赢。很多学者也提出了相应的应对措施，几个代表性的措施包括：制定低价药品生产和使用的扶持政策，避免“中标死”，保证其市场供给量；改变招标采购中的委托代理关系，使得投标较真实地反映药品的成本和质量（安彬和吕庆华，

2007；杨悦和蒋志刚，2008）；招采合并，避免因采购成本提高导致药品价格提高（王振平和方锐，2014）；取消“以药养医”政策，提高医院的服务费用，推行“以医养医”政策（黄顺康和廖智柳，2014）；医药分离，促进药店和医院的药品价格竞争（李浩娜等，2011）。尽管这些措施有其理论上的合理性和实践中的可行性，然而缺乏对采购机制设计本身的系统分析，很难从根本上解决药品定价机制缺陷所导致的价格虚高问题。鉴于此，本文从机制设计本源上，分析招标采购中虚高药价产生的根本原因，并给出瓦解虚高药价下的利益集团的政策工具。

目前，我国药品集中招标采购办公室（有些省份也称为采购办公室、招标采购事务管理所，这里我们统一简称为招标办）采用“双信封”式的评标方法，即商务标和经济技术标分开评审，其中经济技术标主要体现药品的临床治疗效果，商务标主要是基于药品的成本构成而提出的要价。简言之，经济技术标是药品的质量指标，商务标是药品的价格指标，投标由质量（记为 q）和价格（记为 p）两个属性构成。这类拍卖被学术界称为多属性拍卖（the multi-attribute auction）（刘树林和王明喜，2009）。多属性拍卖中的一个关键问题是如何确定中标者，Che（1993）采用评分函数（the scoring function）很好地解决了这一问题。后来，Che 的开创性工作又被 Branco（1997）、David 等（2006）、Nishinura（2012）、Asker 和 Cantillon（2008）分别从投标者的成本相关性、质量属性的个数、投标者的私人信息三个角度进一步延伸。这些学者所使用的评分函数的基本形式为 $U(q)-p$（关于价格是线性的，$U(q)$表示质量的函数），并得到了一些有趣的结论：均衡质量的选择独立于投标人数，且可以先于价格独立决策。显然，投标者对质量的选择独立于竞标的激烈程度和要价，不符合大多数的采购现实，于是 Wang 和 Liu（2014）、王明喜等（2014）又提出了一个关于价格非线性的评分函数，得出结论：均衡质量随投标人数的增加而提高，同时，与要价正相关。理论的不断完善，使得用评分函数选择中标者的思想迅速应用于实践中的采购市场，特别是大笔支出的政府采购，如电力采购、武器采购和高速公路的招标等。这里，我们仍然用评分函数来解决药品集中招标中的获胜者确定问题，借鉴 Wang 和 Liu（2014）、王明喜等（2014）的工作，结合我国医药集中招标评选办法，提出药品集中招标中的获胜者确定方案。

药品价格的虚高显然不是由一个部门或者一个流通环节引发的，一味压低药品价格，必然伴随着低价劣质的逆向选择，同时挫伤药企对新药研发的积极性，无法满足患者合理的用药需求。因此，要想挤兑药价的虚高部分，必须从药品生产、流通和使用整个流通过程入手，厘清药品在招标采购过程中的定价机理，以及高药价促成的利益集团，才能从机制设计本源上避免药价虚高。在本章中，我们首先参照卫规财发〔2001〕308 号文件《医疗机构药品集中招标采购工作规范（试行）》以药品实际流通路线为依据，刻画出我国药品集中招标采购的整个流程图，详细描述各个参与主体（药企、医药公司、医药代表、招标办、医院、医生和患者）在药品流通过程中扮演的角色。其次，建立贝叶斯-纳什不完全信息静态博弈模型，演绎药企在招标和采购两个阶段的投标策略及其对应策略下各参与主体的利得。再次，对比分析医药公司和医药代表对药企投标策略的影响，探讨取消“以药养医”，引入医保基金和医药分离等医改措施能否从根本上改变药品价格虚高的现状，并从机制设计的角度，给出能剥离药价虚高部分的，可供医改选择的政策工具。最后，为便于读者更好地理解本章的结论，我们构造一个算例进行演绎和解释。

9.2　药品集中招标采购流程

如图 9.1 所示，首先，在集中招标阶段，药企委托医药公司投标，招标办对所有医药公司的投标进行对比，公布中标医药公司、药品的采购质量标准和采购指导价格；其次，在采购阶段，医院从中标医药公司采购药品，但是采购协商价不得高于招标时的采购指导价格；最后，医生决定患者服用何种药品。总之，招标办只招不采，负责评标、决定采购药品的质量和采购价格的上限，医院决定药品采购的数量，可以与药企进行二次议价，医生决定采购的药品能否被销售给患者。

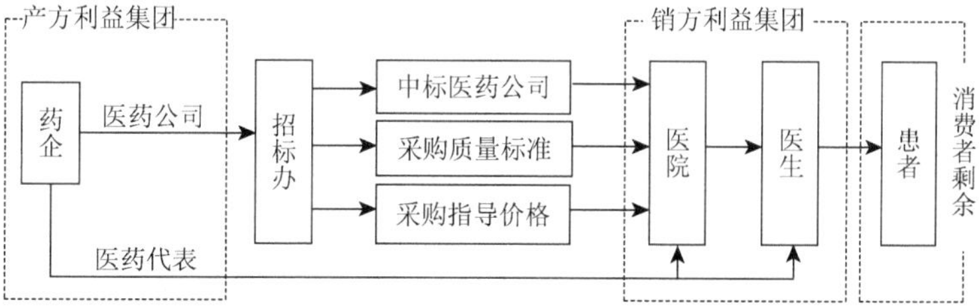

图 9.1　药品集中招标采购流程

如果说招标办决定着药企能否进行生产的话，那么医院和医生则决定着药企能否继续存在于业界。因此，药企为了获得被采购的资格，委托医药公司投标，同时，雇用医药代表游说医院采购自己的药品，游说医生使用自己的药品；当然，在此过程中，药企为了激励医药公司和医药代表，对他们给予一定的利益分成。在利益的驱使下，医药公司游说招标办，使雇主获得被采购的资格，医药代表游说医院和医生采购并使用雇主生产的药品。在药品的整个招标采购流程中，药企、医药公司和医药代表是代表生产方利益的，因此我们称他们为产方利益集团；医院和医生是代表销售方利益的，我们称他们为销方利益集团；患者在使用药品的过程中，获得了消费者剩余。

9.3 模　　型

招标办仅出售一个采购资格，n 个药企参与竞标，投标策略由质量 q 和价格 p 构成。对医院和患者而言，质量 q 是一个效益型属性，越大越好；价格 p 是一个成本型属性，越小越好。在“双信封”式的评标方法中，把两个属性的得分加总，即为一个投标者的分数。因此，我们假设评分函数为

$$S(p,q)=w_1\frac{1}{p}+w_2q \tag{9.1}$$

其中，权重 $w_1>0$，$w_2>0$。得分最高的投标者获得被采购的资格。

现实中，n 个药企的生产效率存在差异，且每个药企仅知道自己的生产效率，符合拍卖理论中的私人信息假设。根据 Liu 和 Wang（2010）的工作，n 个药企的生产效率是相互独立的，记生产效率为 θ，服从 $[\underline{\theta},\overline{\theta}]$（$0<\underline{\theta}<\overline{\theta}<+\infty$）上相同的分布函数 $F(\cdot)$，其密度函数为 $f(\cdot)$（$f(\cdot)>0$）。假设不存在歧视，在招标办、医院和患者看来，药企是无差异的。药企的生产成本由其生产效率和产品质量同时决定，生产效率越高，成本越低，产品质量越好，其对应的生产成本越大，记成本函数为 $C(q,\theta)$，则 $C_\theta<0$，$C_q>0$，$C_{qq}>0$。为了建立更为精确的、便于分析计算的数学模型，我们假设：

$$C(q,\theta)=\frac{1}{\theta}q^k \tag{9.2}$$

其中，$k>1$，为了保证质量符合边际成本递增的性质。对于投标策略 (p_i,q_i)，药企 i 的净收益为

$$p_i-C(q_i,\theta_i) \tag{9.3}$$

由于 n 个药企的成本函数结构相同，所以在下文的分析中，我们省略下标 i，寻找投标者的对称贝叶斯-纳什均衡投标策略①。假设 $p'(\theta)<0$，$q'(\theta)>0$②。药企在招标阶段的决策问题是如何选择 (p,q) 的水平，使自己的预期利润最大化，即

① 给定其他投标者的投标策略 $\{(p(\theta_j),q(\theta_j))\}_{j\neq i}$，若投标者 i 的成本参数为 θ_i，如果 $(p(\theta_i),q(\theta_i))$ 是投标者 i 的最优投标策略，则称投标策略 $(p(\cdot),q(\cdot))$ 是一个对称的贝叶斯-纳什均衡投标策略。

② Maskin 和 Riley（2000）及 Riley 和 Samuelson（1981）也做过类似的假设。

$$\max_{p,q} \pi(p,q,\theta) = (p - C(q,\theta))\text{Prob(win)} \tag{9.4}$$

其中，Prob(win)表示获胜概率。

招标办根据药企的投标策略$\{(p_i,q_i)\}_{i=1}^n$和评分函数$S(p,q)$的得分，决定把采购资格赋予哪个药企，决定药品的采购价格上限（记为$\overline{p}$）和质量（记为q^*）。医院在采购时，只考虑采购价格和采购数量，此时，在招标阶段中标公司的决策问题是面临市场需求$D(p)$，如何选择价格水平使利润最大化，即

$$\begin{aligned} &\max_{p}(p - C(q^*,\theta))D(p) \\ &\text{s.t. } p \leqslant \overline{p} \end{aligned} \tag{9.5}$$

记均衡价格为p^{**}，则医院获得的收益为$tp^{**}D(p^{**})$，其中，t表示“以药养医”政策下的价格加成率；患者的消费者剩余为$\int_{p^{**}}^{+\infty} D(p)\mathrm{d}p$。由于人体对药品有一个消化、吸收和适应的过程，所以患者对药品会产生抗药性，临床治疗效果将逐渐减弱，弱化程度不会随着用药量和时间的变化而发生太大变化，因此，我们可以近似认为边际治疗效果以常数的速度递减，这样：

$$D(p) = b - ap \tag{9.6}$$

其中，$a>0$，$b>0$。

9.4 无腐败下的药品定价模式

在没有腐败的情况下，招标办秉公办事，药企直接参与竞标，支付给医药公司一定的代理佣金，药企与医药公司之间不存在是否中标后的利益分成，此时，药企在招标阶段的对称贝叶斯-纳什均衡投标策略可以刻画为如下形式。

命题 9.1 在药品集中招标阶段，药企的对称贝叶斯-纳什均衡投标策略$(p(\theta),q(\theta))$满足方程组

$$\begin{cases} p(\theta) = \dfrac{1}{\theta}q^k(\theta) + \displaystyle\int_{\underline{\theta}}^{\theta} \dfrac{1}{x^2} q^k(x)\dfrac{G(x)}{G(\theta)}\mathrm{d}x \\ \dfrac{1}{\theta}q^k(\theta) - \left(\dfrac{kw_1}{\theta w_2}q^{k-1}(\theta)\right)^{\frac{1}{2}} + \displaystyle\int_{\underline{\theta}}^{\theta} \dfrac{1}{x^2} q^k(x)\dfrac{G(x)}{G(\theta)}\mathrm{d}x = 0 \end{cases} \tag{9.7}$$

其中，$G(\cdot) = F^{n-1}(\cdot)$。

证明：不失一般性，考虑投标公司 1 的决策，其生产效率为θ，投标策略为

（$p(\theta)$，$q(\theta)$）。给定其他 $n-1$ 个投标者的投标策略 $(p(\theta_i),q(\theta_i))$ 及对应的分数 $S(p(\theta_i),q(\theta_i))\triangleq S(\theta_i)$（$i=2,3,\cdots,n$），投标者 1 的获胜概率为

$$\begin{aligned}\text{Prob(win)}&=\text{Prob}(S(\theta_i)<w_1\frac{1}{p}+w_2q\triangleq S_1,i=2,3,\cdots,n)\\&=F^{n-1}(S^{-1}(S_1))=G(S^{-1}(S_1))\end{aligned}\tag{9.8}$$

其中，第二个等式中的 $S^{-1}(\cdot)$ 存在，是因为 $p'(\theta)<0$，$q'(\theta)>0$。于是投标者 1 的投标决策问题为

$$\max_{p,q}\pi(p,q,\theta)=(p-\frac{1}{\theta}q^k)G(S^{-1}(S_1))\tag{9.9}$$

对最优化问题，即式（9.9）分别关于 p 和 q 求偏导数，得

$$\begin{cases}\dfrac{\partial\pi(p,q,\theta)}{\partial p}=G(S^{-1}(S_1))-(p-\dfrac{1}{\theta}q^k)g(S^{-1}(S_1))\dfrac{w_1}{p^2S'(S^{-1}(S_1))}\\\dfrac{\partial\pi(p,q,\theta)}{\partial q}=-\dfrac{k}{\theta}q^{k-1}G(S^{-1}(S_1))+(p-\dfrac{1}{\theta}q^k)g(S^{-1}(S_1))\dfrac{w_2}{p^2S'(S^{-1}(S_1))}\end{cases}\tag{9.10}$$

其中，$g(\cdot)=G'(\cdot)$。在均衡时，$\left(\dfrac{\partial\pi(p,q,\theta)}{\partial p},\dfrac{\partial\pi(p,q,\theta)}{\partial q}\right)\Bigg|_{(p,q)=(p(\theta),q(\theta))}=(0,0)$，且 $S^{-1}(S_1)=S^{-1}(S(\theta))=\theta$。于是方程组（9.10）变为

$$\begin{cases}G(\theta)-(p(\theta)-\dfrac{1}{\theta}q^k(\theta))g(\theta)\dfrac{w_1}{p^2S'(\theta)}=0\\\dfrac{k}{\theta}q^{k-1}(\theta)G(\theta)-(p(\theta)-\dfrac{1}{\theta}q^k(\theta))g(\theta)\dfrac{w_2}{p^2S'(\theta)}=0\end{cases}\tag{9.11}$$

将方程组（9.11）中的两个方程相除，得

$$p^2(\theta)=\frac{kw_1}{\theta w_2}q^{k-1}(\theta)\tag{9.12}$$

将 $S'(\theta)=-\dfrac{w_1}{p^2(\theta)}p'(\theta)+w_2q'(\theta)$ 代入方程组（9.11）的第一个方程，整理得

$$(p(\theta)G(\theta))'=\frac{w_1}{w_2}p^2(\theta)q'(\theta)G(\theta)+\frac{1}{\theta}q^k(\theta)g(\theta)\tag{9.13}$$

将式（9.13）等号两边同时在区间 $[\underline{\theta},\theta]$ 上积分，注意到 $G(\underline{\theta})=0$，则有

$$
\begin{aligned}
p(\theta)G(\theta) &= \int_{\underline{\theta}}^{\theta} \frac{w_1}{w_2} p^2(x) q'(x) G(x) \mathrm{d}x + \int_{\underline{\theta}}^{\theta} \frac{1}{x} q^k(x) g(x) \mathrm{d}x \\
&= \int_{\underline{\theta}}^{\theta} k \frac{1}{x} q^{k-1}(x) q'(x) G(x) \mathrm{d}x + \int_{\underline{\theta}}^{\theta} \frac{1}{x} q^k(x) g(x) \mathrm{d}x \\
&= \int_{\underline{\theta}}^{\theta} \frac{1}{x} G(x) \mathrm{d} q^k(x) + \int_{\underline{\theta}}^{\theta} \frac{1}{x} q^k(x) g(x) \mathrm{d}x \\
&= \frac{1}{\theta} G(\theta) q^k(\theta) - \int_{\underline{\theta}}^{\theta} q^k(x) \left(\frac{1}{x} g(x) - \frac{1}{x^2} G(x) \right) \mathrm{d}x \\
&\quad + \int_{\underline{\theta}}^{\theta} \frac{1}{x} q^k(x) g(x) \mathrm{d}x \\
&= \frac{1}{\theta} G(\theta) q^k(\theta) + \int_{\underline{\theta}}^{\theta} \frac{1}{x^2} q^k(x) G(x) \mathrm{d}x
\end{aligned} \tag{9.14}
$$

其中，第二个等式是由式（9.12）代入所得，第四个等式是分部积分所得。进而：

$$
p(\theta) = \frac{1}{\theta} q^k(\theta) + \int_{\underline{\theta}}^{\theta} \frac{1}{x^2} q^k(x) \frac{G(x)}{G(\theta)} \mathrm{d}x \tag{9.15}
$$

由式（9.12）和式（9.15）可知，$q(\theta)$ 满足微分方程：

$$
\frac{1}{\theta} q^k(\theta) - \left(\frac{k w_1}{\theta w_2} q^{k-1}(\theta) \right)^{\frac{1}{2}} + \int_{\underline{\theta}}^{\theta} \frac{1}{x^2} q^k(x) \frac{G(x)}{G(\theta)} \mathrm{d}x = 0 \tag{9.16}
$$

式（9.15）和式（9.16）仅仅是 $(p(\theta), q(\theta))$ 最大化 $\pi(p,q,\theta)$ 的必要条件，下面我们可以证明式（9.15）和式（9.16）也是其充分条件。根据式（9.9）和式（9.15）可知：

$$
\pi(p(\theta), q(\theta), \theta) = \int_{\underline{\theta}}^{\theta} \frac{1}{x^2} q^k(x) G(x) \mathrm{d}x \tag{9.17}
$$

$$
\pi(p(\delta), q(\delta), \theta) = \left(\frac{1}{\delta} - \frac{1}{\theta} \right) q^k(\delta) G(\delta) + \int_{\underline{\theta}}^{\delta} \frac{1}{x^2} q^k(x) G(x) \mathrm{d}x \tag{9.18}
$$

于是，$\pi(p(\theta), q(\theta), \theta) - \pi(p(\delta), q(\delta), \theta) = \int_{\delta}^{\theta} \frac{1}{x^2} q^k(x) G(x) \mathrm{d}x - \left(\frac{1}{\delta} - \frac{1}{\theta} \right) q^k(\delta) G(\delta)$。

当 $\delta < \theta$ 时，$\pi(p(\theta), q(\theta), \theta) - \pi(p(\delta), q(\delta), \theta) > q^k(\delta) G(\delta) \left[\int_{\delta}^{\theta} \frac{1}{x^2} \mathrm{d}x - \left(\frac{1}{\delta} - \frac{1}{\theta} \right) \right] = 0$；

当 $\delta > \theta$ 时，$\pi(p(\theta), q(\theta), \theta) - \pi(p(\delta), q(\delta), \theta) > q^k(\delta) G(\delta) \left(\frac{1}{\theta} - \frac{1}{\delta} - \int_{\delta}^{\theta} \frac{1}{x^2} \mathrm{d}x \right) = 0$。

这说明，对于生产效率为 θ 的药企而言，满足式（9.15）和式（9.16）的 $(p(\theta), q(\theta))$ 是该药企预期利润最大化的最佳选择。证毕。

在投标时，由式（9.16）可知，药企的成本加成量为

$$p(\theta)-C(q(\theta),\theta)=\int_{\underline{\theta}}^{\theta}\frac{1}{x^2}q^k(x)\frac{G(x)}{G(\theta)}\mathrm{d}x \tag{9.19}$$

因 $\frac{G(x)}{G(\theta)}=\left(\frac{F(x)}{F(\theta)}\right)^{n-1}\in(0,1)$，$\forall\underline{\theta}<x<\theta$，随着 n 的增加，成本加成量减少，即成本加成量与竞争激烈程度成反比，与直觉相符①。根据洛必达法则：

$$\lim_{\theta\to\underline{\theta}}\int_{\underline{\theta}}^{\theta}\frac{1}{x^2}q^k(x)\frac{G(x)}{G(\theta)}\mathrm{d}x=\frac{q^k(\underline{\theta})F(\underline{\theta})}{(n-1)\underline{\theta}^2 f(\underline{\theta})}=0 \tag{9.20}$$

$$\lim_{\theta\to\bar{\theta}}\int_{\underline{\theta}}^{\theta}\frac{1}{x^2}q^k(x)\frac{G(x)}{G(\theta)}\mathrm{d}x=\lim_{\theta\to\underline{\theta}}\int_{\underline{\theta}}^{\theta}\frac{1}{x^2}q^k(x)G(x)\mathrm{d}x>0 \tag{9.21}$$

换言之，生产效率极低的药企，其成本加成量接近于 0；生产效率极高的药企，其成本加成量严格为正。然而，对于任何一个投标公司，其生产效率无论如何，均满足参与约束条件 $\pi\left(p(\theta),q(\theta),\theta\right)=\int_{\underline{\theta}}^{\theta}\frac{1}{x^2}q^k(x)G(x)\mathrm{d}x\geqslant 0$，且 $\frac{\mathrm{d}\pi\left(p(\theta),q(\theta),\theta\right)}{\mathrm{d}\theta}=\frac{1}{\theta^2}q^k(\theta)G(\theta)\geqslant 0$，$\pi\left(p(\theta),q(\theta),\theta\right)\big|_{\theta=\underline{\theta}}=0$，即在没有腐败等人为因素干涉的前提下，投标公司的预期利润随着生产效率的提高而增加，符合产业优胜劣汰的自然发展规律。

事实上，当 p 提高同时 q 下降时，投标公司的净收益 $p-\frac{1}{\theta}q^k$ 增加，但获胜概率 Prob(win)降低，反之亦然；因此，为了最大化目标函数，即式（9.9），投标公司选择$(p(\theta), q(\theta))$的过程实际上是在净收益和获胜概率之间进行权衡的过程，其权衡的结果是$(p(\theta), q(\theta))$必须满足方程组（9.7）。具体见图 9.2。

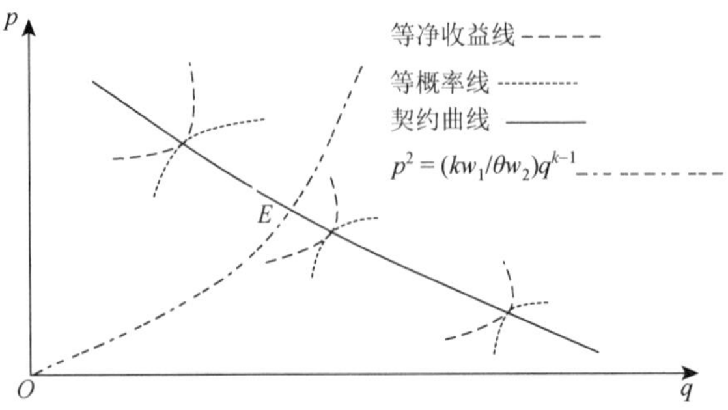

图 9.2　医药公司在集中招标阶段的均衡投标

① 在 Che（1993）的理论框架下，评分函数关于价格是线性的，所得均衡质量与竞标人数 n 成正比。

在等净收益线 $p-\frac{1}{\theta}q^k=R_0$（$R_0$ 表示一个常数）上，我们有 $\frac{\mathrm{d}p}{\mathrm{d}q}=\frac{k}{\theta}q^{k-1}>0$，$\frac{\mathrm{d}^2p}{\mathrm{d}q^2}=\frac{k(k-1)}{\theta}q^{k-2}>0$，即 p 是 q 的递增凸函数。在等概率线 $F^{n-1}\left[S^{-1}\left(w_1\frac{1}{p}+w_2q\right)\right]=\mathrm{Prob}_0$（$\mathrm{Prob}_0$ 表示介于 0 和 1 之间的一个常数）上，由隐函数定理得 $\frac{\mathrm{d}p}{\mathrm{d}q}=\frac{w_1}{w_2}p^{-2}>0$，$\frac{\mathrm{d}^2p}{\mathrm{d}q^2}=-\frac{2w_1}{w_2}p^{-3}\frac{\mathrm{d}p}{\mathrm{d}q}<0$，即 p 是 q 的递增凹函数。而且，等净收益线与等概率线二者的梯度方向相反，向左上方变动时，净收益增加，向右下方变动时，概率增加；等净收益线与等概率线相切的切点构成的曲线，是药企最大化预期利润时投标策略 $(p(\theta), q(\theta))$ 满足的契约曲线。在均衡时，$(p(\theta), q(\theta))$ 又满足式（9.12），所以 E 点为最终的贝叶斯-纳什均衡投标策略。

从式（9.15）和式（9.16）中，可以发现：只要投标者知道自己的生产效率，他可以根据 θ 的分布函数 F，以及参加竞标公司的数目 n 和成本参数 k，首先确定投标质量 q^*，然后再根据评分函数的参数 (w_1,w_2)，确定采购价格的上限 $\bar{p}$ 或成本加成量 $\int_{\underline{\theta}}^{\theta}\frac{1}{x^2}q^k(x)\frac{G(x)}{G(\theta)}\mathrm{d}x$。从理论上讲，招标办采用“双信封”评审制，把经济技术标和商务标分离开来，分别对其进行评估的做法是合理的。

因为 $S'(\theta)>0$，所以生产效率最高的医药公司获得最高分，招标办赋予其被医院采购的资格，采购时的质量标准 q^* 满足式（9.16），采购时的价格上限 $\bar{p}$ 满足式（9.12）。在采购时，药企的决策问题为

$$\begin{aligned}&\max_p\left(p-\frac{1}{\theta}q^{*k}\right)(b-ap)\\&\text{s.t.}\quad p\leqslant\bar{p}\end{aligned}\tag{9.22}$$

因为最优化问题的目标函数是 p 的严格凹函数，所以其最优解为

$$p^{**}=\min\left\{\frac{b}{2a}+\frac{1}{2\theta}q^{*k},\bar{p}\right\}\tag{9.23}$$

忽略在招标和采购过程中产生的运营和管理成本，在集中招标采购过程中，招标办的利润为 0，药企的利润 π_{yq} 为

$$\pi_{\mathrm{yq}}=\left(p^{**}-\frac{1}{\theta}q^{*k}\right)(b-ap^{**})\tag{9.24}$$

医院的利润 π_{yy} 为

$$\pi_{\mathrm{yy}}=tp^{**}(b-ap^{**})\tag{9.25}$$

患者的消费者剩余 π_{sy} 为

$$\pi_{sy}=\int_{p^{**}}^{\frac{b}{a}}(b-ap)\mathrm{d}p=\frac{a}{2}p^{**2}-bp^{**}+\frac{b^2}{2a} \tag{9.26}$$

9.5　腐败下的药品定价模式

药企为了获得被医院采购的资格，只能委托医药公司游说招标办，同时承诺给予医药公司佣金外的利益分成。相对于没有公关的情形，设此时药企的成本增加了 c_1（包括游说费用和医药公司的利益分成），对应的对称贝叶斯-纳什均衡投标策略记为 $(\hat{p}(\theta),\hat{q}(\theta))$。类似于命题 9.1 的证明，我们可以得到

$$\begin{cases}\hat{p}(\theta)=\dfrac{1}{\theta}\hat{q}^k(\theta)+\displaystyle\int_{\underline{\theta}}^{\theta}\frac{1}{x^2}\hat{q}^k(x)\frac{G(x)}{G(\theta)}\mathrm{d}x+c_1\\[2ex] \dfrac{1}{\theta}\hat{q}^k(\theta)-\left(\dfrac{kw_1}{\theta w_2}\hat{q}^{k-1}(\theta)\right)^{\frac{1}{2}}+\displaystyle\int_{\underline{\theta}}^{\theta}\frac{1}{x^2}\hat{q}^k(x)\frac{G(x)}{G(\theta)}\mathrm{d}x+c_1=0\end{cases} \tag{9.27}$$

命题 9.2　当 $\hat{q}(\underline{\theta})=q(\underline{\theta})$ 时，则 $\hat{q}(\theta)=q(\theta)$， $\hat{p}(\theta)=p(\theta)+c_1$， $\forall\theta\in[\underline{\theta},\overline{\theta}]$。

证明：将方程组（9.7）和方程组（9.27）的第二个方程分别关于 θ 求导，可以发现 $\hat{q}(\theta)$ 和 $q(\theta)$ 满足相同的一阶微分方程。给定边界条件 $\hat{q}(\underline{\theta})=q(\underline{\theta})$，则有 $\hat{q}(\theta)=q(\theta)$。进而，由方程组（9.7）和方程组（9.27）的第一个方程可得 $\hat{p}(\theta)=p(\theta)+c_1$。证毕。

医药公司的游说使得药企的投标价格上升，并实现了游说成本的完全转移，但投标质量不变。这样，相对于游说前的情形，药企所获得的分数 $S(\hat{p},\hat{q})=w_1\dfrac{1}{\hat{p}}+w_2\hat{q}$ 将下降。为提高进行了游说的药企中标的可能性，招标办只能人为调整评分函数的权重 (w_1,w_2)，提高质量属性的权重 w_2，同时降低价格属性的权重 w_1，使得调整后的分数 $\hat{S}(\hat{p},\hat{q})>S(p,q)$。这样，腐败就产生了。药企为了在采购阶段获得较多利润，将加大游说力度，由命题 9.2 可知，均衡价格 $\hat{p}$ 也将随之上升，以致形成业界的招标“天花板价”，使得采购阶段的价格上限形同虚设，对医院采购阶段的成交价没有任何约束力。

为了防止“中标死”现象的发生，药企委托医药代表对医院采购部门进行游说，以提高医院的采购量，但是，医院采购的药品能否真正销售出去，还依赖于医生的处方，因此，医药代表对医生进行游说的目的主要是多销售雇主生产的药品。这样，医生借助自己的专业知识，在患者与医生信息不对称的现实情况下，使得患者在相同价格水平上增加了用药量，即需求函数由 $D(p)=b-ap$ 变为

$D(p)=\lambda b-ap$，其中，$\lambda>1$。假设药企在采购阶段的游说成本为c_2，药企的目标函数，即式（9.22）则变成下面的无约束优化问题：

$$\max_{p}\left(p-\frac{1}{\theta}\hat{q}^{*k}-c_1-c_2\right)(\lambda b-ap) \tag{9.28}$$

当$\hat{q}(\underline{\theta})=q(\underline{\theta})$时，最优化问题，即式（9.28）的均衡解为

$$\hat{p}^{**}=\frac{\lambda b}{2a}+\frac{1}{2}\left(\frac{1}{\theta}q^{*k}+c_1+c_2\right) \tag{9.29}$$

与没有腐败的情形相比，医院的采购价格$\hat{p}^{**}$高出p^{**}的量为

$$\hat{p}^{**}-p^{**}\geqslant\frac{(\lambda-1)b}{2a}+\frac{1}{2}(c_1+c_2) \tag{9.30}$$

此时，药企的利润为

$$\hat{\pi}_{\text{yq}}=\frac{1}{4a}\left[\lambda b-a\left(\frac{1}{\theta}q^{*k}+c_1+c_2\right)\right]^2 \tag{9.31}$$

医院的利润一部分来源于“以药养医”的价格加成率 t，另一部分来源于药企的游说成本c_2，即

$$\begin{aligned}\hat{\pi}_{\text{yy}}&=t\hat{p}^{**}(\lambda b-a\hat{p}^{**})+c_2(\lambda b-a\hat{p}^{**})\\&=\frac{t}{4a}\left[\lambda^2b^2-a^2\left(\frac{1}{\theta}q^{*k}+c_1+c_2\right)^2\right]+\frac{c_2}{2}\left[\lambda b-a\left(\frac{1}{\theta}q^{*k}+c_1+c_2\right)\right]\end{aligned} \tag{9.32}$$

于是：

$$\begin{aligned}\hat{\pi}_{\text{yy}}-\pi_{\text{yy}}\geqslant&\frac{t}{4a}\left[(\lambda^2-1)b^2-a^2(c_1+c_2)^2-\frac{2}{\theta}q^{*k}a^2(c_1+c_2)\right]\\&+\frac{c_2}{2}\left[\lambda b-a\left(\frac{1}{\theta}q^{*k}+c_1+c_2\right)\right]\end{aligned} \tag{9.33}$$

式（9.30）显示，招标办和医院采购部门的腐败是药品价格虚高的直接原因，而“以药养医”的加成政策只是高药价的一个推手。从医院的利益出发，医生有动力提高λ的值。根据式（9.32）和式（9.33），只要λ的值越大，医院获得的利润和灰色收入也越高，相应地，医生的“业绩”自然也越好，随之使药企销售量增加，让药企有更多收益投入到对招标办和医院的游说中，进一步提高招标指导价和采购成交价，从而形成恶性循环，使得药企、招标办、医院和医生形成一个利益同盟或存在利益裙带关系，捆绑在一起。

然而，药企是一个理性的法人，只有获得额外收益，才会选择游说。比较式（9.24）和式（9.31），当$(\lambda-1)b>a(c_1+c_2)$时，$\hat{\pi}_{\text{yq}}>\pi_{\text{yq}}$。因此，药企是否选

择游说招标办和医院，依赖于医生是否遵守职业道德这一前提。只要医生严格遵守职业道德（$\lambda=1$），使 $\hat{\pi}_{\text{yq}}=\pi_{\text{yq}}$，药企当然不会选择游说，自然也不会有招标办和医院采购部门腐败的发生。因此，医生不遵守职业道德是药价虚高的根本原因。

如图 9.3 所示，在患者的需求函数 $D(p)$ 被人为改为 $D(\hat{p})$ 后，患者的消费者剩余为

$$\hat{\pi}_{\text{sy}}=\int_{H}^{\frac{b}{a}}(b-ap)\mathrm{d}p-(\hat{p}^{**}-H)D(\hat{p}^{**})=\int_{\hat{p}^{**}}^{\frac{b}{a}}(b-ap)\mathrm{d}p-S_{\triangle ACE} \tag{9.34}$$

由腐败导致的患者的消费者剩余损失量为

$$\begin{aligned}S_{\hat{p}^{**}EFp^{**}}+S_{\triangle ACE}&=S_{\hat{p}^{**}CBp^{**}}+S_{\triangle ACE}\\&=(\hat{p}^{**}-p^{**})D(\hat{p}^{**})+\frac{1}{2}(p^{**}-H)(D(\hat{p}^{**})-D(p^{**}))\end{aligned} \tag{9.35}$$

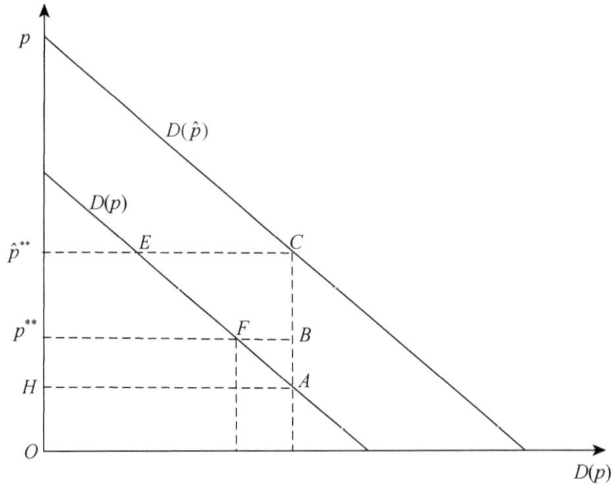

图 9.3　腐败出现时的消费者剩余

当 λ 增加时，由式（9.29）知 $\hat{p}^{**}$ 增加，同时 $D(\hat{p}^{**})=\frac{1}{2}\left[\lambda b-a\left(\frac{1}{\theta}q^{*k}+c_1+c_2\right)\right]$ 也增加，而 $H=\frac{1}{a}(b-D(\hat{p}^{**}))$ 却降低。注意到，p^{**} 进而 $D(p^{**})$ 独立于 t。因此，式（9.35）隐含着：λ 的增加将使患者的消费福利下降。换言之，排除医生的医术因素，患者从药品中获得的满意程度是由医生的职业道德决定的，以追求利益为主的从业原则将损害患者的福利，而以患者为本的从业原则将能维护患者的就医福利。

9.6　医改政策效果

这一节将讨论业界热议或已经实行的几个医改措施（如取消“以药养医”政策，引入社保基金和医药分离政策）对挤兑药价虚高部分的政策效果；然后，基于 9.4 节的分析，提出一个可供选择的医改措施，此措施不但可以剥离药价的虚高部分，还可以避免医药行业腐败的发生，从而维护患者的就医利益。

9.6.1　取消“以药养医”政策

在“以药养医”政策下，医院在采购价格 p^{**} 的基础上，以加成 tp^{**} 的价格出售给患者，获得收益 $tp^{**}D(p^{**})$ 。一般地，医生开出的药品对患者而言，都是缺乏弹性的。所以，在需求缺乏弹性的情况下，医院为了获得较多利润，愿意提高 p^{**} 以提高收益，偏爱于采购那些价格较高的药品，但限于招标办指导价的约束，有时难以实现。药企为了迎合医院，通过医药公司游说招标办，招标办的腐败使得招标指导价趋于上扬，人为抬高采购指导价；随着腐败程度的加深，招标指导价有时会出现“天花板价”，使其对采购价格的限制形同虚设，从而扫除医院采购高价药的阻碍。这样，“以药养医”的价格加成率 t，仅仅是抬高药价的一个诱因，不是高药价的一个主导影响因素。

从方程组（9.27）和式（9.29）可以看出，取消“以药养医”政策后，招标阶段的指导价 $\hat{p}$ 和医院的采购价 $\hat{p}^{**}$ 没有受到任何影响，无法改变腐败 (c_1,c_2,λ) 对药价的推高部分。此外，为了维护医院和医生的收益，医生很可能会利用自己的专业知识抬高 λ，进一步加大需求量 $D(p^{**})$ 。所以，“以药养医”政策的取消不能从根本上挤兑药价的虚高部分，还可能诱导医生偏离其行医原则，破坏白衣天使的美好形象。

9.6.2　引入社保基金

社保基金的引入，使得社保成员在其自付费用达到一定的额度后，对医保范围内的药品，只需要支付部分费用即可，比如药品售价的 10%。这一政策的引入，对招标指导价和采购价同样没有影响，仅体现在患者对药品的支付价格上。因此，社保基金的引入对挤兑药品价格的虚高部分仍无济于事，但可以弥补患者的福利损失，而且，这种弥补方式是以国家财政补贴为代价的。

在当前社保基金的补贴模式下，伴随其出现的社保成员年底囤药和药品临时短缺等逆向选择问题，使得社保财政赤字不断加大，社保基金难以良性运作，更无法维持长期良性运转。

9.6.3 医药分离政策

在医药分离政策下，医生只负责看病和开处方，药品由药房负责出售。从表面上看，医生拿不到药价虚高部分的利益，当然也没有推高 λ 的动力。但事实上，从药品的定价方式，即方程组（9.27）和式（9.29）可以发现，医药分离政策只不过增加了药企的一道游说程序或部门，使原来的医院采购部门换成了药房而已，并没有从根本上改变药价虚高产生的利益裙带关系。当游说的程序或部门增加时，式（9.29）显示，药价的虚高部分不但不会降低，反而可能会进一步上升。

9.6.4 可供选择的医改措施

由式（9.24）和式（9.31）可知：

$$(\lambda-1)b > a(c_1+c_2) \tag{9.36}$$

是药企进行游说的前提条件，也是医院获得额外收益的保障。药企、招标办和医院无法改变患者对药品的需求参数 a 和 b，因此，药企是否进行游说或游说成本 (c_1,c_2) 完全由医生的决策 λ 控制。

当 $\lambda=1$，即医生严格遵守职业道德时，由式（9.36）可知，$c_1=c_2=0$，进而，$\hat{p}^{**}=p^{**}$，药品价格的虚高部分 $\left(\dfrac{\lambda-1}{2a}b+\dfrac{c_1+c_2}{2}\right)$ 消失。只要 $\lambda>1$，利益将驱使 $c_1+c_2>0$ 出现，药价的虚高部分将无法避免。

综上，控制药价虚高的关键在于如何让医生严格遵守职业道德。一个可供选择的措施是，依赖制度让医生自觉遵守职业道德，从本源上切断药价虚高的利益链条，使药品采购的腐败随之消失，才能从根本上挤兑药价的虚高部分。在具体实践过程中，有两个可供选择的政策工具：惩罚和监管。记医生遵守职业道德的收益为 π_{ys}，违反职业道德的收益为 $\hat{\pi}_{ys}$。假设医生违反职业道德被发现的可能性为 Pr，给予的对应惩罚为 μ。一旦医生违反职业道德被发现，其获得的收益为 $\hat{\pi}_{ys}-\mu$。于是，医生违反职业道德的预期收益为

$$\mathrm{ER}_{ys}=\mathrm{Pr}(\pi_{ys}-\mu)+(1-\mathrm{Pr})\hat{\pi}_{ys} \tag{9.37}$$

当 $\mathrm{ER}_{ys}<\pi_{ys}$ 时，即

$$\hat{\pi}_{ys}-\pi_{ys}<\frac{\mathrm{Pr}}{1-\mathrm{Pr}}\mu \tag{9.38}$$

医生将会理性地选择遵守职业道德。这样，只要对医生违反职业道德的惩罚力度

足够大，使得 $\frac{1-\Pr}{\Pr}(\hat{\pi}_{ys}-\pi_{ys})<\mu$ 成立，式（9.38）自然成立；当监管足够严格，使得 $\Pr\to 1$，式（9.38）也成立。

因此，在医药集中招标采购机制中，只要合理引入惩罚力度（μ）和有效监管（Pr），就可以使医生自觉遵守职业道德，杜绝招标采购过程中的腐败，彻底剥离药价的虚高部分。

9.7　数值算例

为了进一步解释说明 9.4 节和 9.5 节中的结论，我们构造如下数值算例①：设 $n=2$，$w_1=w_2=1$，θ 服从[0,1]上的均匀分布，$k=1$，$a=b=1$。于是，由方程组（9.7）可得，招标阶段药企的均衡要价为 $\overline{p}(\theta)=\theta^{-\frac{1}{2}}$，提供的均衡质量标准为 $q^*(\theta)=\frac{1}{3}\theta^{\frac{1}{2}}$，获得的预期收益为 $\pi(\overline{p}(\theta),q^*(\theta))=\frac{2}{3}\theta^{\frac{1}{2}}$。当没有腐败等人为因素干涉时，随着药企生产效率的提高，其产品的质量水平上升、均衡价格下降，其获得的预期收益增加，符合产业发展规律。在招标价 $\overline{p}(\theta)=\theta^{-\frac{1}{2}}$ 的约束下，由式（9.22）可得，药企在采购阶段的最优定价为 $p^{**}=\min\left\{\frac{1}{2}+\frac{1}{6}\theta^{-\frac{1}{2}},\theta^{-\frac{1}{2}}\right\}=\frac{1}{2}+\frac{1}{6}\theta^{-\frac{1}{2}}$（严格小于招标价 $\overline{p}(\theta)$），在此价格下，药企的收益为 $\pi_{yq}=\left(\frac{1}{2}-\frac{1}{6}\theta^{-\frac{1}{2}}\right)^2$，医院的收益仅来源于药品价格加成，其值为 $\pi_{yy}=t\left(\frac{1}{2}+\frac{1}{6}\theta^{-\frac{1}{2}}\right)\left(\frac{1}{2}-\frac{1}{6}\theta^{-\frac{1}{2}}\right)$。

药企为了获得被采购的资格，委托医药公司游说招标办；为了防止“中标死”，获得采购资格的药企又委托医药代表游说医院采购自己的药品，游说医生使用自己的药品。从而，除了生产药品的成本 $C(q,\theta)$ 外，又增加了招标阶段的游说成本 c_1 和采购阶段的游说成本 c_2。不失一般性地，设 $q(0)=0$。由命题 9.2 可知，c_1 的出现对招标阶段的质量没有影响，但它抬高了采购阶段的价格上限，并且实现了游说成本的完全转移，随着 c_1 的增加，业界将会出现“天花板价”。为了使游说药企能够获得被采购的资格，招标办只能人为更改评分参数，使 $\hat{w}_2\geqslant 4$，以抬高进行了游说的药企的招标分数 $S(\hat{p}(\theta),\hat{q}(\theta))=\hat{w}_1\frac{1}{\hat{p}(\theta)}+\frac{1}{3}\hat{w}_2\theta^{\frac{1}{2}}>\frac{4}{3}\theta^{\frac{1}{2}}=S(p(\theta),q(\theta))$。

① 本节所构造的算例没有现实意义和对业界的借鉴价值，仅仅为了从直观上解释说明本章所得结论，便于读者更好地理解。对于 $k>1$ 的情形，比如 $k=2$，我们只能得到招标阶段质量 q 满足的隐函数方程，因此，为了简化计算过程，获得一些变量的显式表达式，我们假设 $k=1$，但这个假设并不影响变量之间的方向性关系。

由式（9.29）可得，c_1 和 c_2 的出现使得药企在采购阶段的定价高出 p^{**} 的量为 $\frac{\lambda-1}{2}+\frac{1}{2}(c_1+c_2)$，对应地，药企和医院在采购阶段获得的收益分别为 $\hat{\pi}_{\text{yq}}=\left[\frac{\lambda}{2}-\frac{1}{2}\left(\frac{1}{3}\theta^{-\frac{1}{2}}+c_1+c_2\right)\right]^2$ 和 $\hat{\pi}_{\text{yy}}=t\left[\frac{\lambda}{2}+\frac{1}{2}\left(\frac{1}{3}\theta^{-\frac{1}{2}}+c_1+c_2\right)\right]\left[\frac{\lambda}{2}-\frac{1}{2}\left(\frac{1}{3}\theta^{-\frac{1}{2}}+c_1+c_2\right)\right]+\frac{c_2}{2}\left[\lambda-\left(\frac{1}{3}\theta^{-\frac{1}{2}}+c_1+c_2\right)\right]$。

对比 $\hat{\pi}_{\text{yq}}$ 和 π_{yq}，可以发现：药企进行游说的前提条件是 $\lambda-1>c_1+c_2$，这完全由医生的决策 λ 控制。当医生遵守职业道德时，患者的需求函数的参数 $\lambda=1$，此时 $c_1=c_2=0$，$\hat{\pi}_{\text{yq}}=\pi_{\text{yq}}$，药企不存在游说的空间，当然也没有游说的动力，药价仅仅依赖于其生产成本，不存在人为的虚高成分；当医生违反职业道德，夸大患者的用药量，使得患者的需求参数 $\lambda>1$ 时，$c_1+c_2\in(0,\lambda-1)$，药企则存在游说空间，推高药价（具体量为 $\frac{\lambda-1}{2}+\frac{1}{2}(c_1+c_2)$），获得额外收益 $\hat{\pi}_{\text{yq}}-\pi_{\text{yq}}$，同时，医生违反职业道德换取的绩效为 $\hat{\pi}_{\text{yy}}-\pi_{\text{yy}}$。但是，药企和医院的额外收益的获得均是以患者的消费者剩余为代价的，由式（9.35）可得，相对于 $\lambda=1$，$\lambda>1$ 造成的患者消费者剩余的损失量为 $\frac{1}{4}(\lambda-1+c_1+c_2)\left[\lambda-\left(\frac{1}{3}\theta^{-\frac{1}{2}}+c_1+c_2\right)\right]+\frac{\lambda-1}{2}(\lambda-1-c_1-c_2)$。

因为取消“以药养医”政策，引入社保基金及医药分离政策对 $\lambda-1$ 是否大于 c_1+c_2 没有任何影响，所以这些医改政策无法从根本上挤兑药价的虚高部分。为了解释 9.6 节防阻药价虚高的政策机理，假设某种药品的采购价格为 100 元，医院出售给患者的价格加成率为 15%，医生使用此种药品获得的岗位补贴为其加价部分的 20%，药企给予医生的回扣为采购价的 13%。这样，医生在遵守职业道德的情形下获得的岗位补贴额为 $\pi_{\text{ys}}=100\times15\%\times20\%=3$ 元。在违反职业道德接受药企回扣的情形下，设 $\lambda=5$，$c_1=c_2=1$，则医生获得的岗位补贴额为 $\hat{\pi}_{\text{ys}}=\left(100+\frac{5-1}{2}+\frac{1+1}{2}\right)\times(15\%\times20\%+13\%)=16.48$ 元。在正常的抽查情况下，医生被发现受贿的概率为 1/2，其受贿的预期收益为 $\text{ER}_{\text{ys}}=\frac{1}{2}\times(3-\mu)+\frac{1}{2}\times16.48$，当惩罚力度超过 13.48 元（$\mu>13.48$）时，$\text{ER}_{\text{ys}}<\pi_{\text{ys}}$，医生会自觉遵守职业道德；若监管极为严格，医生一旦违反职业道德就会被发现，即 $\Pr=1$，$\text{ER}_{\text{ys}}=3-\mu<3=\pi_{\text{ys}}$，此时，医生也同样会遵守职业道德，完全挤兑出药价的虚高部分。

9.8 本章小结

集中招标采购制度引入药品流通领域，原本以期使药品销售价格能够真实反映其出厂成本，规范医药行业的定价问题，减轻患者的就医负担。然而，经过十几年的实践检验，发现现行的集中招标采购制度仍存在设计层面的缺陷，使得“天价药”有着较大的生存空间，层出不穷。尽管业界专家和学者提出了一些弥补措施，并应用于现实医改政策中。但是，缺乏对机制设计本身的探讨，很难从本源上找到现行集中招标采购机制的设计漏洞。

为了从机制设计本源上发现虚高药价产生的根源，本章以药品招标采购中衍生出的两个“实体”——医药公司和医药代表为切入点，比较了这两个行业的出现对药品定价模式的影响，剖析了药价虚高的主导因素，以及虚高药价催生的利益链条。进而，探讨了几个热议的医改政策能否从根本上解决药价的虚高问题。最后，从机制设计的角度，提出了一个完善集中招标采购制度的措施，该措施可以从根本上剥离药价的虚高部分，并解释了此措施在实践中的操作过程，为我国医改政策解决药价虚高问题提供了一定的理论依据。

第10章　创新投资激励模型及其在政府采购中的应用

投资在企业规制中一直是一个非常重要的问题，尤其是在长期性或专用性比较强的采购项目中。例如，电力公司向顾客提供服务之前，还需进行大量的基础设施建设投资；政府采购中的各种带有专用性投资的项目，均需要企业在事前进行一定的投资；高科技领域的采购项目，如半导体、电子产品等，研发周期比较长，产品市场更新换代又比较快，这要求供应企业进行更多的专用性投资，提高创新能力和创新质量，以便更好地承接项目（Sako，1992；Cachon and Lariviere，2001）。

近年来，政府创新技术采购和供应链中的投资激励合同的设计问题引起了许多学者的关注。其中，针对投资激励中由信息不对称带来的道德风险问题，黄波等（2011）提出，产出分享加固定转移支付的新混合利益分配方式作为一种激励机制，可以有效地规避研发合作中的双边道德风险问题。在非对称产品收益信息情形下，Crama 等（2013）考虑了针对不同风险偏好的企业及不同研发阶段的支付合同设计。其次，针对多个企业参与的创新技术采购招标，研发阶段的一些投资往往发生在选择获胜者之前，中标企业在进入研发合同竞争时将承担投资风险（Zhang 等，2013）。因此，风险分担和投资激励也是设计、研发采购机制的重要问题。

在第 2 章模型框架的基础上，本章首先引入企业生产前的投资决策阶段，分别就可合同化的货币性投资和不可合同化的其他形式的投资的激励模型进行分析；同时，针对投资效果的不确定性进行相关的建模分析。其次，我们将研究扩展到多个供应商竞标的情形，分析了政府引入竞争，即允许第二货源的情形对中标企业投资激励的影响。最后，我们针对政府创新技术采购中的质量激励问题构建模型，并考虑了事前的最优投资激励。

10.1　投资激励模型

假设企业在得知其初始技术水平参数前，为提高其现有的技术水平投资了 I，使得技术参数的概率分布函数变为 $F(\beta|I)$，且在 $\beta\in[\underline{\beta},\overline{\beta}]$ 上满足一阶占优和边际收益递减规律，即 $F_I\equiv\partial F/\partial I>0$，$F_{II}=\partial^2 F/\partial I^2<0$。企业的事后成本依然沿用之前的 $C=\beta-e$，同样地，研发创新的成本函数为 $\psi(e(\beta))$。则社会最优投资水平 $\hat{I}$ 使得投资成本、事后成本最小：

$$\hat{I} \equiv \min_{I}\left[I + \int_{\underline{\beta}}^{\bar{\beta}} (\beta - e) \mathrm{d}F(\beta \mid I) \right] \tag{10.1}$$

根据其一阶必要条件可知，$\hat{I}$ 满足：

$$1 + \int_{\underline{\beta}}^{\bar{\beta}} (\beta - e) \mathrm{d}F_I = 0$$

利用分部积分化简为

$$\int_{\underline{\beta}}^{\bar{\beta}} F_I \mathrm{d}\beta = 1 \tag{10.2}$$

此外，关于投资我们可以有两种假设：一是可合同化的投资，政府采购方可以观察到投资，并选择一个投资水平提供成本补偿规则 $t(C)$，或者将投资决策权下放给企业，并提供补偿投资和生产成本的激励合同 $\{I + C, t(I, C)\}$；二是不可合同化的投资，政府采购方无法观察到投资，不能就投资签约，只能根据企业的事后生产成本与其签订激励合同，然后由企业自主选择投资水平。

10.1.1　可合同化的投资

假设政府采购方可以要求某一水平的投资并对其进行补偿，则企业的事后利润函数为

$$U = t - \psi(e) \tag{10.3}$$

其中，t 为补偿了事后成本和投资后的净转移支付。由 2.3 节可知，激励相容约束条件和个体理性约束条件分别为

$$\dot{U}(\beta) = -\psi'(e(\beta)) \tag{10.4}$$

$$U(\bar{\beta}) = 0 \tag{10.5}$$

政府采购方的预期社会福利函数为

$$\int_{\underline{\beta}}^{\bar{\beta}} [S - (1+\lambda)(I + \beta - e(\beta) + \psi(e(\beta))) - \lambda U(\beta)] \mathrm{d}F(\beta \mid I) \tag{10.6}$$

将式（10.4）和式（10.5）的约束条件化简并代入社会福利函数，即式（10.6）中，则采购方的最优化问题变为

$$\max_{\{I, e(\cdot)\}} \left\{ S - (1+\lambda)I - \int_{\underline{\beta}}^{\bar{\beta}} \left[(1+\lambda)(\beta - e(\beta) + \psi(e(\beta))) + \lambda \frac{F(\beta \mid I)}{f(\beta \mid I)} \psi'(e(\beta)) \right] \mathrm{d}F(\beta \mid I) \right\}$$

由一阶必要条件可得，最优的研发创新水平满足：

$$\psi'(e(\beta)) = 1 - \frac{\lambda}{1+\lambda} \cdot \frac{F(\beta)}{f(\beta)} \psi''(e(\beta)) \tag{10.7}$$

这与 2.3 节中的最优研发创新水平满足的一阶必要条件是一致的。最优投资水平满足如下一阶必要条件：

$$1+\lambda+\int_{\underline{\beta}}^{\bar{\beta}}\left\{\left[(1+\lambda)(\beta-e+\psi(e))+\lambda\frac{F}{f}\psi'(e)\right]f_I+\lambda\frac{\partial}{\partial I}\left(\frac{F}{f}\right)\psi'(e)f\right\}\mathrm{d}\beta=0 \quad (10.8)$$

我们对式（10.8）进行如下变形：

$$\begin{aligned}1+\lambda&=-\int_{\underline{\beta}}^{\bar{\beta}}\left[(1+\lambda)(\beta-e+\psi(e))+\lambda\frac{F}{f}\psi'(e)\right]\mathrm{d}F_I-\int_{\underline{\beta}}^{\bar{\beta}}\lambda\frac{\partial}{\partial I}\left(\frac{F}{f}\right)\psi'(e)\mathrm{d}F\\&=\int_{\underline{\beta}}^{\bar{\beta}}F_I\left[(1+\lambda)+\lambda\psi'(e)\frac{\partial}{\partial\beta}\left(\frac{F}{f}\right)\right]\mathrm{d}\beta-\int_{\underline{\beta}}^{\bar{\beta}}\lambda\frac{\partial}{\partial I}\left(\frac{F}{f}\right)\psi'(e)\mathrm{d}F \quad (10.9)\\&=(1+\lambda)\int_{\underline{\beta}}^{\bar{\beta}}F_I\mathrm{d}\beta+\lambda\int_{\underline{\beta}}^{\bar{\beta}}\psi'(e)\left[\frac{F_I}{f}\cdot\frac{\partial}{\partial\beta}\left(\frac{F}{f}\right)-\frac{\partial}{\partial I}\left(\frac{F}{f}\right)\right]\mathrm{d}F\end{aligned}$$

由此可知，当公共资金成本不存在时（$\lambda=0$），我们可以得到社会最优的投资水平I^*。对比式（10.9）的等号两边，我们还可以得出投资的边际社会成本$1+\lambda$等于投资的边际收益（边际成本节约）$(1+\lambda)\int_{\underline{\beta}}^{\bar{\beta}}F_I\mathrm{d}\beta$加上与$I^*$相关的调整项，此调整项由两部分构成。一部分是$\frac{F_I}{f}\cdot\frac{\partial}{\partial\beta}\left(\frac{F}{f}\right)>0$，投资的增加使得分布偏向较低的$\beta$值，即企业采取高技术的概率增大，因而会促进投资；另一部分是$-\frac{\partial}{\partial I}\left(\frac{F}{f}\right)<0$，投资使得技术参数的概率分布有利于政府采购方抽取更多的租金，从而抑制了投资的增加。

10.1.2 不可合同化的投资

不可合同化的投资，一般多指不可观察的非货币性投资，此时若继续使用之前的激励方案，则企业不会选择最优的投资水平，因为由政府承担的那部分投资成本并没有得到内生化。所以我们有必要讨论当投资不可合同化时，该如何调整激励方案。

假设投资I是非货币性的，企业的研发创新成本为

$$I+\psi(e) \quad (10.10)$$

则企业的利润函数为

$$U=t-I-\psi(e) \quad (10.11)$$

个体理性约束为

$$U(\overline{\beta})=0 \tag{10.12}$$

给定投资水平 I，激励相容约束为

$$\dot{U}(\beta)=-\psi'(e(\beta)) \tag{10.13}$$

社会福利为

$$S-(1+\lambda)(t+C)+U=S-(1+\lambda)(I+C+\psi(e))-\lambda U \tag{10.14}$$

则企业会选择最大化其预期利润水平的投资：

$$\max_{I}\left(-I+\int_{\underline{\beta}}^{\overline{\beta}}U(\beta)\mathrm{d}F(\beta\mid I)\right)$$

求解该一阶必要条件，并进行分部积分化简，可得企业关于投资的道德风险约束：

$$\int_{\underline{\beta}}^{\overline{\beta}}U(\beta)\mathrm{d}F_I(\beta\mid I)=\int_{\underline{\beta}}^{\overline{\beta}}\psi'(e(\beta))F_I(\beta\mid I)\mathrm{d}\beta=1 \tag{10.15}$$

采购方的最优化问题为在个体理性约束，即式（10.12），激励相容约束，即式（10.13）和道德风险约束，即式（10.15）之下，最大化预期社会福利：

$$\max_{\{I,e(\cdot)\}}\left\{\int_{\underline{\beta}}^{\overline{\beta}}\left[S-(1+\lambda)(\beta-e+\psi(e)+I)-\lambda\frac{F(\beta\mid I)}{f(\beta\mid I)}\psi'(e)\right]\mathrm{d}F(\beta\mid I)\right.$$
$$\left.+v\left(\int_{\underline{\beta}}^{\overline{\beta}}\psi'(e(\beta))F_I(\beta\mid I)\mathrm{d}\beta-1\right)\right\}$$

其中，$v(v>0)$ 为拉格朗日乘子或投资约束中的道德风险的影子成本。则最优的研发创新水平由式（10.16）给出：

$$\psi'(e)=1+\frac{\lambda}{1+\lambda}\cdot\frac{F(\beta\mid I)}{f(\beta\mid I)}\psi''(e)+\frac{v}{1+\lambda}\cdot\frac{F_I(\beta\mid I)}{f(\beta\mid I)}\psi''(e) \tag{10.16}$$

并且当

$$\frac{F_I}{f}\cdot\frac{\partial}{\partial\beta}\left(\frac{F}{f}\right)-\frac{\partial}{\partial I}\left(\frac{F}{f}\right)\geqslant 0 \tag{10.17}$$

时，最优投资水平满足：

$$\int_{\underline{\beta}}^{\overline{\beta}}F_I(\beta\mid I)\mathrm{d}\beta=1-\frac{\lambda}{1+\lambda}\int_{\underline{\beta}}^{\overline{\beta}}\psi'(e)\left[\frac{F_I}{f}\cdot\frac{\partial}{\partial\beta}\left(\frac{F}{f}\right)-\frac{\partial}{\partial I}\left(\frac{F}{f}\right)\right]\mathrm{d}F$$
$$-\frac{v}{1+\lambda}\int_{\underline{\beta}}^{\overline{\beta}}\psi'(e)F_{II}\mathrm{d}\beta \tag{10.18}$$

由此可知，相对于可合同化的投资，不可合同化的投资要求更高的研发创新水平，即激励强度更大；不可合同化的投资更有可能导致投资不足。

10.2　投资效果的不确定性

假设政府采购方要求企业承诺进行提高技术水平（降低技术参数 β ）的投资，水平为 I，不过企业事前拥有关于投资效果 θ 的私人信息。则令 β 的事后累积概率分布函数为 $F(\beta\,|\,I,\theta)$，密度为 $f(\beta\,|\,I,\theta)$，且 $F_I=\dfrac{\partial F}{\partial I}>0$，$F_{II}=\dfrac{\partial^2 F}{\partial I^2}<0$。由于 θ 越高，投资效果越好，也更有利于提高技术水平，于是有 $F_\theta\geqslant 0$。假设采购方可以了解到投资效果参数 θ 在 $[\underline{\theta},\bar{\theta}]$ 上的累积概率分布为 $G(\theta)$，其概率密度函数为 $g(\theta)$。

根据逆向归纳法，假设在生产阶段采购方已激励企业宣告其真实技术参数，在此基础上，我们假设 $U(\beta,\hat{\theta})$ 和 $e(\beta,\hat{\theta})$ 分别表示企业在投资阶段宣布投资效果为 $\hat{\theta}$ 时的利润水平和研发创新水平。$\dot{U}$ 表示 U 对 β 的一阶偏导，则对于任意 $\hat{\theta}$，都有以下激励相容约束条件：

$$\dot{U}(\beta,\hat{\theta})=-\psi'(e(\beta,\hat{\theta})) \tag{10.19}$$

记 $V(\theta)\equiv\sup_{\hat{\theta}}\left(\int_{\underline{\beta}}^{\bar{\beta}}U(\beta,\hat{\theta})f(\beta\,|\,I(\hat{\theta}),\theta)\mathrm{d}\beta\right)$，表示企业投资效果为 θ 时的预期利润，个体理性约束要求：

$$V(\underline{\theta})\geqslant 0 \tag{10.20}$$

激励相容约束条件为

$$\dot{V}(\theta)=\int_{\underline{\beta}}^{\bar{\beta}}U(\beta,\theta)f_\theta(\beta\,|\,I(\theta),\theta)\mathrm{d}\beta=\int_{\underline{\beta}}^{\bar{\beta}}\psi'(e(\beta,\theta))F_\theta(\beta\,|\,I(\theta),\theta)\mathrm{d}\beta \tag{10.21}$$

将式（10.20）和式（10.21）代入式（10.14），则最优化问题为

$$\max_{\{I(\cdot),e(\cdot)\}}\left\{\int_{\underline{\theta}}^{\bar{\theta}}g(\theta)\Bigg[-(1+\lambda)I(\theta)-\lambda V(\theta)\right.$$
$$\left.+\int_{\underline{\beta}}^{\bar{\beta}}[S-(1+\lambda)(\beta-e(\beta,\theta)+\psi(e(\beta,\hat{\theta})))]f(\beta\,|\,I(\theta),\theta)\mathrm{d}\beta\Bigg]\mathrm{d}\theta\right\}$$

于是，最优的研发创新水平可由以下一阶必要条件给出：

$$\psi'(e(\beta,\theta))=1-\frac{\lambda}{1+\lambda}\cdot\frac{1-G(\theta)}{g(\theta)}\cdot\frac{F_\theta(\beta\,|\,I(\theta),\theta)}{f(\beta\,|\,I(\theta),\theta)}\psi''(e(\beta,\theta)) \tag{10.22}$$

最优投资水平满足：

$$\int_{\underline{\beta}}^{\bar{\beta}}[S-(1+\lambda)(I+\beta-e+\psi(e))]f_I\mathrm{d}\beta=(1+\lambda)+\lambda\frac{1-G}{g}\int_{\underline{\beta}}^{\bar{\beta}}\psi'(e)F_{I\theta}\mathrm{d}\beta \quad (10.23)$$

由式（10.22）可知，采购方要求的最优研发创新水平比在信息不对称情况下更低，即企业拥有投资效果的私人信息进一步降低了激励强度。同时，由式（10.23）可知，在最优状态下，投资的边际社会收益 $\int_{\underline{\beta}}^{\bar{\beta}}[S-(1+\lambda)(I+\beta-e+\psi(e))]f_I\mathrm{d}\beta$ 等于单位投资的影子成本加上投资对企业租金的影响 $\lambda\frac{1-G}{g}\int_{\underline{\beta}}^{\bar{\beta}}\psi'(e)F_{I\theta}\mathrm{d}\beta$。

10.3　引入竞争的投资激励模型

众所周知，在当今的经济发展中，市场竞争日趋激烈，由单个企业组成的垄断市场也已逐渐发展成几家大企业并存的寡头市场，甚至竞争性市场。尽管引入竞争的益处是显而易见的，如降低价格、增加产品多样性、提高消费者福利等，但政府允许新企业进入将使中标企业失去相应的保障，使其沉淀的投资成本得不到补偿，因而也会挫伤中标企业的投资积极性。基于此，本节基于 Biglaiser 和 Ma（1999）的模型，着重分析引入竞争的条件下，政府对中标企业投资的激励问题，并尝试回答竞争对政府采购中的社会福利的影响。

假设企业 1 为中标企业，其生产的边际成本 c 是 $[c_L,c_H]$ 内的随机变量，且与投资相关。对于给定的投资 I，企业 1 的边际成本的累积概率分布函数为 $F(c,I)$，其概率密度函数为 $f(c,I)$，且投资在一阶随机占优的角度增加了成本，即 $\partial F(c,I)/\partial I\geqslant 0$。企业 2 为潜在的进入企业，边际生产成本为 c_2。

令市场需求函数为 $P(Q)\equiv a-bQ$（$a>c_H>c_L$），其中，Q 为市场总需求，$P(Q)$ 为市场出清的均衡价格。政府作为规制者，其激励合同为 $\{q(c),t(c)\}$，$q(c)$ 为要求企业 1 提供的数量，$t(c)$ 为净转移支付。若引入竞争，记进入企业 2 的产量为 q_2，则有 $Q(c)\equiv q(c)+q_2$。

如果将签订激励合同之前的投资视为沉没成本，则企业 1 的利润函数为

$$\pi_1=(P(Q)-c)q(c)+t(c) \quad (10.24)$$

企业 2 的利润函数为

$$\pi_2=(P(Q)-c_2)q_2 \quad (10.25)$$

政府的效用，即社会福利水平为

$$W=\int_0^Q(a-bx)\mathrm{d}x-cq(c)-c_2q_2-\omega_1\left[(P(Q)-c)q(c)+t(c)\right]-\omega_2\left[(P(Q)-c_2)q_2\right] \tag{10.26}$$

其中，ω_1和ω_2（$\omega_1,\omega_2\in[0,1]$）分别为企业 1 和企业 2 的租金水平对社会福利的影响因子。若没有引入竞争，则意味着ω_2和q_2为零。

当引入竞争时，新进入的企业 2 与中标企业 1 之间的博弈属于斯塔克尔伯格博弈，其中，企业 1 为领导者，企业 2 为跟随者。则根据逆向归纳法，企业 2 的最优反应函数可由以下最优化问题得出：

$$\max_{q_2>0}[a-b(q(c)+q_2)-c_2]q_2 \tag{10.27}$$

解得

$$q_2(c)=\begin{cases}\dfrac{a-bq(c)-c_2}{2b}, & q(c)\leqslant\dfrac{a-c_2}{b}\\ 0, & q(c)>\dfrac{a-c_2}{b}\end{cases} \tag{10.28}$$

当企业 1 的产量不高于$(a-c_2)/b$时，企业 2 的产量为$(a-bq(c)-c_2)/2b$，则价格为

$$P(Q)\equiv a-b\left(q(c)+\frac{a-bq(c)-c_2}{2b}\right)=\frac{a-bq(c)-c_2}{2}\equiv p(c) \tag{10.29}$$

反之，企业 2 的最优产出为 0，相应的市场价格为

$$p(c)=a-bq(c) \tag{10.30}$$

对于企业 1，给定其投资水平 I，企业 1 可以观测到其成本信息，政府需要诱导企业 1 宣布其真实的成本信息，则最优激励合同设计面临的激励相容约束为

$$\pi_1(c)\equiv\left(p(c)-c\right)q(c)+t(c)\geqslant\left(p(c')-c\right)q(c')+t(c')\equiv\pi_1(c,c') \tag{10.31}$$

同样地，我们可以将其转化为

$$\pi_1(c)=\pi_1(c_H)+\int_c^{c_H}q(x)\mathrm{d}x \tag{10.32}$$

则式（10.32）为企业 1 的信息租金表达形式。同时，企业 1 的个体参与约束由式（10.33）来表示：

$$\pi_1(c_H)=0 \tag{10.33}$$

将式（10.32）和式（10.33）代入式（10.26），可改写社会福利函数为

$$W=\int_0^Q(a-bx)\mathrm{d}x-cq(c)-c_2q_2-\omega_1\int_c^{c_H}q(x)\mathrm{d}x-\omega_2\left[(P(Q)-c_2)q_2\right] \tag{10.34}$$

则政府预期的社会福利为

$$E(W)=\int_{c_L}^{c_H}\left\{\int_0^Q(a-bx)\mathrm{d}x-\left(c+\omega_1\frac{F(c,I)}{f(c,I)}\right)q(c)-c_2q_2-\omega_2\left[(P(Q)-c_2)q_2\right]\right\}\mathrm{d}F(c,I)$$

（10.35）

首先，我们分析垄断市场的情形，即不允许新的企业进入，则政府的最优化问题为

$$\max_{q(c)}\int_{c_L}^{c_H}\left\{\int_0^{q(c)}(a-bx)\mathrm{d}x-\left(c+\omega_1\frac{F(c,I)}{f(c,I)}\right)q(c)\right\}\mathrm{d}F(c,I) \tag{10.36}$$

解得企业 1 的最优产量为

$$q^*(c)=\left(a-c-\omega_1\frac{F(c,I)}{f(c,I)}\right)/b \tag{10.37}$$

由此可得，企业 1 基于投资的最优期望租金水平为

$$\begin{aligned}E(\pi_1(I))&=\int_{c_L}^{c_H}\left(\int_c^{c_H}q^*(x)\mathrm{d}x\right)\mathrm{d}F(c,I)\\&=\frac{1}{b}\int_{c_L}^{c_H}\left[\int_c^{c_H}\left(a-c-\omega_1\frac{F(c,I)}{f(c,I)}\right)\mathrm{d}x\right]\mathrm{d}F(c,I)\\&=\frac{1}{b}\int_{c_L}^{c_H}\left[F(c,I)\left(a-c-\omega_1\frac{F(c,I)}{f(c,I)}\right)\right]\mathrm{d}c\end{aligned} \tag{10.38}$$

则企业 1 对最优投资 I^* 的选择是下面最优化问题的解：

$$\max_I E(\pi_1(I))-I \tag{10.39}$$

即投资满足的一阶必要条件：

$$\begin{aligned}\frac{\partial E(\pi_1(I))}{\partial I}&=\frac{1}{b}\int_{c_L}^{c_H}\left[F_I(c,I)\left(a-c-\omega_1\frac{F(c,I)}{f(c,I)}\right)-\omega_1F(c,I)\left(\partial\frac{F(c,I)}{f(c,I)}/\partial I\right)\right]\mathrm{d}c\\&=1\end{aligned} \tag{10.40}$$

其中，等式（10.40）的第二个等号右边为投资的边际成本，左边为投资的边际收益：第一部分为企业 1 通过投资改善成本的分布而提高的信息租金；第二部分为政府无法保证其垄断地位而造成的影响。

接下来，我们考虑引入竞争，允许企业 2 进入市场。由式（10.37）可知，在单调风险率递增假设下（$\partial\frac{F(c,I)}{f(c,I)}/\partial c>0$），$q^*(c)$ 关于 c 是严格递减的，因而在 $[c_L,c_H]$ 上存在 $\hat{c}$，使得当 $c<\hat{c}$ 时，有 $q^*(c)\leqslant(a-c_2)/b$。则根据企业 2 的最优反应函数，即式（10.28）可知，企业 2 的最优选择是不生产（$q_2=0$），此时的情形与企业 1 垄断的情形是一致的。

当$q^*(c) < (a-c_2)/b$时，假设企业 2 的最优产出为q_2，则其利润为

$$\pi_2(c)=\frac{(a-bq(\hat{c})-c_2)^2}{4b} \tag{10.41}$$

其中，$q(\hat{c})=(a-c_2)/b$，且$\hat{c}\in[c_L,c_H]$。只有当$q^*(c) < q(\hat{c})$，或者与此等价的$c>\hat{c}$时，企业 2 才会选择一个正的产出水平。由此，我们可以得出预期社会福利为

$$\begin{aligned}E(W)=&\int_{c_L}^{\hat{c}}\left[\int_0^{q(c)}(a-bx)\mathrm{d}x-\left(c+\omega_1\frac{F}{f}\right)q(c)\right]\mathrm{d}F\\&+\int_{\hat{c}}^{c_H}\left\{\int_0^{q(c)}(a-bx)\mathrm{d}x-\left(c+\omega_1\frac{F}{f}\right)q(c)\right.\\&\left.-c_2\left(\frac{a-bq(c)-c_2}{2b}\right)-\omega_2\left[\frac{\left(a-bq(c)-c_2\right)^2}{4b}\right]\right\}\mathrm{d}F\end{aligned} \tag{10.42}$$

给定投资水平，使得社会福利最大化的企业 1 的最优产出水平为

$$q^+(c)=\begin{cases}\dfrac{1}{b}\left(a-c-\omega_1\dfrac{F(c,I)}{f(c,I)}\right), & c\leqslant\hat{c}\\ \dfrac{1}{b}\left(a-c-\omega_1\dfrac{F(c,I)}{f(c,I)}\right)+\dfrac{1}{b}\left(\dfrac{2\omega_2-3}{2\omega_2+1}\right)\left(c+\omega_1\dfrac{F(c,I)}{f(c,I)}-c_2\right), & c>\hat{c}\end{cases} \tag{10.43}$$

同时，其相对应的最优总产出水平也可由$Q^+(c)=q^+(c)+q_2$得出。

企业 1 基于投资的最优期望租金水平为

$$\begin{aligned}E(\pi_1(I,e_2))=&\frac{1}{b}\int_{c_L}^{c_H}\left[F(c,I)\left(a-c-\omega_1\frac{F(c,I)}{f(c,I)}\right)\right]\mathrm{d}c\\&-\frac{1}{b}\left(\frac{3-2\omega_2}{2\omega_2+1}\right)\int_{\hat{c}}^{c_H}\left[F(c,I)\left(c+\omega_1\frac{F(c,I)}{f(c,I)}-c_2\right)\right]\mathrm{d}c\end{aligned} \tag{10.44}$$

令$\frac{1}{b}\int_{c_L}^{c_H}\left[F(c,I)\left(a-c-\omega_1\frac{F(c,I)}{f(c,I)}\right)\right]\mathrm{d}c\equiv U(I)$，则$U(I)$与单个企业情形下的期望租金是一致的。令$\frac{1}{b}\left(\frac{3-2\omega_2}{2\omega_2+1}\right)\int_{\hat{c}}^{c_H}\left[F(c,I)\left(c+\omega_1\frac{F(c,I)}{f(c,I)}-c_2\right)\right]\mathrm{d}c\equiv V(I)$，$V(I)$为引入竞争后，中标企业关于投资的预期租金变化。若令I^+表示中标企业 1 在引入竞争后的最优投资选择，则其一阶必要条件为

$$\partial(E(\pi_1(I,e_2))-I)/\partial I=0 \tag{10.45}$$

等价地：

$$U'(I) - V'(I) = 1 \tag{10.46}$$

其中，$V'(I)$ 为有无竞争两种情形下的中标企业 1 投资的边际收益的差。

由激励相容约束条件可知，要使中标企业 1 在没有竞争的情况下选择投资水平 I^*，在竞争者进入市场后选择投资水平 I^+，则需要满足：

$$U(I^*) - I^* \geqslant U(I^+) - I^+ \tag{10.47}$$

$$U(I^+) - V(I^+) - I^+ \geqslant U(I^*) - V(I^*) - I^* \tag{10.48}$$

将式（10.47）和式（10.48）相加可得

$$V(I^+) \leqslant V(I^*) \tag{10.49}$$

由此可知，$V(I)$ 为引入竞争后，中标企业预期利润的损失。当 $V'(I) < 0$ 时，即引入竞争后，随着投资的增加，中标企业 1 的预期利润的损失减少，我们有 $I^* \leqslant I^+$，意味着引入竞争后，由于新企业的加入，企业 1 选择更高的投资水平以增加其竞争优势，从而也增加了社会福利；反之，当 $V'(I) > 0$ 时，则有 $I^* \geqslant I^+$，此时，中标企业 1 的预期利润的损失随投资的增加而增加，竞争带来的市场损失更大，企业 1 会选择一个较低的投资水平，此时，社会福利的变化需要综合考虑竞争带来的利弊。

10.4　政府创新技术采购中的投资决策行为

考虑政府从单个企业采购一项需要进行技术创新和研发的项目。例如，2020 年新冠疫情防控情势严峻，某市政府拟向企业采购 5G 云端智能防疫机器人、防疫智慧医疗系统等创新产品和项目。企业负责研发和生产，政府负责设计合同，激励企业实现技术升级，从而提供更高质量的创新项目。在这一过程中，企业拥有其初始技术水平 β 和研发创新努力水平 e 的私人信息。政府只能事后观察工程质量，面临逆向选择和道德风险意义上的双重信息不对称的情况。

假设企业提高技术创新质量的成本来自货币投资 I 和非货币研发创新努力水平 e。具体来说，企业在了解其初始技术水平 β 之前，会选择一个创新质量水平，并为此投资 I，使得 β 变大的概率也相应提高（Laffont and Tirole，1993；Gong et al.，2012）。令 $F(\beta)$ 为 β 在 $[\underline{\beta}, \overline{\beta}]$ 上的累积概率分布，则 $F(\beta|I)$ 一阶随机占优于 $F(\beta)$，即 $F_I \equiv \partial F/\partial I < 0$ 或 $(1-F)_I \equiv \partial(1-F)/\partial I > 0$。

企业的研发创新努力水平 e 的成本为 $\psi(e)$，且由 Banker 等（1998）、Zhang 和 Xu（2020）的研究可知，更高的技术水平会使努力更加有效果，会产生更少的成本。因而，假设其函数形式为 $\psi(e(\beta), \beta) = \dfrac{ce^2(\beta)}{2\beta}$，其中，$c$ 为成本系数。

此外，令 q 表示该技术创新项目的质量，其受企业的研发创新努力水平 e 和

初始技术水平 β 的影响，根据 Zhang 和 Xu（2020）的研究，我们假设 $q(e(\beta),\beta)=\beta e(\beta)+\varepsilon$，其中，$\varepsilon$ 为随机干扰项。为激励企业积极升级技术，提高项目质量，政府可以补偿企业的投资成本 I，并设计如下激励合同加以实施：

$$T(\beta)=a_0(\beta)+b(\beta)(q-q_0) \tag{10.50}$$

其中，q_0 为政府对该项目的最佳质量要求。当企业提供的质量 q 高于 q_0 时，其将获得额外奖励，否则将面临处罚。我们也可以用另一种形式重写公式（10.50）：

$$T(\beta)=a(\beta)+b(\beta)q(e(\beta),\beta) \tag{10.51}$$

其中，$a(\beta)=a_0(\beta)-b(\beta)q_0$ 为政府对企业的固定支付；$b(\beta)$ 为激励系数。

由此可知，风险厌恶型企业的确定性等价效用函数为

$$\pi_s=a(\beta)+b(\beta)\beta e(\beta)-\frac{ce^2(\beta)}{2\beta}-\frac{\rho(b\sigma)^2}{2} \tag{10.52}$$

其中，ρ 为企业的绝对风险厌恶系数；$\dfrac{\rho(b\sigma)^2}{2}$ 为风险溢价。

假设政府的效用由两部分构成，一是企业提供的技术创新项目的质量 q，二是其带来的溢出效应 vq，其中 $0<v<1$。则政府的效用函数如下：

$$\begin{aligned}\pi_G&=q(e(\beta),\beta)+vq(e(\beta),\beta)-[a(\beta)+b(\beta)q(e(\beta),\beta)]-I\\&=(1+v-b(\beta))\beta e(\beta)-a(\beta)-I\end{aligned} \tag{10.53}$$

首先，我们以完全信息的情形为基准进行分析。假设政府对企业的初始技术水平 β 具有完全信息，企业的研发创新努力水平 e 是唯一的非对称信息。此时，政府面临着事后的道德风险问题，根据激励理论，企业的参与约束为

$$\pi_s=a(\beta)+b(\beta)\beta e(\beta)-\frac{ce^2(\beta)}{2\beta}-\frac{\rho(b\sigma)^2}{2}\geqslant 0 \tag{10.54}$$

针对研发创新努力水平的激励相容约束为

$$\max_{(e)}\pi_s=a(\beta)+b(\beta)\beta e(\beta)-\frac{ce^2(\beta)}{2\beta}-\frac{\rho(b\sigma)^2}{2} \tag{10.55}$$

则政府的最优化问题为

$$\max_{(a,b)}E(\pi_G)=(1+v-b(\beta))\beta e(\beta)-a(\beta)-I$$

$$\text{s.t.}\ \max_{(e)}\pi_s=a(\beta)+b(\beta)\beta e(\beta)-\frac{ce^2(\beta)}{2\beta}-\frac{\rho(b\sigma)^2}{2}$$

$$\pi_s=a(\beta)+b(\beta)\beta e(\beta)-\frac{ce^2(\beta)}{2\beta}-\frac{\rho(b\sigma)^2}{2}\geqslant 0$$

命题 10.1　在政府拥有企业初始技术水平的完全信息的情形下，激励合同满足的必要条件为

$$b^* = \frac{(1+v)\beta^3}{\beta^3 + \rho\sigma^2 c} \tag{10.56}$$

$$a^* = \left(\frac{\rho\sigma^2 c - \beta^3}{2c}\right)(b^*)^2 \tag{10.57}$$

其中，企业最优的研发创新努力水平为

$$e^* = \frac{b^*\beta^2}{c} \tag{10.58}$$

企业得到的最优租金水平和政府的最优效用为

$$\pi_s^* = 0 \tag{10.59}$$

$$\pi_G^* = \frac{[(1+v)\beta^3]^2}{2(\beta^3 + \rho\sigma^2 c)c} - I \tag{10.60}$$

根据式（10.58），可将式（10.57）改写成

$$a^* = \frac{(b^*)^2\rho\sigma^2}{2} - \frac{c(e^*)^2}{2\beta} \tag{10.61}$$

则由此可以看出，政府对企业的固定支付是风险成本与研发创新努力成本的差额。由于创新活动过程存在较大的不确定性，企业面临的风险通常较高，风险成本也相应较高，因而政府补偿风险厌恶型企业面临的额外风险溢价，有利于激励企业更好地进行更高质量的创新。若我们假设当风险成本高于创新活动的努力成本时，有 $c\rho\sigma^2 > \beta^3$，这意味着政府对企业的固定支付为正。

命题 10.1 给出了在完全信息的情形下，政府对技术创新企业的最优激励合同，可以有效地激励企业努力创新、实现技术升级的结论。此研究结果与 Laffont 和 Tirole（1986）的经典结论是一致的，表明了对初始技术水平越高的企业，政府提供的激励系数即激励强度也越高，从而促使企业发挥更高的努力水平。同时，由于可以观察到企业的技术类型，政府的最优选择是不留给企业任何的正租金。

其次，我们考虑非对称信息的情形。政府对企业的初始技术水 $\beta(\beta\in[\underline{\beta},\bar{\beta}])$ 具有先验概率分布 $F(\beta|I)$，则针对不同技术水平的企业，政府提供了一揽子质量激励合同 $\{a(\beta),b(\beta)\}$。此时，政府面临着由企业初始技术水平和研发创新努力水平的双重信息不对称带来的逆向选择和道德风险问题。令 $\hat{\beta}$ 表示类型为 β 的企业宣布的初始技术水平，则企业的预期利润为

$$\pi_s(\hat{\beta}\mid\beta) = a(\hat{\beta}) + \frac{(b(\hat{\beta}))^2(\beta^3 - c\rho\sigma^2)}{2c} \tag{10.62}$$

根据直接显示原理，说真话要求意味着对于任何的 $\hat{\beta}$ 和 β，都有

$$\pi_s(\beta\mid\beta) = a(\beta) + \frac{(b(\beta))^2(\beta^3 - c\rho\sigma^2)}{2c} \geqslant \pi_s(\hat{\beta}\mid\beta) = a(\hat{\beta}) + \frac{(b(\hat{\beta}))^2(\beta^3 - c\rho\sigma^2)}{2c}$$

$$\pi_s(\hat{\beta}\mid\hat{\beta})=a(\hat{\beta})+\frac{(b(\hat{\beta}))^2(\hat{\beta}^3-c\rho\sigma^2)}{2c}\geqslant\pi_s(\beta\mid\hat{\beta})=a(\beta)+\frac{(b(\beta))^2(\hat{\beta}^3-c\rho\sigma^2)}{2c}$$

即当 $\beta=\hat{\beta}$ 时，企业的预期利润 $\pi_s(\hat{\beta}\mid\beta)$ 最大化。则企业的技术水平的激励相容约束条件可用一阶必要条件表示：

$$\frac{\partial\pi_s(\hat{\beta}\mid\beta)}{\partial\hat{\beta}}\Big|_{\hat{\beta}=\beta}=\dot{a}(\beta)+\frac{(\beta^3-c\rho\sigma^2)b(\beta)}{c}\dot{b}(\beta)=0 \tag{10.63}$$

化简可得

$$\dot{\pi}_s(\beta)=\frac{3\beta^2(b(\beta))^2}{2c} \tag{10.64}$$

政府的最优化问题是在双重激励相容约束和个体理性约束下使其收益最大化，则带有投资决策的质量激励模型如下：

$$\max_{\{a(\beta),b(\beta),I\}}E(\pi_G)=\int_{\underline{\beta}}^{\bar{\beta}}\{[1+v-b(\beta)]\beta e(\beta)-a(\beta)\}\mathrm{d}F(\beta\mid I)-I$$

$$\text{s.t. } e(\beta)=\frac{b(\beta)\beta^2}{c}$$

$$\dot{\pi}_s(\beta)=\frac{3\beta^2(b(\beta))^2}{2c}$$

$$\pi_s=a(\beta)+b(\beta)\beta e(\beta)-\frac{ce^2(\beta)}{2\beta}-\frac{\rho\sigma^2b^2(\beta)}{2}\geqslant 0$$

求解该最优化问题，我们可以得出非对称信息下政府最优激励合同的特征及最优投资满足的条件，具体见命题 10.2。

命题 10.2　当政府面临企业初始技术水平和研发创新努力水平双重信息不对称时，最优的质量激励合同系数满足如下特征：

$$b^{**}(\beta)=\frac{(1+v)\beta^3}{\beta^3+c\rho\sigma^2+\dfrac{1-F(\beta\mid I)}{f(\beta\mid I)}\cdot 3\beta^2} \tag{10.65}$$

$$a^{**}(\beta)=\pi_s^{**}(\beta)+\frac{(b^{**s}(\beta))^2(c\rho\sigma^2-\beta^3)}{2c} \tag{10.66}$$

此时，企业的最优研发创新努力水平：

$$e^{**}(\beta)=\frac{b^{**}(\beta)\beta^2}{c} \tag{10.67}$$

其得到的最优租金水平为

$$\pi_s^{**}(\beta)=\int_{\underline{\beta}}^{\beta}\frac{3t^2(b^{**}(t))^2}{2c}\mathrm{d}t \tag{10.68}$$

最优投资水平由以下一阶必要条件决定：

$$\int_{\underline{\beta}}^{\bar{\beta}}\left\{\left[(1+v)\frac{b\beta^3}{c}-\frac{b^2\left(\beta^3+c\rho\sigma^2\right)}{2c}-\frac{1-F}{f}\cdot\frac{3\beta^2b^2}{2c}\right]f_I-\frac{\partial\left(\frac{1-F}{f}\right)}{\partial I}\cdot\frac{3\beta^2b^2}{2c}\cdot f\right\}\mathrm{d}\beta-1=0 \tag{10.69}$$

经分部积分，可将式（10.69）化简为

$$(1+v)\int_{\underline{\beta}}^{\bar{\beta}}(1-F_I(\beta\mid I))E(\dot{q}(\beta))\mathrm{d}\beta$$

$$-\int_{\underline{\beta}}^{\bar{\beta}}\dot{\pi}(\beta)\left[\frac{1-F_I}{f}\left(1+\frac{\partial\left(\frac{1-F}{f}\right)}{\partial\beta}+\frac{1-F}{f}\cdot\frac{\pi''(\beta)}{\dot{\pi}(\beta)}\right)+\frac{\partial\left(\frac{1-F}{f}\right)}{\partial I}\right]\mathrm{d}F(\beta\mid I)=1$$

其中，等式的右边的 1 是投资的边际成本；左边第一项是技术创新投资带来的边际收益，第二项是相对于最优投资的一个调整项。该调整项可反映出两个方面的影响：一方面，投资的增加使得概率分布偏向高技术类型企业，即提高创新项目质量增大了政府和企业的预期收益，因而也推动了更多的投资；另一方面，投资带来的概率分布调整使得对政府来说，技术水平较高的企业中标的概率更大，政府从而选择抽取更多的租金，导致企业投资的积极性下降。

由命题 10.2 可知，在该最优激励机制下，技术类型较高的企业会付出更多的努力进行研发创新，并可以通过更高的财务激励来获得补偿和激励。也就是说，$b^{**}(\beta)$ 是关于 β 的严格递增函数，从而使得不同技术类型的企业得以区分，再结合式（10.66），可得出如下推论。

推论 10.1　在双重信息不对称条件下，区分不同技术水平企业的连续型激励合同的前提条件为 $\partial\left(\frac{1-F(\beta\mid I)}{f(\beta\mid I)}\right)/\partial\beta<0$。

另外，通过对命题 10.1 和命题 10.2 进行比较分析，我们可以发现以下四个特征。

（1）通过比较式（10.58）与式（10.67）可知，在最优激励机制下，初始技术水平较高的企业不会隐藏其实际类型，并选择较高的研发创新努力水平，技术水

平较高的 $\underline{\beta}$ 型企业选择的研发创新努力水平与完全信息情形下的社会最优水平一致，而技术水平较低的企业的研发创新努力水平存在向下的扭曲。

（2）完全信息下，最优激励机制使得企业只能实现留存利润，即 $\pi_s^*(\beta)=0$ 。然而，在双重信息不对称的情况下，最优的激励合同设计使得技术水平较低的 $\bar{\beta}$ 型企业获得留存利润，即 $\pi_s^{**}(\bar{\beta})=0$ ，而其他拥有更高技术水平的企业则在留存利润的基础上可以获得正的信息租金，即 $\pi_s^{**}(\beta)=\int_{\underline{\beta}}^{\beta}\frac{3t^2\left(b^{**}(t)\right)^2}{2c}\mathrm{d}t>0$ 。

（3）当 $\beta=\bar{\beta}$ 时，我们可以得到 $b^{**}(\bar{\beta})=\frac{(1+v)\bar{\beta}^3}{\bar{\beta}^3+c\rho\sigma^2}=b^*(\bar{\beta})$ 。因此，该激励合同具有“最终不扭曲”的特点，这意味着在信息不对称条件下，$\bar{\beta}$ 型企业的激励系数与完全信息条件下的一致，而且随着技术水平 β 的下降，激励系数也在下降，存在一个向下的扭曲。

（4）通过比较最优固定报酬 a^* 和 a^{**} 可以发现，由于信息租金的存在，技术水平较高的企业的固定报酬随着其信息租金的增加而增加。

总之，我们构建了逆向选择和道德风险双重信息不对称下的质量激励合同，并引入了事前的投资决策问题。这不仅可以激励企业在签订合同前选择与其实际技术类型相匹配的合同，而且也能促使企业在与政府签订合同后努力提高创新项目的质量。同时，企业投资的沉没成本得以补偿，提高技术创新质量的最优投资得以实施。

10.5　本 章 小 结

我们主要对企业投资，尤其是针对专项项目的投资激励问题进行了建模分析。由于企业在专项项目中的投资往往是一项沉没成本，因而在合同关系中，政府对企业生产前投资的激励至关重要。然而在现实中，企业有些方面的投资是可合同化的，如货币性投资，而有些投资，如投资质量、细心程度等则是不可合同化的。首先，我们对这两种不同形式投资的激励分别进行了分析，发现：相对于可合同化的投资，不可合同化的投资要求更高的研发创新水平，即激励强度更大，而且不可合同化的投资更有可能导致投资不足。其次，我们对投资效果不确定性的分析说明了双重信息不对称使得激励合同的设计更加困难，企业不仅拥有其初始技术水平的私人信息，还拥有投资效果的私人信息，使得政府在激励企业披露其真实信息时困难升级，不得不进一步降低激励强度，减少抽租，给企业留出更多的租金。再次，我们考虑了引入竞争对投资激励的影响，研究了政府允许新企业进入对中标企业投资的激励，发现竞争的存在不一定会减少中标企业的投资，更多的时候，引入竞争反而会激励企业进行更多的投资来提高其市场竞争力。最后，针对政府创新技术采购中双重信息不对称导致的逆向选择和道德风险问题，构建了激励机制，促使企业积极投资创新研发项目，努力提高创新质量。

第11章 结　束　语

近两年来，受新冠疫情冲击经济衰退严重，从全球情况来看，2020 年全球经济增速为–3.3%，其中，相较新兴经济体和发展中国家–2.2%的经济增速，发达国家遭受疫情的冲击更大，其增速为–4.7%左右。除此之外，各国经济内部矛盾也进一步尖锐，使得本就疲软的经济发展雪上加霜，因而，世界各国几乎都迅速推出了一系列的救市政策和扩张计划。在财政政策上，除了增加政府支出以外，还采取了包括减税降费、公共采购等在内的其他方面的财政措施。后疫情时代，未来经济发展的趋势如何？经济增长动力和经济竞争力在哪里？这些问题引起了许多学者和政策制定者的关注和探讨，其核心就是大力推进自主科技创新的问题。未来不同经济体的竞争和发展说到底依靠的是自主科技创新能力的高质量发展，如大飞机项目、清洁能源、5G 技术等。

然而，由于创新活动产生的正外部性使得市场失灵，同时供给侧创新激励政策的实施效果欠佳，相关学者在创新激励政策上，转而关注和研究政府采购等需求侧工具，尝试从需求端出发来刺激私人领域的技术创新。其中，利用政府技术采购刺激市场需求以达到创新激励目的，最早也最成功的便是美国。政府采购在美国计算机、大飞机、芯片产业和互联网等众多核心技术产业的原始创新中和霸主地位的形成中发挥了关键性的作用。但是，在中国，政府创新技术采购是一个新近展开的改革领域，而且还有很多制度缺陷和实际困难有待解决。除了难以衡量创新质量外，还存在多维的委托代理关系和不对称的信息结构，使得政府采购过程存在严重的逆向选择和道德风险问题，导致难以监督和激发企业进行高质量的技术创新。

因此，为了激励高质量的技术创新，在政府的创新技术项目采购过程中，激励合同的设计至关重要。基于此，本书基于 Laffont 和 Tirole（1986）开创的新规制经济学，从政府采购中的激励机制模型及其拓展研究脉络出发，进行回顾、整理和评述，并在相关学术研究现状和进展的基础上，以政府创新技术项目和产品的采购为例，对采购过程中的激励机制、合同设计、棘轮效应、投资等问题进行探讨和分析，以期为相关学者提供规制理论、模型、方法的分析思路，为政府相关职能管理部门和企事业单位的工作人员提供一些理论基础知识。

参考文献

安彬，吕庆华. 2007. 药品集中招标采购制度分析[J]. 理论探索，163（1）：87-89.

卞晨，初钊鹏，孙正林. 2021. 环境规制促进企业绿色技术创新的政策仿真研究[J]. 工业技术经济，40（7）：12-22.

蔡东，胡七丹，郭春香. 2019. 碳交易下供应链中的技术创新激励合约设计[J]. 工业工程，22（5）：133-140.

曹滨，高杰. 2018. 工艺设计质量信息不对称环境下质量激励合同设计[J]. 中国管理科学，26（7）：142-150.

陈文玲. 2008. 对我国医药卫生体制基本框架的思考与建议[J]. 宏观经济研究，（7）：3-10.

程红，汪贤裕，郭红梅，等. 2016. 道德风险和逆向选择共存下的双向激励契约[J]. 管理科学学报，19（12）：36-45.

程鉴冰. 2008. 最低质量标准政府规制研究[J]. 中国工业经济，（2）：40-47.

崔健波，罗正英. 2020. 成本控制、棘轮效应与最优激励契约[J]. 中国管理科学，28（7）：196-203.

代建生. 2016. 多任务业务外包的激励契约[J]. 管理科学学报，19（7）：24-36.

郭春丽. 2013. 我国药品流通行业存在的问题及政策建议[J]. 中国物价，（7）：55-59.

国家发展改革委. 2014. 国家发展改革委关于改进低价药品价格管理有关问题的通知[EB/OL]. https://www.ndrc.gov.cn/xxgk/zcfb/tz/201405/t20140508_964110.html?code=&state=123[2023-06-30].

韩俊华. 2011. 政府规制成本与收益法的理论研究[J]. 价格理论与实践，（11）：37-38.

贺彩虹，卢萱. 2021. 日本食品安全监管体系及其对我国的启示[J]. 中国管理信息化，24（5）：195-199.

黄波，孟卫东，皮星. 2011. 基于双边道德风险的研发外包激励机制设计[J]. 管理工程学报，25（2）：178-185.

黄顺康，廖智柳. 2014. 破除我国“以药养医”的机制设计分析[J]. 甘肃社会科学，（3）：113-117.

李浩娜，马承严，于培明. 2011. 我国药品价格机制存在的缺陷与修复重建[J]. 中国药物经济学，（1）：84-87.

李喜洲，李琛. 2019. 政府采购应用研究[M]. 北京：经济科学出版社.

李银才. 2013. 价值链与药品价格形成机制改革[J]. 现代经济探讨，（2）：66-70，75.

李郁芳. 2003. 体制转轨时期的政府微观规制行为[M]. 北京：经济科学出版社.

林仲源. 2014. 药品集中招标采购制度的演化博弈分析[J]. 中国集体经济，（18）：64-65.

刘春航. 2012. 金融结构、系统脆弱性和金融监管[J]. 金融监管研究，（8）：10-27.

刘惠萍，张世英. 2005. 基于声誉理论的我国经理人动态激励模型研究[J]. 中国管理科学，13（4）：78-86.

刘克宁. 2017. 基于低碳设计的创新产品研发契约激励机制研究[J]. 工业技术经济，36（5）：61-66.

刘树林，王明喜. 2009. 多属性采购拍卖理论与应用评述[J]. 中国管理科学，17（1）：183-192.
刘伟，郭捷，杨绍斌. 2009. 基于声誉理论的研发外包动态激励机制研究[J]. 技术经济，28（11）：17-21.
刘小兵. 2004. 政府管制的经济分析[M]. 上海：上海财经大学出版社.
卢新元，郑雅婷，卢泉，等. 2020. 基于全支付拍卖模型的众包激励策略优化分析[J]. 运筹与管理，29（6）：90-96.
吕守军，徐海霞. 2017. 金融创新与金融监管的动态博弈及对我国金融监管改革的启示[J]. 新疆社会科学，（5）：25-32，148.
马云泽. 2008. 规制经济学[M]. 北京：经济管理出版社.
彭鸿广. 2014. 多属性拍卖与研发竞赛的激励效应比较[J]. 技术经济与管理研究，（7）：24-27.
彭鸿广，曹玉华，刘云霞. 2014. 创新性产品的多阶段多属性拍卖：基于随机动态博弈的视角[J]. 科技管理研究，34（15）：215-218.
彭鸿广，骆建文. 2015. 不对称信息下供应链成本分担激励契约设计[J]. 系统管理学报，24（2）：267-274.
彭鸿广. 2011. 激励供应商创新投入的采购拍卖机制[J]. 计算机集成制造系统，17（11）：2475-2482.
乔文珊. 2018. 基于政府视角的 PPP 项目运营阶段的动态激励机制研究[D]. 浙江大学硕士学位论文.
任怀飞，张旭梅. 2012. ASP 模式下关键业务应用服务外包中的激励契约研究[J]. 科研管理，33（11）：68-75.
施蒂格勒 G J. 1989. 产业组织和政府管制[M]. 潘振民，译. 上海：三联书店上海分店.
施锦明. 2010. 政府采购[M]. 北京：经济科学出版社.
宋亚辉. 2018. 食品安全风险的规制体制设计[J]. 学术研究，（9）：53-60.
谭娟，陈晓春. 2011. 基于产业结构视角的政府环境规制对低碳经济影响分析[J]. 经济学家，（10）：91-97.
王爱君，孟潘. 2014. 国外政府规制理论研究的演进脉络及其启示[J]. 山东工商学院学报，28（1）：109-113.
王洁. 2010. 供应链结构特征、机制设计与产品质量激励[J]. 中国工业经济，（8）：97-107.
王俊豪. 2001. 政府管制经济学导论：基本理论及其在政府管制实践中的应用[M]. 北京：商务印书馆.
王岭. 2016. 中国政府监管体系创新与监管能力现代化："第五届政府管制论坛"观点综述[J]. 经济与管理研究，37（11）：111-115.
王明喜，谢海滨，胡毅. 2014. 基于简单加权法的多属性采购拍卖模型[J]. 系统工程理论与实践，34（11）：2772-2782.
王卫星，朱龙杰，吴小明. 2006. 政府采购基础知识[M]. 北京：中国财政经济出版社.
王先甲，袁睢秋，林镇周，等. 2020. 考虑公平偏好的双重信息不对称下 PPP 项目激励机制研究[J]. 中国管理科学，29（10）：107-120.
王新，毛洪涛，曾静. 2012. 成本管理信息租金、内部冲突与控制绩效：基于施工项目的实验研究[J]. 会计研究，（8）：25-33，96.
王雪青，陈婕，刘云峰. 2020. PPP 项目动态绩效激励机制的棘轮效应问题研究[J]. 工程管理学报，34（2）：101-105.
王艳，于立宏. 2021. 采矿权安全性、政府规制与企业绿色技术创新[J]. 中国人口·资源与环境，31（4）：96-107.
王振平，方锐. 2014. 药品采购“二次议价”的社会效用损失研究[J]. 价格理论与实践，(3)：54-56.
王周欢. 2019. 政府采购制度研究[M]. 上海：上海人民出版社.
卫生部，国家计委，国家经贸委，等. 关于印发医疗机构药品集中招标采购试点工作若干规定的通知[EB/OL]. https://www.gov.cn/gongbao/content/2001/content_60739.htm[2023-06-30].
魏中龙，等. 2014. 政府购买服务的理论与实践研究[M]. 北京：中国人民大学出版社.
谢乔昕. 2021. 环境规制、绿色金融发展与企业技术创新[J]. 科研管理，42（6）：65-72.
徐琪，张慧贤. 2019. 研发众包最优投标和激励策略研究：基于逆向拍卖理论[J]. 软科学，33(4)：123-129.
徐斯旸，刘梅子. 2017. 中国商业银行激励机制的棘轮效应与风险承担[J]. 金融经济学研究，32（5）：82-93.
薛才玲，黄岱. 2012. 政府管制理论研究[M]. 成都：西南交通大学出版社.
杨鸿章，刘金兰. 2005. 药品集中招标采购的均衡价格及优化[J]. 天津大学学报（社会科学版），7（5）：334-337.
杨天天. 2020. 信息不对称下基于合约菜单的政府采购规制[J]. 科技创业月刊，33（8）：95-97.
杨悦，蒋志刚. 2008. 我国现行药品招标采购制度的经济学分析[J]. 中国药房，19（19）：1449-1451.
殷红. 2012. 高技术计划项目分段投资的激励契约设计[J]. 科研管理，33（2）：156-162.
殷红，王先甲. 2008. 政府采购招标的最优机制设计[J]. 系统管理学报，17（4）：365-370.
于培明，宋丽丽，岳淑梅. 2010. 我国药品集中招标采购存在的制度缺陷[J]. 中国药物经济学，4：51-56.
郁方. 2009. 美国次贷危机对中国金融业规制的启示[J]. 经济研究导刊，(18)：52-54，2.
张斌. 2017. 互联网金融规制的反思与改进[J]. 南方金融，(3)：37-45.
张红凤. 2005a. 规制经济学的变迁[J]. 经济学动态，(8)：72-77.
张红凤. 2005b. 激励性规制理论的新进展[J]. 经济理论与经济管理，(8)：63-68.
张红凤. 2005c. 西方规制经济学的变迁[M]. 北京：经济科学出版社.
张红凤，姜琪，邹涛. 2021.政府规制经济学[M]. 北京：科学出版社.
张红凤，杨慧. 2011. 规制经济学沿革的内在逻辑及发展方向[J]. 中国社会科学，(6)：56-66.
张维迎. 1996. 博弈论与信息经济学[M]. 上海：上海人民出版社.
郑边江. 2012. 公共项目激励合约拍卖研究[J]. 建筑经济，(6)：58-61.
郑建明. 2016. 欧美国家水产品质量安全政府规制经验分析[J]. 世界农业，(4)：125-129，196.
郑琼洁. 2015. 政府科技激励与技术创新机制研究[J]. 中国科技论坛，(6)：16-21.
植草益. 1992. 微观规制经济学[M]. 朱绍文，胡欣欣，等译. 北京：中国发展出版社.
朱悦佳，仲健心. 2004. 药品集中招标采购中回扣现象博弈分析[J]. 当代经济科学，26（6）：29-32，107.
Asker J，Cantillon E. 2008. Properties of scoring auctions[J]. The RAND Journal of Economics，39（1）：69-85.

Asker J，Cantillon E. 2010. Procurement when price and quality matter[J]. The RAND Journal of Economics，41（1）：1-34.

Averch H，Johnson L L. 1962. Behavior of the firm under regulatory constraint[J]. The American Economic Review，52（5）：1052-1069.

Bajari P，McMillan R，Tadelis S. 2009. Auctions versus negotiations in procurement：an empirical analysis[J]. The Journal of Law，Economics，& Organization，25（2）：372-399.

Bajari P，Tadelis S. 2001. Incentives versus transaction costs：a theory of procurement contracts[J]. The RAND Journal of Economics，32（3）：387-407.

Banker R D，Khosla I，Sinha K K. 1998. Quality and competition[J]. Management Science，44（9）：1179-1192.

Baron D P，Myerson R B. 1982. Regulation a monopolist with unknown cost[J]. Econometrica，50（4）：911-930.

Bartelsman E J，Caballero R J，Lyons R K. 1994. Customer and supplier driven externalities[J]. The American Economic Review，84（4）：1075-1084.

Becker G S. 1983. A theory of competition among pressure groups for political influence[J]. The Quarterly Journal of Economics，98（3）：371-400.

Becker G S. 1985. Public policies，pressure groups，and dead weight costs[J]. Journal of Public Economics，28（3）：329-347.

Bernstein F，Federgruen A. 2007. Coordination mechanisms for supply chainsunder price and service competition[J]. Manufacturing & Service Operations Management，9（3）：242-262.

Biglaiser G，Ma C A. 1999. Investment incentives of a regulated dominant firm[J]. Journal of Regulatory Economics，16（3）：215-236.

Bird D，Frug A. 2019. Dynamic non-monetary incentives[J]. American Economic Journal：Microeconomics，11（4）：111-150.

Bisin A，Gottardi P. 2006. Efficient competitive equilibria with adverse selection[J]. Journal of Political Economy，114（3）：485-516.

Boone J，Schottmuller C. 2016. Procurement with specialized firms[J]. The RAND Journal of Economics，47（3）：661-687.

Branco F. 1997. The design of multidimensional auctions[J]. The RAND Journal of Economics，28（1）：63-81.

Cachon G P，Lariviere M A. 2001. Contracting to assure supply：how to share demand forecasts in a supply chain[J]. Management Science，47（5）：629-646.

Carrasco V，Orenstein P，Salgado P. 2016. When（and how）to favor incumbents in optimal dynamic procurement auctions[J]. Journal of Mathematical Economics，62：52-61.

Chakraborty I，Khalil F，Lawarree J. 2021. Competitive procurement with ex post moral hazard[J]. The RAND Journal of Economics，52（1）：179-206.

Chao G H，Iravanis M R，Savaskan R C. 2009. Quality improvement incentives and product recall cost sharing contracts[J]. Management Science，55（7）：1122-1138.

Charness G，Kuhn P，Villeval M C. 2011. Competition and the ratchet effect[J]. Journal of Labor Economics，29（3）：513-547.

Che Y K. 1993. Design competition through multidimensional auctions[J]. The RAND Journal of Economics，24（4）：668-680.

Chen Y Z，Chen W. 2019. Incentive contracts of knowledge investment for cooperative innovation in project-based supply chain with double moral hazard[J]. Soft Computing，24（4）：2693-2702.

Chu L Y，Sappington D E M. 2009. Procurement contracts：theory vs. practice[J]. International Journal of Industrial Organization，27（1）：51-59.

Crama P，de Reyck B D，Degraeve Z. 2013. Step by step. The benefits of stage-based R&D licensing contracts[J]. European Journal of Operational Research，224（3）：572-582.

David E，Azoulay-Schwartzb R，Kraus S. 2006. Bidding in sealed-bid and English multi-attribute auctions[J]. Decision Support Systems，42（2）：527-556.

Ekelund R B. 1998. The Foundations of Regulatory Economics Volume I[M]. Cheltenham：Edward Elgar Publishing Limited.

Ellig J. 1991. Endogenous change and the economic theory of regulation[J]. Journal of Regulatory Economics，3（3）：265-274.

Fitoussi D，Gurbaxani V. 2012. IT outsourcing contracts and performance measurement[J]. Information Systems Research，23（1）：129-143.

Frascatore M R，Mahmoodi F. 2008. Long-term and penalty contracts in a two-stage supply chain with stochastic demand[J]. European Journal of Operational Research，184（1）：147-156.

Gong J，Li J P，McAfee R P. 2012. Split-award contracts with investment[J]. Journal of Public Economics，96（1/2）：188-197.

Hirsh R F. 1999. PURPA：the spur to competition and utility restructuring[J]. The Electricity Journal，12（7）：60-72.

Holmstrom B. 1982. Moral hazard in teams[J]. The Bell Journal of Economics，13（2）：324-340.

Holmstrom B，Milgrom P. 1987. Aggregation and linearity in the provision of intertemporal incentives[J]. Econometrica，55（2）：303-328.

Holmström B. 1999. Managerial incentive problems：a dynamic perspective[J]. Review of Economic Studies，66（1）：169-182.

Hu Q D，Peng Y，Guo C X，et al. 2019. Dynamic incentive mechanism design for recycling construction and demolition waste under dual information asymmetry[J]. Sustainability，11（10）：2943.

Iossa E，Stroffolini F. 2002. Price cap regulation and information acquisition[J]. International Journal of Industrial Organization，20（7）：1013-1036.

Jeong E，Park G，Yoo S H. 2019. Incentive mechanism for sustainable improvement in a supply chain[J]. Sustainability，11（13）：3508.

Joskow P L. 1981. Comments on peltzman[J]. The Journal of Law and Economics，24（3）：449-455.

Laffont J J，Tirole J. 1986. Using cost observation to regulate firms[J]. Journal of Political Economy，94（3）：614-641.

Laffont J J，Tirole J. 1987. Auctioning incentive contracts[J]. Journal of Political Economy，95（5）：921-937.

Laffont J J，Tirole J. 1988. The dynamics of incentive contracts[J]. Econometrica，56（5）：1153-1175.

Laffont J J，Tirole J. 1991. The politics of government decision-making：a theory of regulation

capture[J]. The Quarterly Journal of Economics，106（4）：1089-1127.
Laffont J J，Tirole J. 1993. A theory of Incentives in Procurement and Regulation[M]. Cambridge：The MIT Press.
Lewis T R，Sappington D E M. 1989. Countervailing incentives in agency problems[J]. Journal of Economic Theory，49（2）：294-313.
Li X Y，Zhu Q H. 2020. Contract design for enhancing green food material production effort with asymmetric supply cost information[J]. Sustainability，12（5）：2119.
Liu L M，Shang W X，Wu S. 2007. Dynamic competitive newsvendors with service-sensitive demands[J]. Manufacturing & Service Operation Management，9（1）：84-93.
Liu S L，Wang M X. 2009. Multi-attribute procurement auction theory and application：a review with comments[J]. Chinese Journal of Management Science，17（1）：183-192.
Liu S L，Wang M X. 2010. Sealed-bid auctions based on Cobb-Douglas utility function[J]. Economics Letters，107（1）：1-3.
Loeb M，Magat W A. 1979. A decentralized method for utility regulation[J]. The Journal of Law and Economics，22（2）：399-404.
Ma P，Gong Y，Jin M. 2019. Quality efforts in medical supply chains considering patient benefits[J]. European Journal of Operational Research，279（3）：795-807.
Maskin E，Riley J. 2000. Asymmetric auctions[J]. Review of Economic Studies，67：413-438.
Meyer M A，Vickers J. 1997. Performance comparisons and dynamic incentives[J]. Journal of Political Economy，105（3）：547-581.
Milgrom P. 1994. Monotone comparative statics[J]. Econometrica，62（1）：157-180.
Myerson R B. 1979. Incentive compatibility and the bargaining problem[J]. Econometrica，47（1）：61-73.
Myerson R B. 1981. Optimal auction design[J]. Mathematics of Operations Research，6（1）：58-73.
Nelson P. 1970. Information and consumer behavior[J]. Journal of Political Economy，78（2）：311-329.
Nishinura T. 2012. Optimal design of scoring auction with multidimensional quality[EB/OL]. https://gcoe.ier.hit-u.ac.jp/research/discussion/2008/pdf/gd12-238.pdf [2021-10-23].
Olson M. 1971. The Logic of Collective Action[M]. Cambridge：Harvard University Press.
Pavan A，Segal I，Toikka J. 2014. Dynamic mechanism design：a myersonian approach[J]. Econometrica，82（2）：601-653.
Peltzman S. 1976. Towards a more general theory of regulation[J]. The Journal of Law and Economics，19（2）：211-240.
Riley J G，Samuelson W F. 1981. Optimal auctions[J]. The American Economic Review，71（3）：381-392.
Rogerson W P. 2003. Simple menus of contracts in cost-based procurement and regulation[J]. The American Economic Review，93（3）：919-926.
Sako M. 1992. Price，Quality and Trust：Inter-firm Relations in Britain and Japan[M]. Cambridge：Cambridge University Press.
Sappington D E M，Sibley D S. 1988. Regulating without cost information：the incremental surplus subsidy scheme[J]. International Economic Review，29（2）：297-306.

Schmitz P W. 2002. On the interplay of hidden action and hidden information in simple bilateral trading problems[J]. Journal of Economic Theory，103（2）：444-460.

Shin K，Yeo Y，Lee J D. 2019. Revitalizing the concept of public procurement for innovation（PPI）from a systemic perspective：objectives，policy types，and impact mechanisms[J]. Systemic Practice and Action Research，33（6）：187-211.

Spulber D F. 1989. Regulation and Markets[M]. Cambridge：The MIT Press.

Stigler G J. 1971. The theory of economic regulation[J]. The Bell Journal of Economics and Management Science，2（1）：3-21.

Stigler G J. 1975. The Citizen and the State：Essays on Regulation[M]. Chicago：University of Chicago Press.

Stigler G J. 1983. The Organization of Industry[M]. Chicago：University of Chicago Press.

Tadelis S. 2002. The market for reputations as an incentive mechanism[J]. Journal of Political Economy，110（4）：854-882.

Tan T Y. 2021. Assignment under task dependent private information[J]. Journal of Economic Behavior & Organization，186：632-645.

Timmermans B，Zabala-Iturriagagoitia J M. 2013. Coordinated unbundling：a way to stimulate entrepreneurship through public procurement for innovation[J]. Science and Public Policy，40（5）：674-685.

Vickrey W. 1961. Counter speculation，auctions，and competitive sealed tenders[J]. The Journal of Finance，16（1）：8-37.

Wang H. 2013. Contingent payment auction mechanism in multidimensional procurement auctions[J]. European Journal of Operational Research，224（2）：404-413.

Wang M，Liu S. 2014. Equilibrium bids in practical multi-attribute auctions[J]. Economics Letters，123（3）：352-355.

Wang S，Zhao Y，Liu L F，et al. 2021. Dynamic incentive mechanism of multitask cooperation in logistics supply chain[J]. Mathematical Problems in Engineering：1-10.

Yoo S H，Cheong T. 2018. Quality improvement incentive strategies in a supply chain[J]. Transportation Research Part E，114：331-342.

Zhang F Q. 2010. Procurement mechanism design in a two-echelon inventory system with price-sensitive demand[J]. Manufacturing & Service Operations Management，12（4）：608-626.

Zhang H，Yang M，Bao J，et al. 2013. Competitive investing equilibrium under a procurement mechanism[J]. Economic Modelling，31：734-738.

Zhang Y T，Xu L. 2020. Quality incentive contract design in government procurement of public services under dual asymmetric information[J]. Managerial and Decision Economics，42（1）：34-44.